COLLECTION
FOLIO/ESSAIS

J.M.G. Le Clézio

L'extase matérielle

Gallimard

© Éditions Gallimard, 1967.

J.M.G. Le Clézio est né à Nice le 13 avril 1940 ; il est originaire d'une famille de Bretagne émigrée à l'île Maurice au XVIIIᵉ siècle. Il a poursuivi des études au Collège littéraire universitaire de Nice et est docteur ès lettres.

Malgré de nombreux voyages, J.M.G. Le Clézio n'a jamais cessé d'écrire depuis l'âge de sept ou huit ans : poèmes, contes, récits, nouvelles, dont aucun n'avait été publié avant *Le procès-verbal*, son premier roman paru en septembre 1963 et qui obtint le prix Renaudot. Son œuvre compte aujourd'hui une trentaine de volumes. En 1980, il a reçu le Grand Prix Paul Morand décerné par l'Académie française pour son roman *Désert*.

« *Deux oiseaux, compagnons inséparablement unis, résident sur un même arbre; l'un mange le fruit doux de l'arbre, l'autre le regarde et ne mange point.* »

(*Mundaka Upanishad*, 3ᵉ Mundaka, 1ᵉʳ Khanda, Shruti 1; *Rig Veda*, I, 164,20; *Shwêtâshwatara Upanishad*, 4ᵉ Adhyâya, Shruti 6.)

L'EXTASE MATÉRIELLE

Quand je n'étais pas né, quand je n'avais pas encore refermé ma vie en boucle et que ce qui allait être ineffaçable n'avait pas encore commencé d'être inscrit ; quand je n'appartenais à rien de ce qui existe, que je n'étais pas même conçu, ni concevable, que ce hasard fait de précisions infiniment minuscules n'avait pas même entamé son action ; quand je n'étais ni du passé, ni du présent, ni surtout du futur ; quand je n'étais pas ; quand je ne pouvais pas être ; détail qu'on ne pouvait pas apercevoir, graine confondue dans la graine, simple possibilité qu'un rien suffisait à faire dévier de sa route. Moi, ou les autres. Homme, femme, ou cheval, ou sapin, ou staphylocoque doré. Quand je n'étais pas même rien, puisque je n'étais pas la négation de quelque chose, ni même une absence, ni même une imagination. Quand ma semence errait sans forme et sans avenir, pareille dans l'immense nuit aux autres semences qui n'ont pas abouti. Quand j'étais celui dont on se nourrit, et non pas celui qui se nourrit, celui qui compose, et non pas celui qui est composé. Je n'étais pas mort.

Je n'étais pas vivant. Je n'existais que dans le corps des autres, et je ne pouvais que par la puissance des autres. Le destin n'était pas mon destin. Par secousses microscopiques, le long du temps, ce qui était substance oscillait en empruntant les voies diverses. A quel moment le drame s'est-il engagé pour moi ? Dans quel corps d'homme ou de femme, dans quelle plante, dans quel morceau de roche ai-je commencé ma course vers mon visage ?

J'étais caché. Les autres formes et les autres vies me recouvraient complètement, et je n'avais pas besoin d'être. Dans cet espace si plein, si tendu, il n'y avait pas de place pour moi. Tout était bondé. On n'aurait rien pu ajouter. Et dans l'enchevêtrement extraordinairement précis, dans toute l'harmonie générale, dans toute cette matière qui était là alors que je n'y étais pas, tout était suffisant. Ce qui était, l'était durement, tangiblement ; il n'y avait rien d'autre que cela : ces formes où je n'étais pas, cette vie que je ne vivais pas, ces rythmes que je n'entendais pas, ces lois auxquelles je n'étais pas soumis. Dans ce monde complet, si présent qu'il pouvait être éternel, il n'y avait pas la part de mon néant. Rien de moi n'avait apparu. Et rien de moi n'avait besoin d'apparaître. Ce qui se produisait, se produisait, ainsi, surgissant au fur et à mesure selon un plan qui n'était pas discernable.

Lentement, longuement, puissamment, la vie étrangère gonflait son excroissance et emplissait l'espace. Comme une flamme qui brûle au sommet du brasier, mais ce n'est jamais la même flamme, ce qui devait être l'était immédiatement et parfaitement. Les êtres naissaient, puis disparaissaient ; se divisaient sans cesse, comblaient le vide, comblaient le temps, goûtaient, et étaient goûtés. Les millions d'yeux, les millions de bouches, les millions de nerfs, d'antennes, de mandibules, de tentacules, de pseudopodes, de cils, de suçoirs, d'orifices tactiles étaient ouverts dans le monde entier et laissaient entrer les doux effluves de la matière. Partout ce n'étaient que lumières, cris, parfums, froid et chaleur, duretés, nourritures. Partout ce n'étaient que frémissements, ondes et vibrations. Et pourtant, pour moi, c'était le silence, l'immobilité et la nuit. C'était l'anesthésie. Car ce n'était pas dans ces communications éphémères que résidait ma vérité. Ce n'était pas dans cette lumière, dans cette nuit, ni dans rien de ce qui était manifesté pour la vie. Les vies des autres, comme ma vie, n'étaient que des instants, de fugitifs instants incapables de rendre le monde à lui-même. Le monde était en deçà, enveloppant, réel, solidité fuyante qui se résout sur rien, matière impossible à sentir, impossible à aimer ou comprendre, matière pleine et longue dont la justification n'était pas extérieure, ni intérieure, mais elle-même.

On ne pouvait pas sortir du système. On ne pouvait pas s'exclure, on ne pouvait pas quitter. Cet infini était fabriqué de fini, cette éternité était construite seulement sur le temps. Si loin que l'on renverse le présent, on ne trouvait que ce qui avait été, rien d'autre que ce qui avait été. Quels que soient les résultats, issus du gouffre de la création, ils n'avaient pas de cause. Ils ne pouvaient pas avoir de cause. Ce qui était apparu selon le mouvement infinitésimal du hasard ne suivait pas une voie. Le destin était l'illusion rétroactive. Ce qui survenait était la constatation d'une présence, et l'on ne pouvait pas lui donner une origine ou une fin. Il y avait ceci, uniquement : sorti du silence, et retournant vers le silence. Et ceci, aussi : étant le silence.

Quand je n'étais pas né, le monde était abandonné ; quand je serai mort, le monde sera abandonné ; et quand je suis vivant, le monde est abandonné. Profondeur vertigineuse où la création s'engloutit comme une étincelle, immense marée qui noie les mouvements et recouvre les actes sous les milliards et les milliards d'autres actes, plaine démesurée dont on ne peut rien extraire, où rien n'a le droit d'être sauvé. Je n'étais pas là. En aucun temps, en aucun lieu, je n'étais là. Les arbres dressés respiraient, se couvraient de feuilles, puis, quand venait l'automne, étaient dépouillés. Les bêtes en rut s'accouplaient. Le soleil montait dans le ciel, redescendait. La chaleur craquelait le sol terne, la pluie faisait pourrir les graines. Les cristaux fondaient, les forêts se pétrifiaient. Les enfants étaient mis bas, les catastrophes glissaient les unes après les autres, et c'était comme les rides du vent sur la surface des bassins. Les poumons s'emplissaient d'air, le sang parcourait les membres, les nerfs vibraient, les intestins digéraient, assimilaient, déféquaient. Les montagnes s'usaient sous l'air et sous la neige, le magma bouillonnait au fond des volcans. Les événements se produisaient ici, là, puis s'arrêtaient. Et moi, je n'étais pas né. Je ne participais pas. Je n'avais pas ma part, et je n'étais même pas inventé.

C'est de ce temps et de ce lieu sans visage que je suis venu. Dans ce chaos, dans ce chaos calme et complet, j'ai baigné durant les siècles sans nombre. Ce vide, qui était plus plein que tout, m'a sustenté. Ce vide a été ma chair. Ce vide m'a créé. Acte après acte, dénouement après dénouement, il a fait surgir mon corps et mon esprit. En se composant, puis en se défaisant, ainsi, tranquillement, mais aussi frénétiquement, il a poussé devant lui chaque parcelle éclose, et l'a prise en lui. Cette matière a agrandi son étoffe, se distendant, s'élargissant, se tissant incessamment. Et cet acte d'expansion était pur, puisqu'il n'y avait rien d'autre que ce qui était ainsi proposé. Ce qui était avant, ce qui n'existait pas, n'appartenait pas au néant ; car c'était lui seul qui avait la mesure de l'être, lui seul qui avait l'affirmation et la négation. Ce mystère était le plus fort, le plus inimaginable. Ce qui était tout à coup, ce qui se formait, ne remplissait pas le vide ; en dehors de sa durée et de son espace, rien n'était possible, pas même le néant.

Il y avait toujours eu cette lumière ; il y avait toujours eu cette énergie ; constamment, du plus loin qu'on puisse voir, il y avait toujours eu ce mouvement ou cette immobilité, cette conception. Il y avait toujours eu l'infinie dureté manifestée, la totale présence. Pourquoi l'origine ? Pourquoi la fin ? Le lieu de l'existence était sans bornes et sans failles, et le cours des actes, pareil à un cycle, n'avait jamais terminé de commencer et jamais commencé de finir. Il coulait, réellement, selon le même flot régulier et multiple, il avançait sans conquérir, il descendait sans descendre, il montait sans monter. C'était le parcours des choses multiples qu'on ne peut pas résoudre à l'unique, le courant impérieux, divers, impalpable, des événements qui se succédaient pour rien, qui s'aggloméraient sans prouver, qui se formaient sans dessein, et qui ne disaient jamais rien. Ce qui est apparu sans moi est apparu. Ce qui a été pierre sans moi, air sans moi, foudre sans moi, batracien sans moi ; ce qui a été sans le soleil et sans la terre, ce qui a été sans la lumière, tout cela n'a pas été dans l'étendue immatérielle. Cela a été présent, indiciblement présent. Chaque chose porte en soi son infini. Mais cet infini a un corps, il n'est pas une idée. Il est l'espace précis de la matière dont on ne peut pas sortir. Le seul infini où tous les autres infinis sont exprimés est dans la barrière réelle de la matière : tout ce qui est, est infiniment. Il n'y a pas de rien. Il n'y a pas de peut-être. Image terrifiante et somptueuse du monde qui n'a pas pu être créé, du monde jamais issu, jamais enfanté, et qui ne peut pas mourir. Vide froid, vide violet où courent les planètes, vide où bougent les atomes et les particules électriques, vide de l'infiniment chaud, de l'infiniment glacial ; vide de l'infiniment étant : comme la respiration imperceptible d'un géant couché, l'univers est animé. Pays qui n'a pas de frontières, pays qu'on ne peut quitter, ni par le haut, ni par le bas, ni par le passé, ni par l'avenir.

Patrie qui ne se connaît pas, et que nul ne regarde. Pays seul, seul.

La réalité, ainsi offerte pour personne, ainsi présente contre aucune absence, vision que je ne peux voir, mais dont je suis sorti. A quelques mètres de moi, je ne suis pas né. Derrière ces murs, dans ces autres villes, je ne suis pas encore né. Le silence d'avant la naissance m'entoure de toutes parts et m'oppresse. Comment avais-je pu ne pas être ? Comment puis-je être ici, et non pas là-bas ? Mais l'univers est infaillible ; avec ou sans moi, il est minutieux, il ne lui manque rien.

J'ai appartenu au silence. J'ai été confondu avec tout ce qui ne s'exprime pas, et j'ai été caché par les noms et les corps des autres. J'ai été dans le sein de l'impossible, quand tant d'autres choses étaient possibles. Mes mots, mon langage étaient sans valeur. Ma pensée, ma conscience n'avaient pas cours. J'ai parlé avec le langage de mon père et de ma mère, avec les mots de ceux qui m'ont conçu et m'ont créé. J'ai été là, un peu partout, dans le corps de tant d'hommes et de tant de femmes. Et ailleurs, ou plus loin encore, c'était le règne de ce qui ne veut pas être compris. En remontant dans le temps, tous ces cris, toutes ces paroles inutiles s'effacent sans heurt, et le voile du silence épais retombe. Ces mots étaient arrivés, mais ils n'avaient pas de raison, et pas de durée. Toujours, il faut retourner à la plénitude obscure et dense, à cette mer gelée de l'Histoire. Quand je n'étais pas né, quand personne n'était né, il y avait cette longue nuit inconnaissable : tous signes exprimés, ensemble, sans être perçus, traçant le tableau complet qui n'a pas de sens. Il n'y avait pas à choisir d'objet, il n'y avait pas à arracher l'objet pour l'exhiber à la lumière. Toutes ces miettes ensemble, groupées, signifiant à la fois par le tout, par le rythme et par le détail. C'était donc ce monde un et plusieurs, aveugle mais pourvu de mille yeux, insensible mais pourvu de mille peaux, inintelligent mais pourvu de mille cerveaux, inconciliable mais aux mille organes, aux mille réactions, aux mille niveaux, qui étalait sa vérité indestructible. Mais c'était plus qu'une vérité ; car c'était, hors de tout langage, l'impossible identité de chaque manifestation. Cette cigarette était cette cigarette. Cette goutte d'eau chargée de bactéries et de poussières était cette goutte. Ce platane était ce platane. Cette galaxie était cette galaxie. Il n'y avait pour ainsi dire qu'une sécurité : la perfection et l'inaliénabilité de ce qui était. En changeant, ou en restant elle-même, chaque chose était *fidèle*.

Mais cet univers n'est pas du passé. Cette réalité est celle qui avait cours quand je n'étais pas né. Ce silence n'est pas loin. Ce vide n'est pas étranger. La terre où j'étais impossible dure encore. C'est elle que je touche de mes mains, et cette matière brusquement surgie du zéro est celle qui compose mon corps et mon esprit. Autour de moi, partout, dans le fragile spectacle de la lumière, dans le minuscule spectacle de mon univers d'homme, je devine la pesanteur terrible de ce monde-colosse qui existait sans moi. Le gouffre vorace des ennemis de mon autonomie menace de toutes parts ; la matière froide, la matière plate et calme, la matière qui ne parle pas est partout exposée, et me guette. Monde d'avant ma naissance, monde qui ne veut pas de moi, qui n'a pas besoin de moi, abîme sans profondeur, gouffre qui dévore dans sa terrible surface, vide qui ne disperse pas, qui n'anéantit pas, mais qui plaque contre le sol ! Monde impénétrable, intestin, seul organe qui ne sert à rien d'autre qu'à lui-même. Je suis sur cet océan glauque comme un îlot qui va s'effondrer.

Monde en dehors de moi, monde que je ne pourrai jamais renverser, pareil à une foire immense : dans la nuit, sous la voûte du palais de béton, les lumières froides du néon sont indépendantes. De chaque pouce du sol où se cache une bouche ouverte montent les hurlements chaotiques qui résonnent, et rebondissent, et s'interfèrent. Les éclats des haut-parleurs, les odeurs mêlées, les mouvements innombrables sont là, présents, et ils ne signifient plus rien. Des bribes de musique tournent sur elles-mêmes, mots de la folie et de la solitude qui ne peuvent pas s'arrêter. Il y a ce qui monte, et ce qui descend. Les nacelles qui basculent. Les chariots qui roulent sur leurs rails sans fin. Les étincelles qui grésillent, les explosions qui se répètent sans cesse, les lueurs blêmes ou sanglantes qui se réverbèrent sur les myriades de facettes du grand miroir. Déjà il n'est plus possible d'être spectateur. Dans ce noir, dans ce blanc, où tout se mélange, où tout glisse, où tout est croisé, il n'est plus possible de choisir et de distinguer. Il faut couler vers le domaine qu'on habite, et se laisser ainsi avaler par le monstre qui ne raisonne ni ne parle. Il faut quitter sa peau, son âme et sa langue, et redevenir celui qui n'est pas né.

Dans le tumulte, dans l'informe enchevêtrement de ce qui arrive, il est temps de cesser de lutter. Ici, il n'y a plus rien à comprendre ; il n'y a plus rien à haïr. Les boules de feu se croisent et s'entrecroisent, les nébuleuses s'étalent, les agglomérations de lumière semblent fuir un point inconnu à une vitesse vertigineuse. Ici, il n'y a plus rien à haïr. Il n'y a plus rien à dénominer. Cette nuit parcourue d'éclairs utiles et inutiles est en train de jouer son jeu. Ces forces s'affrontent, ces pans de temps chargés de milliards de siècles basculent lentement. Ces flèches bondissent jusqu'au fond de l'espace, crevant les limites de l'espoir et du désespoir, et les voici déjà dans l'inconnu. Il n'y a plus rien à ânonner. Il faut disparaître.

Cette malédiction est invincible. Elle est plus forte que la vie. Il y a, derrière chaque parcelle vivante, tant de désert et tant d'abandon qu'il n'est pas possible d'oublier. C'est là comme le souvenir d'un rêve, mais la nuit qui l'a fait naître n'est pas finie. Autour de la terre, dans l'espace, dans le puits sans fond du ciel noir, cette puissance paralyse et écrase sous elle. Le poids du vide monstrueusement étendu fait ployer la voûte de l'atmosphère. Comme autant de nuages invisibles, et lourds, comme le climat orageux où tout baigne dans la chaleur fébrile, dans l'humidité élastique et molle, la malédiction du monde où je suis absent, où les hommes sont absents, où les plantes et les animaux sont absents. Ce cauchemar est derrière nous ; il se cache, il est enfoui au fond de chaque chose qu'on voit. Ce chaos terrifiant n'a pas cessé de régner. Il est là, tout proche. Dans les morceaux de verre, dans les miroirs, dans la fonte opaque, au centre des blocs de ciment et de marbre, il est là, il n'a jamais fini d'être là. C'est le faix de nos origines obscures, le tyran de vide et de nuit, tapi dans les éclats futiles de la vie, qui montre son ombre... Tant d'impassibilité, tant de calme démesuré ne peuvent pas s'effacer. Cette paix s'appuie sur la terre et la déforme. Cette paix emplit nos corps et nos esprits, cette paix coule dans nos veines, bouge dans nos muscles, entre dans nos poumons avec l'air, dans nos gorges avec l'eau. Ce noir absolu glisse avec les vibrations de la lumière. Chaque couleur est ainsi niée, chaque mouvement porte en lui cette immobilité glacée. Tout ce qui est dur, tout ce qui est jouissable montre aussi ce halo d'abomination et de défaite. Dans l'éclairage du jour, dans la lueur éblouissante de midi, quand le soleil paraît si sûr et si vivant, le masque de ce qui n'est pas né est visible, comme un paysage tremblant à travers un rideau de brume. Mais ce n'est pas un masque. C'est le vrai visage du monde, le visage sans traits et sans regard. Tout ce qui ne se fait pas, tout ce qui n'est pas montré, mais qui est glabre, nu, dépouillé, sans joie et sans malheur, recouvre indéfiniment le monde. Il n'a jamais fini d'être créé, il n'a jamais fini de garder en lui, de flotter sans but, de révéler imperceptiblement la forme de son secret. Ce mystère n'est pas chimérique. Ce mystère est évident, complètement évident. Il a sa matière.

Je n'ai pas quitté son règne. Il y a, au fond de moi, comme une âme qui n'aurait pas encore vu le jour. Par les mots qui ne sont pas prononcés, par les gestes que je n'ai pas faits, par tout ce qui m'est étranger, tout ce qui m'est impossible, je suis encore gisant au fond de l'océan sans forme. Avec mes objets familiers, j'ai ma demeure dans ce qui n'est pas encore apparu. Il y a en moi un homme qui n'a pas quitté ce paradis, ou cet enfer, du chaos d'avant la naissance. Et le monde autour de moi est construit aussi par ce vide. Il y a les villes qui ne sont pas établies, les paysages qu'on ne peut pas voir. Cela va surgir un jour, je le sais. Mais ce n'est en cet instant qu'une vision en noir, une vision qui ne se retranche pas mais qui se prépare. Le vide est prêt à se remplir. L'absence, l'ignoble absence est déjà, par ce qu'elle annonce, une présence. Chambre noire où sont debout les objets noirs, les murs obscurs, les étincelles de lumière invisible, les ternes couleurs, les mouvements qui vont venir ; chambre noire où ne fulmine pas encore la puissance de l'existence, chambre noire de l'avenir dans le passé. Le monde qui n'a pas eu lieu ici se prépare, et celui qui agit est imperceptiblement transformé par celui qui n'est pas encore créé. Silence qui vaque, inoccupation, matière cachée au cœur de la matière, je ne suis pas détaché de vous. J'ai, au fond de moi, comme un autre regard qui ne voit rien, un étrange et tendre lien qui m'unit au vide ancien. J'ai en moi, dans la réalité de ma chair vivante, le signe de cette création qui se poursuit sans fin, et qui puise dans le trouble pour faire jaillir le clair et l'illuminé.

Le soleil brûle au centre du ciel blanc, le soleil fou fore son trou dans la nappe de mercure, et la terre est éblouissante. Les murs des immeubles, les toits de tuiles ou de tôle, les routes goudronnées réverbèrent la lumière intense. Tous ceux qui sont vivants et qui bougent sont frappés par la masse qui accable sans cesse, qui cogne, qui rebondit, qui ondoie autour d'eux. Il y a tant de puissance et de violence dans cette lueur uniforme, il y a tant de blancheur déversée depuis ce point au centre de l'atmosphère, que c'est comme s'il n'y avait plus rien. Stupeur de l'extrême possession, stupeur redoutable et inévitable, frénésie de l'absolu qui s'abat sur la terre et la dévore. Cette lumière est pure. Elle est entrée dans chaque objet et l'a chargé de ce qui était incomparablement lui-même. Sous le poids de la chaleur et de la lumière, le monde s'est tordu dans son espèce de crampe, et il semble qu'il ne puisse plus bouger, plus crier, plus se plaindre. Cette vie est mille fois plus forte que la vie ; elle est de la même nature que le néant, elle est, dans sa manifestation, raidie par l'impossible. Par l'astre qui brille au zénith, cette vie s'est rattachée au vide. Ce qui entre dans les arbres bossus et calcinés, ce qui entre dans les feuilles poussiéreuses, dans les cailloux, dans les fleurs, dans le corps des bourdons et des salamandres, c'est ce qui ne peut pas en sortir : l'énergie sans limites, tendue à sa limite, de l'inconnu d'avant la vie. La terre entière, sous cette pluie miroitante, est soumise à la boule de feu qui brûle sans se consumer. Elle aussi brûle du même feu sans flammes ; elle brûle son corps, et ce feu inextinguible est sa présence au monde. Car tout est dans cet acte qui s'accomplit ; ce qui n'avait pas de nom commence à être nommé, ce qui n'avait pas d'âge, et pas de corps, commence à surgir dans le temps et dans l'espace. L'acte de la création ne s'arrête jamais. Il s'effectue ainsi, continuellement, dans la matière dure qui s'acharne. Les cycles, les saisons, les siècles ou les ères, cela n'a plus de sens ; il y a ce centre du feu qui flamboie, il y a cette cellule-mère qui ne cesse de se diviser, de se répandre, il y a cette matrice immensément chaude qui ne s'arrête pas de travailler dans le monde.

Et tout ce qui est appartient à ce geste de parturition. Le mouvement qui fait éclore n'est jamais fini, jamais achevé. Si ce qui est là est là, c'est parce qu'il y a, en son cœur, au cœur de son acte, cette vertu magique du sommeil générateur. Tout ce qui existe dort encore, pris par le vide qui le songe, étroit, vaste, habitation étrange où personne ne demeure encore tout à fait.

Naissance du monde sous le soleil hypnotique ; naissance au sein de l'abîme, mouvement fragile qui écarte doucement les parois des ténèbres. Naissance accomplie sans repos sous mes yeux ; la ville est étendue au bord de la mer, et les cubes de couleurs vibrent et luisent comme des écorchures. Les montagnes sont dressées et flottent, légères, transparentes. Les vagues de la mer fourmillent sur place, les nuages pendent, les herbes sont raides. Sous le regard dur, la terre est dure, coupante. Elle ne se repose pas. Elle ne se repose jamais. Elle s'agrandit à chaque seconde, elle se gonfle, elle s'applique. Le paysage est immobile, glacé et brûlant, et pourtant il bouge, il ondule. Les rivières coulent, les fumées coulent, les routes noires coulent, les champs de blé coulent. Les ombres s'étendent, ou se rétractent. Les parfums progressent, pareils à des colonnes d'insectes en marche. Les sons s'étalent, lourds et bas, ou bien s'élèvent droit dans le ciel comme des tours. Tout est rayonnement, tout est hérissé et se darde, en millions de chevelures, en flèches, en fuites, en perforations brutales. Et tout est tourné *volontairement* vers le passé, vers le lieu éloigné de la création. L'explosion ne doit pas aboutir. Les particules lancées sur leur route inconnue, tracent sans cesse les rayons divergents qui plongent dans la force de ce qui a été. Où est l'unique ? Où est le moment du départ initial ? Il est caché en eux, caché en moi, et impossible à dire. Mais il y a toujours, dans chaque corps détaché, la présence de ce feu froid et tranquille qui a voulu qu'on peuple, qui a voulu que s'écartèle la matière. Il y a toujours en moi, pour que je n'oublie pas, pour qu'éternellement je me souvienne, ce morceau du soleil. Il est mon acte de fuite, ma libération. Et ce que je suis, je le suis avec lui. Je m'éloigne. Je bouge. Je suis une bribe de la matière, de sa matière. Son feu absolu brûle en moi, silencieux et fort. Parce que je bouge, parce qu'il est mon moteur, ce morceau qui n'est pas étranger me donne la lumière ; sans trêve, il me fait passer de l'inconnu au connu, du vide au plein, de l'impossible au possible. Et, en dehors de moi, ce même transfert s'effectue magnifiquement. Les rythmes, les temps et les mesures sont stupides devant l'éclat de cette lumière. Ce qui compte, ce n'est plus l'instant précis, l'instant qu'on voudrait arrêter, mais cette naissance infinie. Soleil de la terre, soleil des pierres et des arbres ; soleil des animaux, des hommes ; soleil des planètes ; mais aussi soleil du soleil, soleil des soleils ; tout est en création, jamais créé. Tout est attaché à un autre moteur, un autre moteur qui est dissimulé en son corps. C'est comme un ordre, qu'on ne discerne pas, et qui vient de nulle part, et qui ne s'adresse à personne, car il n'est jamais vraiment exprimé. Tout est en train de se produire, renouvelant sans repos son avènement. Chaque miette cède la place à une autre miette, chaque goutte se détache et se reforme, identique. Avant, après, il y a cette loi. Ce chaos n'était pas calme, ce silence ne pouvait pas être silencieux. C'était la guerre ininterrompue, l'enfantement de l'enfantement. Soulevée par la force du feu, par la force cruelle et implacable dont le seul dessein était à la fois dans l'acte et dans son échec, cette matière n'existait que dans son effort d'apparaître. La terre était paralysée par cet éclatement continu et vain. Le siècle le plus long et la seconde la plus brève ne palpitaient plus dans leur désordre. Tout cela était dans le genre d'une illusion, et n'avait pas d'importance. Les coups de mon cœur, les rêves, les jouissances, les images de mon esprit, les jours, les semaines, les années s'étaient soudain arrêtés sur le mur de la réalité éclatante. Cette vie, cet âge, ces civilisations des hommes, ces objets et ces bêtes domestiques, ces paysages variables, tout cela alimentait le brasier. La terre, le ciel pâle, le vide et les astres, les soleils, les étoiles si lointaines qu'elles pouvaient aussi bien n'avoir jamais existé, et cela aussi qui est à l'autre bout de l'infini, et qui n'existe peut-être pas ; tout était cohérent. Tout était en train de brûler en une seule et large flambée, et l'on aurait dit l'éclair sans couleur d'une allumette fusant dans la nuit.

Puis, quand le soleil a disparu, bu, englouti, quand a disparu la lumière aux fils de soie, la lumière aux ficelles rêches, et que les objets ne sont plus doux, plus beaux, plus grotesques, mais seulement oubliés et obscurs ; quand sur la terre la nuit s'est levée et a maîtrisé : c'est le vrai visage limpide et froid qui se montre enfin. Les arbres ne sont plus maléfiques ; les couleurs ne se heurtent plus, les arêtes sont ensevelies tout à coup sous cette neige, et tout redevient concordant, et calme. Les mouvements se sont apaisés. Les distances sont nulles. Le temps lui-même ne s'écoule plus comme avant, il repose, à la fois très long et très rapide. Les odeurs sont brouillées, les bruits s'amenuisent ; tout ce qui était choc, brûlure, lame de rasoir stridente et douloureuse s'assombrit peu à peu, s'étale, s'use. L'individu, l'individu maudit, vorace, qui voulait naître, qui ne veut pas mourir, succombe lentement. Cette torpeur l'envahit, et tout ce qui était en lui recule dans le monde, flotte, se trouble, perd sa trace. Ces pensées n'ont plus de but. Le regard creuse devant lui son propre gouffre sans fond. Pourquoi cette défaite ? Qu'y a-t-il d'inconnu en moi, d'extérieur en moi, que je n'ai pas pu voir, mais qui n'a jamais cessé de me regarder, lui, de ses yeux terribles et indécents ?

Ce ciel noir est là, voûté d'un bord à l'autre de la terre. Il est étendu, sans nécessité, sans rien en lui que je puisse appeler mon destin. Vide, immensément incompréhensif, il domine la terre de son creux glacé. Il est si profond, si vaste, que c'est comme s'il n'était qu'une surface peinte, sans relief. La lumière et l'ombre glissent en lui, sont mélangées. La chaleur et le froid bougent, le traversent, mais ne le modifient pas. C'est le lieu de l'éternel voyage, du voyage qu'on n'a pas commencé, et qu'on ne finit pas. C'est le lieu de l'exposition évidente et sereine. Ici, à gauche, ou bien à droite, il est présent : on ne peut le dépasser. Les objets qui sont en lui, les boules de feu minuscules, les grains de pierre, les étoiles en train lentement d'exploser ne possèdent pas ce lieu ; et il ne les possède pas davantage. Son existence, faite de ces millions de vies creuses, de mouvements creux, est irréductiblement réelle. Sur cette vitre couleur d'encre, les étoiles sont immobiles, précises, et ne scintillent pas. Aucune d'elles n'a d'importance ; ce qui est sûr, ce qui est tangible, c'est cette masse sans couleur et sans forme, cette eau qui ne coule pas, cet air qui ne se déploie pas, cet acier opaque et translucide qui pèse si lourd et qu'on ne heurte jamais. Les sons ne sont plus audibles. Plus rien ne peut fondre sur la langue et se dissoudre en brûlant dans les organes. Plus rien ne doit ressembler à cette image brutale et joyeuse, mauvaise aussi, qui était marquée sur les rétines. Les substances doivent s'écarter ainsi, indéfiniment, les unes après les autres, les duretés, les souplesses, les friabilités, les vapeurs. Les rochers s'ouvrent, les mers se déchirent, le feu et la lave s'évaporent ; le marbre se dérobe distraitement, le béton se dissout et flotte comme un nuage ; l'air vivant, à la chaleur mobile, s'évanouit et se confond avec l'espace. Tous les corps sont fuyants, délétères, et n'ont jamais de frontières. Les mondes sont innombrables ; ils tournoient dans cette étendue indifférente, ils se quittent, se rejoignent. Ces lueurs minuscules envoient sans cesse leurs messages qui ne parviendront pas. Les actes rebondissent, les regards et les pensées rebondissent sans s'arrêter... Dans le désert silencieux et noir, toutes ces vies font éclater leurs microscopiques explosions en désordre ; elles jettent en tous sens leurs actions millimétriques. Les temps sont confondus, le temps des bactéries et des insectes, le temps des hommes, le temps des oliviers, le temps des calcaires, des silices, des manganèses ; le temps de l'azote, du gaz carbonique, de l'hydrogène. Univers miniature, temps géants, lieux infinis, actes inconnus, tout est là, dans sa gangue ineffable, et se manifeste. Tout est pénétré de ce vide plus grand, de ce vide plus plein qui est penché et qui entoure. Tout est bruyant et déchaîné dans ce silence indestructible, tout est perçant et criard dans ces ténèbres. Mais ce lieu où chaque chose mène son voyage volontaire n'est pas le passage vers un autre lieu ; cette absence globale n'est pas destinée à mourir pour d'autres présences. Ce lieu est le seul ; en lui tout est compris. Ce gouffre noir et sacré est la seule réalité. On ne peut pas l'oublier, on ne peut pas le nier. Quoi qu'on fasse, on ne peut que surgir de lui, vivre en lui, et retourner en lui. On ne le quitte pas.

Cet infini véridique m'a porté ; il a porté ma matière dans sa matière, et les autres matières aussi. Il a porté cette terre et cet air, ces planètes froides, ce soleil, ces étoiles, ces nébuleuses. Il les porte encore, il les portera longuement, sans repos, au sein de son immense abandon.

Je ne suis pas né. Tout ce qui est en moi, et tout ce qui est autour de moi, baigne encore dans le repos nocturne qui n'aboutit pas. Ce sommeil qui est au-dedans de ma vie ne peut pas se terminer. En lui les énergies sont déjà épuisées, tandis que d'autres se soulèvent. En lui les mots sont encore endormis, et les systèmes déchus comme des rêves. L'amour, la haine, le désir sont autant de blessures noires déjà fermées, avant d'avoir saigné. Le froid, la vieillesse, la peur de la mort étaient là, dans cette nappe éteinte, au milieu des millions d'étoiles. Ils avaient toujours été là, car ils n'étaient que le flux et le reflux de la matière omniprésente dont on ne se libère pas. Dans cet inconnu, il y avait toujours eu ce connu, dans cette nuit cette lumière, dans ce silence ce tumulte. Cela avait été, incessamment, pareil à une île, mais on ne pouvait plus savoir où était la mer et où le rivage. Ce qui n'avait pas été fait, ce qui vivait et ce qui avait été défait étaient abominablement enlacés et n'étaient plus discernables. Mais la dureté, la présence des objets nus, des formes agglutinées ou pivotant sans frein dans l'espace, cela on pouvait le connaître ; même, on ne pouvait que le connaître. Il fallait ouvrir son corps tout entier au vide, il fallait se faire béant devant le spectacle commun de cette nuit que n'abolirait aucun jour, pour sentir chaque parcelle du monde à sa place, et ne vouloir espérer rien d'autre que ce que le monde livrait dans le simple état de son évidence. Il fallait cette nuit pleine et légère, abîme sans vertige, pour accepter de n'être qu'une miette indifférente. Il fallait ce froid, cette infinité, cette irréductibilité pour accepter de n'être que chaleur, petitesse, singularité. Il fallait l'idée, la seule idée venue en même temps que la vie, de ce voyage qui ne s'arrête pas, pour accepter de n'être qu'un soubresaut. Et plus encore, il fallait, puisée dans le marécage sans limites de ce qu'on n'avait pas connu, la joie de cette présence absolue pour tolérer que résonne dans le corps ce coup du cœur, ce premier coup fatal qui, en lançant dans la vie, lançait aussi dans la mort. Dans la salle d'abattoir blanche et rouge, frappe le coup sourd du marteau au clou acéré qui entre très vite dans la nuque du bœuf. Celle qui m'a mis au monde, aussi m'a tué.

L'INFINIMENT MOYEN

Rien d'autre, rien d'autre pour moi que le langage. C'est le seul problème, ou plutôt, la seule réalité. Tout s'y retrouve, tout y est accordé. Je vis dans ma langue, c'est elle qui me construit. Les mots sont des accomplissements, non pas des instruments. Au fond, il n'existe pas pour moi vraiment de souci de communiquer. Je ne veux pas me servir de débris étrangers, à moi donnés, pour échanger avec les autres. Cette communication est une fausse mesure; à la fois illusoire et enfoncée dans ma vie. Que puis-je dire aux autres ? Qu'ai-je à leur dire ? Pourquoi leur dirais-je quelque chose ? Tout cela n'est que duperie. Et pourtant, c'est vrai, j'utilise. Je me sers. Je puise dans un domaine éparpillé, multiforme, mécanique. Je vis la cause de la société. Je possède la parole. Mais dès l'instant où le mot est devenu ma propriété, annexé, objet de doute, de discorde, relation du dictionnaire, me voici enfoncé dans mon corps réel. Comme toutes les illusions, celle entretenue par le langage se dépasse elle-même ; elle devient nature de ma fuite, force de mon ascension, peut-être même ascèse.

Bien sûr à aucun moment je n'oublie les règles fixes, élémentaires, qui font des mots des valeurs d'échange ; ainsi en apparence je reste en adhésion avec l'extérieur, je participe. Mais cette syntaxe, cette logique comportent leur part d'oubli ; si je ne peux jamais être pur, si je ne peux jamais parler une langue pure, qui rende parfaitement compte du caractère unique de mon expérience, du moins suis-je au-delà de la pureté. Amoralisme étonnant de la langue qui vous lie, qu'on méprise et qui vous fait atteindre la jouissance de l'autonomie. Amoralisme de ce qu'il y a d'individuel dans ma phrase, et morale pour les ensembles. De toute manière, cela ne peut plus être un débat : c'est ma condition sociale évidente, contre quoi je ne puis rien, même si je le veux. Je suis celui-ci ; je l'ai été, je le serai ; il est inutile, par souci d'objectivité, ou par cette naturelle hypocrisie qu'on appelle lucidité, qui veut vous faire voir les angles divers d'une chose unique, d'essayer d'échapper. On ne joue pas avec *soi*, on n'échappe pas à soi-même. Comme le temps, comme l'espace, cette évidence est au-delà de tout jugement. La liberté n'est pas le but du langage. Suis-je libre d'être moi ?

Je ne suis pas seul. Je sais un millier de fois que je ne suis pas seul. Je n'existe, physiquement, intellectuellement, moralement parlant, que parce que des millions d'êtres existent et ont existé autour de moi, pour ne pas parler de ceux qui viendront. Cela n'est pas une idée ; c'est un morceau de réalité, un simple morceau de réalité. A eux je dois tout, absolument tout : mon nom, mon adresse, mon nez, ma peau, la couleur de mes cheveux, ma vie et mes pensées les plus secrètes, mes rêves, et même le lieu et l'heure de ma mort. Les hommes, à ma naissance, m'ont servi de destinée. Ce sont eux, — et ce « eux » n'est pas un mot vague, un arbitraire sociologique destiné à camoufler le néant ou le hasard — ce sont eux qui m'ont fait ; précis, palpables, audibles, présents, ou présents dans leur absence, ils sont en moi ; ils ont des faces, des paroles, des actes, des écrits ; je les connais sans les connaître, car connaît-on la foule ? Au moins puis-je assurer que j'en connais intimement trois ou quatre, intuitivement une vingtaine. Les autres, je ne les ai peut-être jamais vus, et ma vie ne suffirait pas à les énumérer, mais j'ai la certitude — encore une évidence — qu'ils sont.

Voilà. Ce sont eux qui m'ont créé. Je leur dois tout.

Et de la même manière qu'on m'a formé, je forme. Je suis tout à la fois père, frère, ami, créateur, destructeur. Assassin, qui sait ? Cela n'engage pas ma responsabilité, ni ma solidarité : c'est ma force, la première loi de mon existence. Etre né, c'est être plongé dans un univers étroit, où les influences sont sans nombre, où chaque détail, chaque seconde qui passe sont importants, laissent leurs traces. C'est donc souffrir. On peut exalter cette souffrance ; on peut la maudire ; quand on lutte, toutes les armes sont bonnes. Mais ce qu'il faut intensément, passionnément sentir, c'est ce qu'il y a de dramatique dans chaque vie humaine.

Je voudrais dire ce qu'il y a de possible drame dans chaque morceau de chair, dans chaque geste, dans chaque sensation et parole. Le vrai, le seul drame, avec, au centre, pour le diriger, pour le rendre raide, l'idée de la fatalité. La fatalité d'être vivant, sur terre, sorti du néant, jeté dans le chaos brutal et fanatique de l'existence.

Vivant, c'est-à-dire drame jusque dans le plus faible des organes, proie et vautour. Pas un drame en idées, mais en action. Un vrai drame profond, poignant, venu à nous pour toujours, notre condition, notre nature, et que nous perpétuerons avec nous.

La fatalité du conditionnement, qui vous statufie, qui vous ride, vous fait vous-même. Etait-il vraiment nécessaire de chercher ailleurs ? N'était-elle pas évidente, elle aussi, en chacun de nous ? N'était-il pas dérisoirement clair que nous avions autour de nous, dans la foule, dans la nature, dans les hommes, et les animaux, ces myriades de petits dieux formateurs ? Et que nous étions faits à leur image, miroirs sensibles ?

Quelquefois, quand je vois une face de femme mûre, une de ces faces bien faites, pensantes, aux cheveux à peine grisonnants, aux rides toutes en place et comme dessinées selon un modèle inconnu et très ancien, je me dis, qu'est-ce qui fait donc qu'elle est elle ? Qu'est-ce qui tient ce visage *en paix*, qu'est-ce qui le maintient ? Quelle est la volonté invisible, le contour de fil de fer qui retient tous ces traits dans cet ordre, qu'est-ce qui empêche cette eau de couler ? Comment est-ce possible ?

Mais c'est bien sûr que ce n'est pas sa volonté à elle, cette femme insignifiante. Ce n'est pas elle qui veut, puisque c'est moi, les autres. Elle voudrait bien, peut-être, s'émietter, s'en aller en une multitude de parcelles indécises, volatiles, s'évaporer dans l'air. Les possibilités ne manquent pas ; elle les a toutes. Alors, pourquoi ? Pourquoi ne trompe-t-elle pas ? Pourquoi ne cesse-t-elle pas, fût-ce une seconde, d'être elle ?

Mais elle ne peut pas se quitter, et elle le sait. Même en mourant, même en se jetant par la fenêtre, il y aurait toujours, pour la damner, une main qui l'aurait poussée. Et le drame de s'acheminer vers sa fin, vers ce que les autres ont choisi sans y penser. Il est donc toujours trop tard, trop tard pour venir, trop tard pour éviter la croix ; elle attend ; on le sait ; on ne peut plus rien. Si, on peut faire encore quelque chose. On peut faire plus : on peut aimer la croix. Orgueil fou, victoire de celui qui souffre sur sa propre douleur. Victoire de vaincu.

Est-ce noble ?

Est-ce beau ?

Assumer.

Sacrifice. Abnégation.

Mais pas pour les autres vraiment. Pour soi. Et après pour soi, pour les autres.

Faut-il tout détruire ? Faut-il rejeter tout cet engrais accumulé depuis la naissance, depuis des siècles ? Ces tics, langages, coutumes, gestes, croyances, pensées ? Faut-il fouiller au fond de soi, au plus profond, défaire, vomir tout son passé ? Est-ce seulement possible ? Et si on pouvait le faire, que trouverait-on qu'on ne sache déjà ? En vérité, et cela, c'est la dure vérité qu'il faut se dire une bonne fois pour toutes, nous ne sommes rien. Rien n'est nous, rien n'est à nous. Nous ne sommes que des passages. De fugitives figures, écrans de fumée où se projettent les lumières de vraie vie. La vraie vie est derrière nous, toujours, enfouie dans le passé et dans l'inconnu, et nos existences sont en retard. Puis, quand nous mourons, à notre tour nous illuminons dans l'avenir les structures sommaires, faites d'ombre, incapables de se révéler elles-mêmes. Telle est peut-être la solidarité humaine. Le besoin, la solidité, l'actualité du passé. Comme l'objet englouti dans sa croûte de pénombre informe n'a pas besoin de la lumière pour être objet, et pourtant, la lumière lui donne sa force. *Fiat Lux.* Sans la lumière, la vie serait-elle possible ?

Il n'y a pas de plus grande extase, de plus indéfinie jouissance que celle du présent. Je vis. Non pas j'existe, car qu'importent les démonstrations ! Tandis que vivre : immense, infinie plénitude, multipliée et divisée, impalpable, inconnaissable, incommensurable ; largesse et hauteur, profondeur, vibration, délectable harmonie de douleur et de douceur, chant au-delà de toute volupté, chant qu'on n'écoute pas, chant qu'on chante. Rien ne permet d'approcher de cette vérité. Rien ne permet de la traduire, car elle ne se traduit pas en mode sommaire. Cette vie est si dense, si riche qu'elle semble « autre » ; celle qui est en moi. Celle qui est dans l'instant précis qui bouge toujours. Celle qui est action. Celle qui ne se décrit ni s'imagine.

C'est ce mystère plus que tout autre que j'aimerais délayer. Car il porte en lui la clé du langage, et peut-être même la raison originelle. Chaque mot, comme un clou, devrait me permettre de fixer un peu plus durablement cette toile. Mais il faut choisir ces clous, ni trop faibles, ni trop blessants. Les mots, les mots du dictionnaire. Pas les phrases, pas les expressions qui déjà construisent. Les mots.

Plein.

Gonflé.

Ballonné.

Lumière pleine.

Jaune.

Cru.

Blanc et noir.

Dur.

Mine.

Roc.

Lançant.

Faiblesse du centre.

Drapé.

Etranglé.

Noué serré.

Dans la salle de béton.

Blockhaus.

Dilatoire.

Fatigue.

Epines.

Noyau dans un rayonnement d'épines.

Incassable.
Dur.
Glacé rouge.
Soluble au cœur.
Comprimé de quinine.
Balle explosive.

Pas encore des images (ou à peine). Rien ne bouge. Sur cet écran blanc les mots peuvent encore tomber, riches et pauvres, riches de tout leur passé et leur avenir, mais pauvres parce que présents, parce que mots, parce que tirés du dictionnaire, petits excréments noirauds et desséchés qui n'ont pas d'importance. Ces mots que j'aime ainsi : quand, dépouillés de toute fantaisie, ils n'ont de signification que dans le système lexical, par rapport à d'autres mots.

Souple : flexible, qui peut se plier. Contraire : rigide.

Dans cet état pur, les mots sont semblables à des animalcules primitifs, à des protozoaires. Le substantif, noyau. L'adjectif, extension du substantif comme une membrane adductive. Le verbe, flagelle. Les struments, corps inanimés, véhicules nutritifs. C'est ce langage-là, élémentaire, véridique, que je voudrais parler. C'est quand ils sont si près de la mort que les mots sont profondément dans la vie. Ils sont le commencement. C'est à cet instant que peut naître le sentiment de vraiment vivre.

Pour dire d'un homme, qu'il est civilisé, on dit

souvent « cultivé ». Pourquoi ? Qu'est-ce que cette culture ? Souvent, trop souvent, cela veut dire que cet homme sait le grec ou le latin, qu'il est capable de réciter des vers par cœur, qu'il connaît les noms des peintres hollandais et des musiciens allemands. La culture sert alors à briller dans un monde où la futilité est de mise. Cette culture n'est que l'envers d'une ignorance. Cultivé pour celui-ci, inculte pour celui-là. Etant relative, la culture est un phénomène infini ; elle ne peut jamais être accomplie. Qu'est-il donc, cet homme cultivé que l'on veut nous donner pour modèle ?

Trop souvent aussi, on réduit cette notion de culture au seul fait des arts. Pourquoi serait-ce là la culture ? Dans cette vie, tout est important. Plutôt que de dire d'un homme qu'il est cultivé, je voudrais qu'on me dise : c'est un homme. Et je suis tenté de demander :

Combien de femmes a-t-il aimées ? Préfère-t-il les femmes rousses ou les femmes brunes ? Que mange-t-il au repas de midi ? Quelles maladies a-t-il eues ? Est-il sujet aux grippes, à l'asthme, aux furoncles, à la constipation ? Quelle est la couleur de ses cheveux ? De sa peau ? Comment marche-t-il ? Se baigne-t-il, ou prend-il des douches ? Quels journaux lit-il ? Dort-il facilement ? Est-ce qu'il rêve ? Est-ce qu'il aime les yaourts ? Qui est sa mère ? Dans quelle maison, quel quartier, quelle chambre vit-il ? Aime-t-il avoir un traversin, un oreiller, les deux, ou ni l'un ni l'autre ? Est-ce qu'il fume ? Comment parle-t-il ? Quelles sont ses manies ? Si on l'insulte, comment réagit-il ? Est-ce qu'il aime le soleil ? La mer ? Est-ce qu'il parle seul ? Quels sont ses vices, ses désirs, ses opinions politiques ? Aime-t-il voyager ? Si un vendeur de camelote sonne à l'improviste chez lui, que fait-il ? Au café, au restaurant, que commande-t-il ? Est-ce qu'il aime le cinéma ? Comment s'habille-t-il ? Quels noms a-t-il donnés à ses enfants ? Quelle est sa taille ? Son poids ? Sa tension ? Son groupe sanguin ? Comment se coiffe-t-il ? Combien de temps met-il à se laver le matin ? Est-ce qu'il aime se regarder dans une glace ? Comment écrit-il les lettres ? Qui sont ses voisins, ses amis ? Tout cela est bien plus important que la prétendue « culture » ; les objets quotidiens, les gestes, les visages des autres influent plus sur nous que les lectures ou les musées. Shakespeare, nous le lisons une fois dans notre vie, quand nous le lisons. Tandis que la colonne Morris, nous la voyons tous les jours au bord du trottoir !

La culture n'est rien ; c'est l'homme qui est tout. Dans sa vérité contradictoire, dans sa vérité multiforme et changeante. Ceux qui se croient cultivés parce qu'ils connaissent la mythologie grecque, la botanique, ou la poésie portugaise, se dupent eux-mêmes. Méconnaissant le domaine infini de la culture, ils ne savent pas ce qu'ils portent de vraiment grand en eux : la vie.

Ces noms bizarres et insolites qu'ils lancent dans leurs conversations m'irritent. Croient-ils m'impressionner vraiment avec leurs citations, leurs références aux philosophes présocratiques ? Leur prétendue richesse n'est que pauvreté qui se masque. La vérité est à un autre prix. Savoir ce qu'un homme comprend de misère, de faiblesse, de banalité, voilà la vraie culture. Avoir lu, avoir appris n'est pas important. L'art, respectable entité bourgeoise, signe de l'homme cultivé, civilisé, de l'homme du monde, de l'« honnête homme » : mensonge, jeu de société, perméabilité, futilité. Etre vivant est une chose sérieuse. Je la prends à cœur. Je ne veux pas qu'on déguise, qu'on affaible. Si l'on fait ce voyage, il ne faut pas que ce soit en « touriste » qui passe vite et se dépêche de ne retenir que l'essentiel, ce pauvre essentiel qui permet de briller à peu de frais, en parlant du « Japon » ou du « mythe tauromachique dans l'œuvre d'Hemingway ». Les détails de la vie sont bien plus enivrants.

Certes, le produit des esprits des hommes n'est pas négligeable. Lire Shakespeare, connaître l'œuvre de Mizogushi est aussi important. Mais que celui qui lit Shakespeare ou qui regarde Mizogushi le fasse de toute son âme, et pas seulement pour sacrifier au snobisme de la culture. Qu'il le fasse en sachant que s'il lit Shakespeare, il ne lira pas Balzac, Joyce, ou Faulkner. — Et que s'il regarde Mizogushi, il ne verra pas Eisenstein, Donskoï, Renoir, Welles. Qu'il sache qu'il sacrifie des milliers d'autres choses à celle-là ; qu'il soit conscient en toute humilité qu'il ne connaîtra qu'une bribe infime, dérisoire, de l'âme humaine, imparfaitement.

La culture n'est pas une fin. La culture est une nourriture, parmi d'autres, une richesse malléable qui n'existe qu'à travers l'homme. L'homme doit se servir d'elle pour se former, non pour s'oublier.

Surtout, il ne doit jamais perdre de vue que, bien plus important que l'art et la philosophie, il y a le monde où il vit. Un monde précis, ingénieux, infini lui aussi, où chaque seconde qui passe lui apporte quelque chose, le transforme, le fabrique. Où l'angle d'une table a plus de réalité que l'histoire d'une civilisation, où la rue, avec ses mouvements, ses visages familiers, hostiles, ses séries de petits drames rapides et burlesques, a mille fois plus de secret et de pénétrabilité que l'art qui pourrait l'exprimer.

Quelquefois, sans raison apparente, à n'importe quelle heure du jour ou de la nuit (quoique ce soit plutôt durant les soirées), je sens un doute qui grandit en moi et m'exaspère. Pas exactement un doute, non, une espèce de frisson qui m'enveloppe, qui pénètre tout mon corps et le sensibilise. C'est vrai, je suis vivant, bien vivant. Et je n'échappe à rien de ce qui est vivant.

Mon corps est voué aux maladies, aux frémissements, aux attaques. Sans que je le sache, des millions de bactéries et de microbes sont en moi. Ils essaient de détruire. C'est cela : je sens mon organisme qui lutte pour vivre. Chaque cellule se défend avec acharnement, livre son combat microscopique avec une rage que je ne pourrai jamais imaginer.

Quelle souffrance que d'être ainsi vivant. Quelle abomination, quelle pourriture ! Comment mon corps, ce corps qui est à moi, qui appartient ou qui est le maître de cet esprit pas particulièrement

L'infiniment moyen

attaché à la vie, a-t-il la force, le courage d'exister ? Où trouve-t-il donc la foi pour se battre ? Pour survivre contre les invasions des microbes, l'usure, les décadences ? Impossible de ne pas ressentir l'effroi de ce mystère.

C'est tellement fragile, un corps humain. Tellement compliqué, et chacune de ces complications tellement nécessaire à l'ensemble. Comment tout cela tient-il ensemble, comment tout cela arrive-t-il à persister ? Voilà ce qui devrait nous rendre à la fois fiers et inquiets ; car, cela est sûr, si notre chair avait la lâcheté de notre esprit, nous tomberions en pourriture dans la minute même. Mais notre chair est forte ; elle se bat. Elle a une volonté implacable, qui n'est pas celle de la raison, mais du courant même de la vie. Une volonté capable de lutter contre la mort pendant soixante-dix, quatre-vingts ans sans faiblir ! La beauté de la vie, l'énergie de la vie ne sont pas de l'esprit, mais de la matière. Je ne connais que cela : mon corps, mon corps. Ma vie électrique, ma vie chimique. Quant au reste, mes espèces de pensées, mes envies, ma conscience, cela vaut-il vraiment la peine qu'on en parle ?

Oui, il faut se pencher sur soi, avec admiration, respect, angoisse. Tout ce que nous portons de grand et de beau est dans notre peau, dans nos ligaments, dans nos fibres nerveuses. D'où vient-il, ce grand influx qui nous retient dans le monde vivant ? Quelle est l'origine, quelle est la nature unique de cette muraille qui nous protège, qui nous garde ? Quelle est la propriété de ces propriétés, la vertu de ces vertus, la vie de ces millions de vies que nous portons dans nos organes ?

Les neuf dixièmes de notre vie, nous les vivons dans l'inconscience. Nous ne sommes conscients que d'une sorte de reflet fugitif, d'un écho qui nous parvient troublé et méconnaissable. Et c'est sur cet écho que nous construisons les idéologies, les concepts, les systèmes ! Loin de nous, notre corps vit, mène sa lutte secrète, se débat contre la mort, et nous n'en savons rien. Que de destructions faut-il pour arriver à réveiller un nerf qui traduit les plus épouvantables débâcles par un léger chatouillement, à peine à la lisière de la douleur. Et pourtant, aucune pensée humaine, aucun dogme ne sauraient atteindre l'importance de ces destructions internes. L'amour, la haine, la jalousie, qu'est-ce donc que cela ? Chacune de nos inspirations, puis de nos expirations a mille fois plus d'importance. Il faut que nous soyons humiliés. Il faut que nous regardions un peu plus précisément la matière. La riche, la vertueuse, la douloureuse matière, tragique champ de bataille où les éternelles forces du bien et du mal, de la vie et de la mort, pusillanimes et interchangeables, s'affrontent dans une guerre sans merci. Vous, vous êtes l'enjeu. Tout votre corps, et tout ce qu'il comporte de plaisirs et douleurs, de pensées, d'imaginations, de vénération divine, est en train de se battre pour vous. Il faut que nous soyons humbles. Petits, misérables, il faut que nous le sachions pour toujours et qu'au lieu de nous rebeller en voulant oublier ce que nous sommes, nous le disions et le répétions chaque jour, avec la joie absolue de la vérité : nous ne sommes rien. Nous ne sommes rien. Nous ne sommes rien.

Comme une prière à se rappeler chaque jour : comment l'homme est pris sur la terre, englué dans sa parcelle de boue, écrasé par les éléments et par lui-même. Comment l'homme est seul, qu'il n'a pas d'origines, et qu'il ne doit pas juger.

Dans le silence. Avec le froid. Avec le chaud.

Face aux rochers. Entouré de murs.

Douloureux. Inquiet.

Ou bien joyeux, étalé par le plaisir filtrant.

Comme une prière à dire dans sa solitude, ni pour demander, ni pour remercier, mais pour être humble.

Pour qu'il n'écrive, ne représente, ne chante que sa condition.

Avec les animaux, prisonnier de sa gangue de chair.

Velu, fragile, odoriférant.

Avec la mort qui l'attend, qui structure sa vie, qui le marque du temps.

Sur sa boule ronde, petit, plus petit qu'une fourmi.

Groupé autour de la stèle magique, embrassant la pierre noire, homme pitoyable. Et qui pleure tourné vers l'horizon, parce qu'il est petit parmi les petits.

Pour qu'il se taise longtemps, et n'ose faire que des choses lucides et vraies.

Homme groupé, écrasé, priant.

Adore.

Adore.

Ce moi qui est construit de tous ces symptômes physiques, de ces sécrétions de glandes, de ces minuscules messages électriques venus de la matière grise, de ces coups du cœur commandés, ce moi, qui n'est pas moi vraiment, je le sens si faible, si tremblant, si près de m'échapper. Etre vivant est une perpétuelle incertitude. Et l'oscillation continue entre le plein et le vide, entre ce qui m'appartient et ce qui est négation de toute propriété.

Ce doute, je ne le désire pas. Jamais je ne voudrais douter du peu que je possède. Mais le vide, le vide glacial, éternel, m'emplit comme un vent froid et me désagrège. S'il y a une grandeur et un espoir dans cette condition, ils sont dans ce doute – image fluctuante effrayante. d'un vide fixe qui demeure sans cesse à notre vue, d'un vide plus vide encore, la mort –, et celui qui ne doute pas ne sait pas qu'il vit.

Le contraste, révélateur de la beauté ? Le vide, déterminant le plein ? Pas même cela, qui serait une orientation. Non, vie et néant, vide et plein s'équilibrent continûment, sont l'un dans l'autre, mêlés indistinctement. Vivre, c'est être mort, et la mort est vivante. Comme l'infini est fait de fini, et le fini est la naissance de l'infini. Ces contradictions apparentes se résolvent d'elles-mêmes, au-delà des mots. Pas une seconde de cette durée qui aboutit au néant, pas une parcelle de ce monde indestructible ne nous échappent. Nous y sommes inscrits, comme la roche, et notre volonté est sans effet.

La notion de temps, en réalité notion d'acte, n'est

qu'un cadre. Mais il ne nous est pas donné de sortir volontairement de ce cadre. La philosophie, qui invente des mots, ne possède qu'un pouvoir interne. Ces mots dissolvent, agissent, mais ils ne détruisent qu'à l'intérieur du système du langage. Tout ce qui est autre reste hors d'atteinte.

Agir, il faut agir sur l'ineffable. Il faut provoquer les révolutions extra-humaines. Prendre appui, par tous les moyens, par toutes les conduites s'arc-bouter contre l'être.

Les idées sont toutes objectives. C'est le réel qui donne naissance à l'idée, et non pas l'idée qui exprime ce qu'il y a de concevable dans la réalité.

Une des erreurs de l'analyse est de distinguer forme et fond. Il est bien évident que forme et fond ne sont qu'une seule et même chose, et qu'il est tout à fait impossible de les dissocier. Parler de telle ou telle façon, employer tel ou tel mot sont des modalités qui engagent tout l'être. Le langage n'est pas une « expression », ni même un choix ; c'est être soi.

De même, être vêtu de telle ou telle manière, porter une cravate, se coiffer longuement ou rapidement, laver plus consciencieusement telle ou telle partie de son corps sont des actes qui révèlent la direction du regard intérieur. C'est dire l'importance de cette coalition entre la forme et le fond. Elle nous engage tout entier, fait de nous ce que nous sommes, nous révèle et nous dissimule à la fois. Dans le monde exact où nous vivons, où chaque minute nous est *comptée*, ce n'est pas trop dire que dire : paraître, c'est être.

Tout cela est plus particulièrement sensible au niveau de l'écriture. Le style est bien évidemment un produit *naturel* (même dans son inauthenticité). Les mots, les rythmes, les images ne viennent point au hasard. La signification n'est pas une idée qui cherche à se faire jour à travers le lexique ; la profondeur et la forme que prend ce sens sont déjà unies au moment où elles se cherchent, comme s'il y avait là effet du destin divin, et la phrase avance, pareille à un automate, propulsée à la fois par elle-même et par ce qu'elle doit accomplir. En définitive, le produit de l'homme ne peut pas être moins complet que l'homme ; il n'y a pas de livres intéressants mal écrits.

Ni complètement abstrait (il signifie), ni complètement concret (il utilise des concepts), le langage est le plus parfait exemple d'union d'une forme et d'un fond. L'analyse ne peut véritablement expliquer sa nature. Car ce qui est exprimé ici est à la fois choisi et subi, hasard et désir, liberté et contrainte. C'est surtout la nature de l'homme qui s'extériorise, contradictoire, masquée, et pourtant offerte à tous les regards. Nature mystérieuse de l'être conçue dans cette unité qui n'en est pas une, nature globale de l'apparence et de l'essence sur quoi la pensée ne peut jamais avoir de prise.

Ainsi le monde se trouve construit à travers ce simple couple d'énergies : forme et fond. Pour aboutir finalement à cette pauvre affirmation : je suis ce que je suis. C'est que dans le domaine du vécu, du vécu sensible, le raisonnement n'est pas raisonnable. Seul le langage est rationnel : les mots sont faits de la même substance que la réalité. Ce qui fait qu'une chaise est une chaise dans sa forme et sa finalité, ce qui fait que la couleur rouge existe, même si elle est vue bleue par certains, grise par d'autres : c'est l'unité indissoluble du monde compréhensible, le langage.

Il m'arrive de ressentir le dégoût de cet homme qui se tua pour ne plus avoir à se raser chaque matin. Et cependant, c'est le quotidien, et le quotidien seulement qui arrive à me faire accrocher dans l'existence. Ces menues obligations, ces rythmes sont formateurs. Ils me sont nécessaires. Ils me libèrent parce qu'ils m'assujettissent. C'est ainsi : j'ai besoin de l'esclavage, des règles de vie, des rythmes. Ma liberté ne survit qu'à l'intérieur de ces cadres. Alors, pourquoi ce dégoût ? Se pourrait-il que mon esprit ne désire pas vraiment vivre ? Est-ce qu'il n'y a pas là comme la lointaine rumeur d'une tentation profonde en tout homme, la tentation du suicide ? Chaque minute recèle cette étrange dualité. Le corps est vie, l'esprit est mort. La matière est être, l'intellect néant. Et le secret absolu de la pensée est sans doute ce désir jamais oublié de se replonger dans la plus extatique fusion avec la matière, dans le concret tellement concret qu'il en devient abstrait. La vie est peut-être ce passage, cette situation tragique et instable, ce nœud, ce point mouvant sur la ligne d'évolution du néant au néant.

J'aperçois aussi cette contradiction : ma liberté a besoin de cadres et de prisons, et pourtant, cette liberté est essentiellement inachevée. Je passe mon temps à entreprendre des choses qui n'aboutissent pas ; mieux encore, j'élève cette espèce d'échec au rang de principe moral. Il me faut, au départ, de façon puérile, mes trois points. Un bon cadre solide sur lequel je puisse appuyer ma pensée. Mais à peine ai-je rempli le 1° de ce cadre, je me rends compte que je n'aurai plus rien à dire pour le 2° et encore moins pour le 3°. Comment est-ce possible ? J'avais pourtant tout prévu... Si l'art existe (ou s'il y a des artistes), une de ses règles fondamentales est peut-être l'imperfection.

L'inachevé est un type de pensée qui va en s'ouvrant ; il est même possible qu'il soit le mouvement normal et efficace de la pensée. Même le raisonnement dialectique n'échappe pas à l'imperfection. Dans la division I, II, III, – *a)*, *b)*, *c)*, c'est l'« etc. » qui fait l'imperfection. L'analyse est un système à ouverture interne vers l'infini. Le noyau ne peut jamais être atteint.

Y a-t-il une pensée synthétique ? Le style « oratoire » en donne parfois l'illusion. La phrase est alors formée selon un mouvement de balancier et de correspondances. Mais ce n'est, après tout, qu'une illusion ; la « période » est en réalité, non pas un cercle, mais une spirale, figure qui n'évoque rien plus que la folie.

Donc, je me sens à tous points de vue un « inachevé ». Moi qui aime passionnément l'exactitude, je sacrifie sans cesse au démon du flou, du vague, de l'imprécis. J'ai besoin de cette ouverture. J'ai besoin de fuites. Ce n'est pas moi qui fuis, c'est mon image orgueilleuse et hautaine. Lorsqu'il me vient une de ces pensées bien rythmées, bien balancées, et que je commence à sentir l'ivresse, c'est comme si j'ouvrais à demi consciemment une valve en moi, pour me dégonfler. C'est mon besoin de brouillard.

Pourquoi est-ce que je fais cela ? Est-ce vraiment parce que je suis humble ? Ou bien est-ce que mon esprit ressent confusément les dangers de la limite ? L'ivresse du cercle clos, où la perfection s'emballe et tourne désespérément dans le vide, est-ce déjà la folie ? Alors, pour parer à ce danger, j'ouvre, j'aère, je fais entrer en moi les brumes du non-savoir, du non-comprendre.

Mais pratiquer cela comme un système, quelle lâcheté ! Quel repos vraiment que le paradoxe ! Quelle tentation que l'humour ! Dire, l'homme est associé avec l'infini, et ajouter : peut-être. Subtile, méchante rectification qui me permet de retomber les pieds sur terre. Cabriole. Prestidigitation. Mensonge.

Facilité superficielle du sceptique. Louvoyer entre les problèmes. Cela, ce ne peut être de l'humilité. Comme ils sont grands, si terriblement grands et seuls ceux qui se sont enfermés dans leur propre tragédie fabriquée. Ceux qui ont choisi un système, n'importe lequel, comme un piège consenti, et qui s'y sont laissé prendre à jamais. Quelle humilité que la foi ! Quelle vertu que le fanatisme !

Moi, avec mon humour, je ne suis pas grand-chose, et je le sais. Je ne sais pas s'il faut croire ou ne pas croire, mais j'attends. Même je me force. Qu'elle vienne, la plus petite parcelle de révélation, je ne la raterai pas ! Je suis prêt, je suis tout à fait prêt à la recevoir. Je n'attends qu'elle. Je l'ai peut-être déjà, sans m'en rendre compte. Les germes de ma foi, je vais peut-être les trouver dans la contemplation de la réalité.

Etre immoraliste, se détacher, flotter, n'appartenir à rien, quelle illusion ! Maintenant, je le sais : on est soi, on est moral. On porte à l'intérieur de soi une ligne qui dirige en se dirigeant. L'être est une vertu morale. Vivre en soi, ou bien en soi dans les autres, c'est vivre moralement. C'est adhérer aux principes. Etre *comme* ceci, ou *comme* cela, c'est être ceci ou cela. On ne peut rejeter cette apparence, car elle est aussi l'essence. C'est en étant comme un qu'on est un, et on ne peut pas ne pas être comme un. Fatalité. Fatalité. Impossibilité de choisir. Mais le savoir. L'aimer. Cela, oui, c'est possible. C'est l'aventure tâtonnante de la lucidité.

Etre inachevé, dans ces conditions, c'est être tout simplement. Car une partie de nous-mêmes doit sans doute rester secrète. Même au plus avancé de notre drame, nous ne savons pas ce que sera la minute prochaine. Le passé, le présent et l'avenir sont étroitement conditionnés. Se métamorphosent. Ce que j'ai été, je le suis, et ce que je serai, je l'ai été.

Je suis amoureux des détails. J'aime bien tout ce qui est petit, j'ai comme du respect pour les animaux, pour les objets. Plus ils sont ténus, plus

L'infiniment moyen 57

ils me plaisent. Nous avons tous une image imprécise de la vie ; la mienne est faite de ces détails mesquins. Une chambre, par exemple, avec des bibelots bon marché, un tapis abîmé, une mouche qui vole, des cendres de cigarette éparpillées autour du cendrier. Un crayon à bille en métal blanc, avec de petites rayures circulaires et, écrit sur l'agrafe,

88
Q
U
E
E
N
S
W
A
Y

Les reflets triangulaires du soleil à travers les persiennes. Un paquet de cigarettes déchiré, une boîte d'allumettes sur laquelle est dessinée une scène de *La Cigale et la Fourmi*. Un poignard au fil émoussé. Un timbre-poste du Canada. Une carte de Nice, divisée en carrés égaux ; j'habite le carré F 12, vers l'angle du bas, à droite. Sur la carte, il y a beaucoup de rues tracées, des boulevards qui montent des collines en zigzaguant, des avenues rectilignes, des impasses, des chemins privés. Les pâtés de maisons sont indiqués en vert. Je voudrais bien faire la carte de tout ce qui m'entoure, comme cela. Dessiner des caricatures, raconter ma vie en bandes illustrées. Gribouiller sur les papiers blancs, sur les feuilles de papier blanc si respectable, là où d'autres écriraient leurs mémoires et leurs pensées. J'entends les bruits de la rue, je les reconnais au passage. Rien n'est indifférent. Je connais aussi la couleur du ciel. La forme des nuages. L'éclat du soleil. J'ai fait des points de repère sur le mur, près de la fenêtre, et je regarde l'ombre de la croisée s'étaler doucement vers la croix de 2 h 34, puis vers la croix de 3 h 07. C'est bien d'avoir un paysage à soi, des objets, des petits signes, des taches, des événements miniatures qu'on peut observer et comprendre. Ça vous oblige à être conscient. Ça vous force à être tout petit, une vraie tache aussi, dans le monde plein de drôles de graffiti, de signes, d'objets doux et tragiques. Ça vous fait courber la tête sous le poids de l'existence, ça vous jette à terre et vous fait adorer. Dans ma chambre, dans la rue, la ville, sur toute la terre et même ailleurs, il y a beaucoup de petits dieux, et je me prosterne devant chacun d'eux.

La science est sans limites. Tout homme qui sait quelque chose fait œuvre de science ; celui qui connaît les lois de l'univers, mais aussi celui qui connaît totalement sa chambre. Tant il est vrai que ce n'est pas tellement la possession du savoir, ni la nature du savoir, mais le cheminement qui est l'esprit de la science.

Moi, mon cœur va vers la forme, et ma raison vers la diversité. Si j'ai des sentiments, si j'éprouve des désirs, c'est envers ce qui est balancé, rythmique, défini. Les cadres et les géométries m'inspirent. Mais ma raison, ma lucidité, c'est de savoir le fourmillement, l'embrouillamini, l'inextricable jungle de la vie, dont nous sommes.

Et c'est peut-être la plus grande souffrance de l'homme de ne pouvoir être dans la forme sans appartenir à la diversité, et de ne pouvoir s'enfouir dans le grouillement sans regretter les systèmes.

Pourtant, en vérité, ces deux états et ces deux compréhensions du monde ne sont peut-être pas opposés. Sœurs, unies, formant une seule colonne, ces deux attitudes représentent les limites et l'étendue de l'esprit humain. Sachant tout et ne connaissant rien, inégale et monotone, mesurée et effervescente, l'intelligence de l'homme se résume à son existence. Et cette existence, quelles que soient les formes qu'elle adopte, quels que soient ses visages, ses manières, est en unité avec la matière.

Mais cela, ce ne peut être le résultat d'une dialectique. C'est la révélation. Ma révélation, que j'attends. Je sais qu'elle viendra, un jour ou l'autre. Je ne suis pas pressé. Mais quand elle viendra, quand en moi naîtra et se formera cette colonne, quelle joie, quelle ineffable joie, faite de tant de douleurs et de plaisirs réunis, qui montera solide et inébranlable, qui me jettera vers le plus haut et m'offrira éternellement à moi-même.

Paysage

J'aurais pu naître n'importe où. Je suis né ici par hasard. Mais ce genre de hasard devient vite une destinée.

J'ai besoin de soleil, de beaucoup de soleil. Il faut qu'il soit là, à sa place dans le ciel, et que tout sur la terre brille et brûle en durs éclats. Je ne pourrai jamais savoir ce que cela veut dire. Je ne veux pas le savoir. Le soleil n'éclaire pas, il obscurcit les pensées. Il rend fanatique. Cette clarté des paysages, ici, n'est qu'une apparence. En fait, tout est pris par la brume, par la lourde chaleur pareille à l'eau.

J'ai besoin de tout ce qu'on m'a donné. Je m'y suis attaché. Est-ce besoin de patrie ? La possession, le désir infini de tenir cette terre dans mes mains, d'acheter ces lopins, ces bouts de trottoir, ces arbres et ces rochers : l'habitude cartographique, honteuse, gênante, mais vraie.

Après tout, pourquoi se contredire ? J'ai été inscrit ici, et il faudra beaucoup de choses pour que j'oublie. D'abord, je fais partie. Comme une rue, comme une simple rue qu'il faut connaître par cœur pour pouvoir s'y mouvoir à l'aise. Tout le reste n'est que chimère. Il n'y a pas de pays étrangers. Il n'y a que ma chambre, ma chambre que je possède bien, où je suis bien. Où les aventures et les voyages commencent et se terminent.

Je suis un maniaque du repli sur soi. J'ai mes quelques mètres carrés, très limités, gouffres infinis que je n'épuise jamais. Au-dehors : danger. Danger. Je n'ai besoin de rien d'autre. Que m'importent les décors inconnus ? Tout est ici. Tout est dans ma chambre. J'aime ces habitudes, ces raideurs. Je ne peux pas me permettre la frivolité, la poésie. Je veux ce que j'ai, je n'aime que ce que je veux. Bien sûr, ce n'est qu'une illusion, puisque je n'ai rien choisi ; mais cette prison m'a libéré.

Le soleil, oui, il me faut le soleil. Des lumières crues, des chaleurs excessives. Ensuite il me faut la ville. Les bruits, les mouvements, le factice me sont nécessaires. Le repos me fatigue. J'ai besoin aussi d'un tout petit bout de la beauté universelle. Par exemple, la mer, les baies ouvertes, les cailloux abrupts, le ciel. La mer plombée, sous le ciel blanc de lumière, avec le poids de la brume qui traîne un peu partout. Les collines sèches où l'incendie se propage vite. Le noir, le brûlé, les braises. Les angles tranchants des pics, les montagnes vues d'en bas. Les pins, rongés par le feu. L'odeur du caoutchouc, de l'essence, des creux puants au bord de la côte.

La lumière surtout, la lumière blanche, sèche, qui fait mal. Les éclats de lumière sur les carrosseries des voitures, les reflets des serres au loin, sur les collines. Le lit aride de la rivière, couches ondulantes de galets poussiéreux où coule un maigre filet d'eau terne. La chaleur aussi, une chaleur de maladie qui s'enfonce, qui mouille tout, qui abîme. J'aime les terrains déserts et craquelés, les sols durcis où les herbes poussent mal, le long des fissures. J'aime regarder les lézards et les salamandres. Entre midi et deux heures, il flotte une sorte de fatigue mortelle, de blancheur impitoyable. Les bruits arrivent de loin, deux par deux, des bruits de moteur et des claquements de barres de fer. Tout est stupéfait. Sur les murs de la chambre, il y a une drôle de couleur ocre, terreuse, qui me plaît.

Vers six heures, six heures trente du soir, quand le soleil est un peu retombé, tout autour de moi, et moi-même, jubile. Il n'y a pas d'autre mot pour traduire cette impression : JUBILE.

Alors je marche dans les rues, face à l'ouest, et je suis pris moi aussi.

Voilà pourquoi j'aime mon paysage. Il ne change jamais. C'est de la terre, une ville sale et bruyante, du soleil, la mer, la brume et la chaleur. Il est extraordinairement éternel, nu, pauvre, humble. Je lui appartiens totalement. Les montagnes, au fond de l'horizon, pèsent sur moi de leurs tonnes de roc surchauffé. Le ciel entre en moi par mes poumons, et je dissous doucement cette brume humide et froide. Les vapeurs d'essence, les gaz des voitures, les odeurs pourries des égouts qui coulent sur les plages, et la sueur humaine nourrissent mon sang. Je bois l'eau de ce territoire, je mange les fruits couverts de la poussière de ces murs. Les rayons du soleil blanc entrent dans ma peau et me modifient insensiblement. Je prends racine ici. Je vieillis. Ma pensée est faite de cette terre et de cet air, et mes paroles décrivent toujours le même recoin. Je suis chaque carré de cet espace, et ma chambre, alvéole minuscule encastré dans le domaine où je suis né, m'abrite, m'abrite tout le temps. Il n'y a pas d'étranger. Il n'y a pas de monde. Il n'y a pas de patrie. Quelques mètres carrés infinis, grouillants, vivants, voilà le pays, le seul pays que connaît l'homme. Je voudrais bien pouvoir faire comme le chêne, et vivre pendant des siècles accroché au même bloc de terre, sans bouger, absolument sans bouger.

Autre certitude : celle de vivre dans la société, irrémédiablement, sans pouvoir de se démettre. La force, la force strangulatrice des autres, des autres qui sont en moi, qui m'ont créé. Comment puis-je être moi, comment puis-je *ne pas communiquer* ? Je suis, de tout mon corps, de toute mon âme, impliqué dans cette société. Je suis vivant, je pense, je participe. Je fume, je mange, je procrée, rien n'y manque. Egoïstement alors ? Non, même pas égoïstement. Dans ma chambre, je suis solidaire du monde entier, je souffre, j'aime, j'ai des sentiments fraternels.

L'engagement n'est pas une affaire de degré. C'est un état. La condition de l'homme est résumée dans un seul acte, et les douleurs sont des tortures, les haines des guerres, et les amours l'amour. Ils sont bien naïfs ceux qui croient avoir échappé ; ils se trompent bien.

Ceux qui se croient détachés sont les mêmes qui imaginent que l'action est une chose, la pensée une autre. Penser est agir, et être soi, c'est être les autres. Pas besoin, non, pas besoin de faire des conférences, d'être inscrit à un parti politique, de bâtir des citadelles. Dans son creux, dans sa caverne, l'homme participe à la tâche commune. Il croit, il aime, il souffre pareillement, il est *utile*.

En vérité, la société, on la porte en soi. Tout commence et finit par elle, et elle n'est qu'en les individus. Cela, c'est la discordance familière, la pénible dialectique de la solitude et de la promiscuité. Il est inutile de nourrir certaines illusions : toute tâche sociale comporte sa part d'égoïsme, et toute réclusion est symptomatique de la généralité humaine. Nous sommes prisonniers de ce cycle. Le singulier se referme sur l'universel, et l'universel retourne toujours au singulier. Les hommes ne sont pas des vecteurs. Ils ne sont pas ouverts à l'infini. Ils ne sont qu'une parcelle infime, image exacte du tout qu'ils forment et qui les englobe. Celui qui veut être un est plusieurs, et c'est en étant plusieurs qu'il est un.

Cela il faut le savoir ; il faut savoir que le dévouement à la cause est une servitude de soi. Il faut se dire tous les jours, sans répit, qu'en apportant sa miette à la communauté, sa pauvre miette sans nécessité, on reçoit plus qu'on ne donne. Que la satisfaction de servir est plus grande que le bien de ceux qui sont servis. Alors, quand on sait cela, quand on le sait avec force, on peut se livrer en toute honnêteté, en toute sincérité, à sa tâche. Ce qu'on fait, on le fait sans illusion, sans amertume.

Ce que j'apprécie le plus dans la conduite humaine, c'est peut-être le renoncement. Et pas tellement le renoncement aux plaisirs, aux vices, aux entraves, mais plutôt le renoncement à tout ce qui est grandeur mensongère, à l'orgueil, à la complaisance, à tout ce qu'on croyait bon en soi et qui n'était que mesquinerie.

C'est dur aussi de se dépouiller du plaisir d'être humble. C'est dur de rejeter cette partie de soi friable, succulente, généreuse. C'est dur de savoir ce qu'on est avec exactitude. Il est plus facile de se laisser aller à l'agitation folle, de recevoir les louanges, de se dire qu'on fait le bien. Ça flatte. Ça permet des moments exaltants. En face d'une telle coquetterie, l'orgueil me semble bien préférable.

La pitié est intolérante, l'amour est dominateur, la vertu est hypocrite et la charité injurieuse. Si on les compare à ces imbéciles vertus, les défauts sont moins agressifs. Eux, du moins, ne dupent pas. La haine ne prétend pas servir la cause de l'humanité, la cruauté ne veut pas à tout prix comprendre, et l'injustice ne porte pas d'autre masque que le sien. Horde innombrable des dictateurs paisibles et doux qui dérobent les âmes sans défense et les souillent de leur bonhomie. Combien préférable est peut-être le tyran sanguinaire, statuesque, qui trouve son ivresse dans le domptage des esprits meurtris, aiguisés et haineux !

Comme dans un tunnel où je suis emporté, sucé vers l'orifice béant de blancheur, vers le ciel pâle, immense entonnoir de lumière, suivant cette route qui part des ténèbres et me conduit au sein du gouffre serein, même plus suivant cette route, mais cette route elle-même, glissement extatique vers la source de vie et de bonheur, long étirement de moi-même, encore enraciné dans le néant, vers la plus grande des libertés, je marche vers cet être que j'ignore, je m'approche de lui, je perçois déjà la profondeur infinie de son éther, je goûte déjà à l'ivresse de mon épanouissement en lui, sous forme de neige qui fond, d'évanescents parfums qui fuient et fouillent dans l'agglomérat de molécules, et je m'élance, je m'élance, je monte sur ma ligne horizontale, je pénètre, je me glace doucement, je viens à toi, je viens à toi, je suis, je suis, je suis...

J'ai vu le soleil se coucher sur le paysage; le disque sanglant est descendu lentement sur l'horizon, agrandi, flottant comme une lampe au-dessus des nappes de nuages violacés. La ville et la terre étaient couvertes d'une sorte de poussière, ou de cendre, et la mer n'avait plus l'air de la mer. Au-dessus, le ciel était parfaitement pur, glauque, triste, pénétré d'une drôle de couleur grise. Il n'y avait que ces nuages, à l'horizon, à l'endroit où se couchait le soleil, qui traînaient et se fondaient les uns dans les autres. Sur ce spectacle immense, où rien ne bougeait, absolument rien, pas une herbe, pas une vague, pas une bête, le disque rouge est descendu lentement, longuement est entré. Il a diminué peu à peu de taille, jusqu'à devenir petit point incandescent trônant sur des nappes d'ouate. La ville et les collines brumeuses n'ont pas bougé. Puis il a disparu d'un seul coup, englouti, comme si la terre soudain levée avait basculé dans le vide.

Alors la nuit s'est mise à tomber sur le paysage, comme ça, petit à petit, avec ses grands et terribles glissements d'ombre terne. Et le reste a cessé d'être visible.

Etre pierre, arbre, oiseau, aloès, microbe, cristal, molécule.
Pauvreté.
Dénuement.
Détachement.
Patience.
Infirmité.
Abandon à soi.
Ce qui est le plus important dans ce désert habité : l'esprit de pauvreté. Ne rien avoir à soi de sûr, ne reposer sur rien, ne rien posséder. Appartenir, si possible. Mais pas forcément par l'amour, ou par la charité. Par la jalousie. Par la faim. Par la douleur et la peur. Par la vie quelconque.

Pourtant ce partage n'aboutit pas ; il n'est ni une consolation, ni une foi. Il est seulement une évidence, un fait. Ce qui compte, ce qui est important, c'est la conscience systématique de soi, dont l'individu ne sort jamais. Cela n'est ni immoral, ni désespéré ; mais cela oblige à cette vérité essentielle : toute manifestation de l'homme n'a de vérité qu'en l'individu. C'est comme un principe d'hermétisme, la loi de la solitude et de l'incarcération. Les autres, s'ils existent, existent pour nous par raison d'analogie. Tout-puissants sur nous, nous créant, nous imposant leurs systèmes, ils nous pénètrent mais nous ne les pénétrons jamais. Ils restent mystère. La perméabilité entre nous et eux ne s'effectue que dans un seul sens. Et la compréhension ne se fait que dans la mesure où elle est fondée sur une incompréhension initiale de même que la communication naît de l'incommunicable. Si je me retourne sur moi, le vertige me saisit. Toute cette richesse, tout ce peuple qui grouille, qui foisonne, toute cette chaleur sociale, cette culture, cette relative facilité des rapports avec les autres, tout cela n'est que désert, nudité, glace, bloc de marbre qui cerne et ferme ! Comment est-ce possible ? Que faire ? Je n'ai même plus un débris, même plus un mot sur quoi prendre appui pour provoquer, pour tenter de me révolter, pour briser les murs ! Rien. Rien. La carapace partout, sur moi, la clôture de mon corps et de mon esprit, étanche, sans faille, sans délicieuse fenêtre par où viendrait la douce lumière hétérogène. Rien. N'est-ce pas ignoble ? N'est-ce pas à vous rendre fou ?

On a abouti au mur. On est arrivé à la fin de sa route. Après, plus rien. Dans ce monde hermétique, il n'y a rien qui vienne vous faire rire du destin. On ne peut s'aider de rien. Le doute règne partout. Rien, pas la moindre pensée qu'on puisse partager effectivement ; c'est comme une lutte avec le miroir. Qu'est-ce que le miroir ? Une plaque de verre couverte d'étain, et qui reflète avec fidélité. Mais fidélité à quoi ? A soi. A personne d'autre que soi. Jamais le reflet n'a été une certitude. C'est une vision de soi, une vision de plus, comme s'il n'y en avait pas déjà assez. Alimenté par une bouche invisible, l'esprit gonfle, il est gagné par la dangereuse ivresse. Il voudrait tant laisser déborder son trop-plein. Mais il ne pourra pas. Alors il lutte contre lui-même, il se heurte, il se détruit. Qu'il vienne, qu'il vienne vite le bistouri qui pourra crever cette tumeur. S'il tarde trop, il va être trop tard. Le vertigineux mouvement de rotation va s'accélérer. Tout va retomber dans la nuit.

Les remèdes, on les trouve peut-être en soi. Alors, il faut s'humilier. Il faut renoncer à comprendre, il faut se faire tout petit devant ce qui existe. Il faut choisir son infirmité, et accepter d'être sauvé. Renoncer à la lucidité ? Non, plus que cela, renoncer à l'intelligence. Douter non plus parce que le doute permet de gagner tous les paris, non plus parce que le doute est la forme la plus subtile de la pensée constructive, mais parce qu'il n'y a plus que le doute. Aimer la pauvreté, non pas parce que la richesse entrave, non pas parce que la pauvreté libère et ennoblit, mais parce qu'il n'y a rien à posséder.

S'abandonner tout vivant à la douleur et à la faiblesse, non pour mieux s'élever, pour mieux se ressaisir, mais parce qu'il n'y a rien d'autre à faire. Cela, dans la terrible unité de l'individu. Aveuglément, sans y prendre garde, sans calcul. Après, la récompense peut venir, ou ne pas venir. Mais ce n'est pas elle qui compte. Il n'y a pas à choisir.

Pauvreté. Silence. Douceur. Il n'est même pas nécessaire d'être lucide. Il y a, dans la pratique systématique de l'illusion, une pauvreté véritable et profonde. Enfoncé dans son propre gouffre, dans le misérable vertige de l'imaginaire, l'homme peut trouver cette paix humble, cet effacement vertueux. Car ce ne sont pas les niveaux qui sont importants : ce qui *est*, est dans l'essence ; et il y a une vertu du mensonge comme il y a une vertu de l'exactitude. L'armature, la dure et indomptable ossature de l'homme, c'est cette fierté retournée sur elle-même et devenue humilité. Celui qui transige, celui qui marchande avec soi-même n'est pas digne d'être petit. La *volonté du malheur* n'est pas facile : elle demande à être conduite jusqu'au bout, elle a soif d'infini, désir d'absolu. Comme pour être grand parmi les grands, il faut de la passion et de la folie pour être abandonné nu et seul. La gloire et l'infirmité sont souvent de même nature : suprême orgueil et suprême humiliation pour l'un comme pour l'autre.

Je suis souvent déçu par ce qu'il peut y avoir de limité chez l'homme. Avoir de l'argent, une situation, une retraite, est-ce pour cela qu'on vit ? Médecin, avocat, directeur d'entreprise, écrivain, quoi, c'étaient là leurs ambitions ? Ils se contentent de si peu ! Ils veulent se ressembler. Ou bien, ils veulent être originaux, mais avec tellement de mesquinerie. Et quand ils sont arrivés à leurs misérables sommets, ils sont heureux. Il leur fallait si peu de chose ! Petits fonctionnaires, prêts à tout pour de l'argent, étroitement limités à leur voiture, leur charité modèle réduit, leur passion du samedi, leur petite dose d'aventure organisée. Ou bien avec leur intellectualisme repu, leurs bouquins, leur partie de culture minuscule, pondérés, avec leurs raisonnements cellulaires et mercantiles. Est-ce là être ambitieux ? Gorgés de futilités, ratiocinants, prétentieux, soucieux de leur gloire ou de leur capital, de leur bien-être rabougri ! Ils parlent de la foi, de l'amour : qu'en savent-ils ? Rien. La foi, l'amour, si cela existe, ce ne peut être paisible. Cela emporte, cela terrasse, cela doit faire brûler jusqu'à la mort.

Il est vrai, ils se réclament de la raison : ils calculent, ils tergiversent. Ridicule raison que cette raison-là. En face d'elle, quelle force a la folie. Quelle beauté immense chez ceux qui déraisonnent, qui se trompent. Comme ils paraissent plus denses, ceux que l'égarement conduit jusqu'au crime, non pas à cause d'une femme, parce qu'une femme, ce n'est qu'un prétexte, mais à cause de ce qu'ils ont de si terriblement intransigeant en eux, de ce qui les pousse vertigineusement non pas à comprendre, mais à aimer, à tuer, à être des brutes.

Et ceux qui n'arrêtent pas ce qu'ils ont entrepris ; ceux qui se détruisent eux-mêmes, ceux qui souffrent, qui s'enfoncent dans les pièges de leur propre conscience : des criminels, eux aussi, voilà ce qu'ils sont.

Je hais l'argent. Vivre avec l'argent, ce n'est pas facile. Le papier-monnaie représente tout ce qu'il y a de limité, de raisonneur, de chichement équilibré dans la société des hommes. Le goût de l'argent, c'est le goût des choses futiles, des objets qu'on achète, de la gloire limitée. C'est le trompe-la-mort, la réalité qu'on dit pratique, le mensonge. L'argent gêne mes rapports avec les autres. Je ne sais pas comment payer, et je n'aime pas qu'on me paye. Je hais aussi le respect-réflexe que j'ai pour l'argent, pour la vieille notion de la valeur marchande, alors que je ne crois qu'aux valeurs sentimentales. Je ne sais pas faire l'aumône, et quand je donne un pourboire, je ne sais pourquoi, mais celui qui le reçoit regarde sa main comme si j'y avais déposé un crachat. En même temps, je sais que je suis profondément avare, que chaque sou m'appartient, que j'ai peur de le perdre.

L'ambition véritable rejoint finalement le dénuement. Ne rien posséder est une fascination. Etre le plus nu possible, être tout tourné vers l'intérieur, ne pas s'attacher aux choses terrestres, voilà ce qu'il faudrait être capable de faire.

N'achetez pas de voiture, ne possédez pas de maison, n'ayez pas de situation. Vivez dans le minimum. N'achetez jamais rien. Les objets sont gluants ; si vous êtes pris par l'un d'eux, un jour, à l'improviste, et si vous ne vous dégagez pas à temps, vous êtes fait. Petit à petit, les maisons, les voitures, les montres en or, le luxe inutile et les vanités de toutes sortes attireront votre âme, et bientôt vous vous retrouverez l'esprit plein de chiffres, spéculant, palpant la chair des poulets devant l'étal de la boucherie, raisonnable, sentencieux, sachant qu'il y a des choses qu'il faut faire et d'autres qu'il ne faut pas faire, enfoui dans le monde bien clos, bien fade, tranquille et méchant, redondant de paroles anonymes, et borné comme une bêtise.

C'est difficile de ne pas succomber. Il faut à l'être beaucoup de résistance, une révolte braquée constamment contre tout ce qui enveloppe, tout ce qui saupoudre, tout ce qui voltige.

Pas un esprit d'originalité forcément. Souvent, au contraire, je reconnais ceux qui me ressemblent à une certaine raideur, à une mine distante, austère, un peu compassée. Vêtus de gris ou de noir, pas trop visibles, pas trop effacés, ils n'aiment pas qu'on les remarque. Emotifs, mais flegmatiques, avec quelque chose de dur et de crispé dans le visage. Polis jusqu'à être cérémonieux, rien ne les distingue de la foule des gens occupés. Et même, à les voir vivre superficiellement, ils ont l'air très occupés, avec leurs allées et venues, avec leurs travaux en cours, avec leurs mines studieuses. Et pourtant, ils sont en quelque sorte arrêtés sur eux-mêmes, et ils regardent, ils regardent tout le temps. Tout les étonne, ils s'amusent souvent des choses les plus futiles. Ils travaillent avec tout. Et dans leurs yeux, avec un peu d'angoisse, un peu de cruauté, il y a comme une transparence naïve. Ils ont facilement les yeux ronds. Ils sont enfants gâtés, rancuniers, bougons, clowns. Crédules, parfois même ridicules. Pleins de manies, sensibles, pas tellement volontaires face aux volontés implacables des autres. Je n'aime pas trop le dire, mais c'est pourtant ce qu'ils sont : des maniaques sentimentaux.

Ne renoncez à rien. Ni au bonheur, ni à l'amour, ni à la colère, ni à l'intelligence. N'hésitez pas ;

prenez le plaisir dans le plaisir, l'orgueil dans l'orgueil. Si on vous cherche querelle, emportez-vous. Si on vous frappe, répondez. Parlez. Cherchez le bonheur, aimez vos biens, votre argent. Possédez. Petit à petit, sans ostentation, prenez tout ce qui est utile, et ce qui est inutile aussi, et vivez dans l'essentiel. Puis, quand vous aurez tout pris sur terre, prenez-vous vous-même : enfermez-vous dans une seule grande chambre grise et froide, aux murs nus. Et là, tournez-vous vers vous-même, et visitez-vous, visitez-vous tout le temps.

Les pauvres m'émeuvent. Quand je vois un de ces groupes de miséreux, enfoncés dans un recoin de porte, ou bien entassés sous une charrette, en haillons, la figure sale, les mains gercées, avec cet air inquiet et avide, avec ces yeux charbonneux, j'ai peur. Je sens remonter en moi toutes les vieilles angoisses de l'enfance, la peur du froid et de la faim, de l'inconnu, de la détresse physique. Je vois leurs corps amaigris, frileux, séniles, leurs bouches édentées, les tumeurs qu'ils portent au cou, les verrues sur les joues, les vêtements râpeux, crottés, les papiers gras, le vin, les odeurs, les mégots, la poussière. Je voudrais qu'ils n'existent pas, ou qu'ils se lèvent soudain et se mettent à marcher joyeusement, comme si tout ça n'était qu'une farce. Mais ils ne se relèvent jamais. Ils restent eux-mêmes. Et ma peur devient un vertige, une fascination insupportable qui me force à partir et en même temps à rester, qui m'attire et me repousse au même instant. Que faire pour eux ? Qui sont-ils ? Comment partager leurs souffrances ? Et eux continuent à me regarder avec leurs yeux chassieux d'ivrognes, en ricanant un peu.

Y a-t-il vraiment quelque chose à faire pour les autres ? Comment calmer cette peur qui rôde en moi ? Est-ce d'eux que j'ai peur, ou n'est-ce pas plutôt de moi ? De moi qui sens le froid du trottoir, qui subis l'abêtissement de la poussière et de la vieillesse, qui suis tout à coup couvert de hardes effilochées et inconfortables ? Eux, ils ne savent peut-être pas. Mais moi, je sais que leur vie est bloquée, sans avenir, et que la détresse est la plus odieuse des fatalités, et qu'ils n'en sortiront jamais, jamais. Pauvres êtres limités par le temps, limités par la société, rebuts, sans force, sans courage, qu'il faut apprendre, pour ne pas souffrir, à considérer comme des objets indifférents. Epaississement volontaire d'abord, puis inconscient, de l'épiderme, au contact de la société. Ne plus voir, ne plus entendre. Enjamber les corps qui traînent sur le trottoir, apprendre à ne plus souffrir des coups terribles que portent ces visages tristes, déchus, résignés, aux hideuses rides. Tout cela est normal, bien normal. Et pourtant, quand je les rencontre à l'improviste, dans la rue, ou quand je les trouve endormis à côté des poubelles, hommes et femmes pareils à de vieux sacs troués, j'ai honte.

Les enfants m'intéressent quand ils ont, à cause du malheur, de la laideur, ou de l'infirmité, des visages d'adultes. Mais ceux que je ne peux voir sans souffrir, ceux qui réveillent en moi d'obscures émotions attendries, de la sensiblerie, ce sont les vieillards. Je les regarde vivre, marcher, je les écoute parler, je détaille leurs visages et leurs silhouettes, j'essaie de déchiffrer le mystère qu'ils cachent. Ils sont pauvres. Ils n'ont plus rien devant eux, ils sont désuets, stupides, inférieurs. Ils sont dans la faiblesse. Quand je vois leurs faces décrépites, je ne peux m'empêcher de souffrir. Je voudrais les arrêter, là, les clouer dans le temps, les rassurer, les rendre à ce qu'ils ont été. Mais c'est impossible. Jamais ils ne reviendront en arrière. Est-ce là de la pitié ? Non, c'est encore la peur. La peur de la mort, sans doute, non pas de ma mort, mais de leur mort inévitable. Je souffre de la malédiction intransgressible qu'ils transportent avec eux, de la malédiction inéluctable. Eux, ils ne peuvent pas être beaux, ils ne peuvent pas être héroïques. Ils n'ont que cette idée de la mort, tranquille, misérable, qui va venir. Leurs faces effacées, leurs corps tristes, usés, fatigués ne sont là que pour révéler l'autre face et l'autre corps qui étaient les leurs autrefois, et qui savaient vibrer d'une vie si pleine et si vigoureuse. J'ai peur de glisser vers ce domaine ; j'ai peur de me dégrader ainsi, petit à petit, presque sans m'en rendre compte. Je voudrais résister, remonter le cours du temps, oublier, oublier. Mais cela ne se fait pas : eux, ils continuent à vieillir, minute après minute, heure après heure, jour après jour. Ils s'affaiblissent. Ils perdent la mémoire. Ils trébuchent. Le monde grandit, les repousse, les coince. Et moi, je sens que c'est avec eux que je suis, avec eux, et pas avec le monde des vivants.

Ce que je crains, c'est moins la mort comme événement, celle qui viendra me prendre avec un peu de souffrance, un peu de suffocation, que *la mort dans la vie*. Chaque geste que je fais, chaque parole, chaque beauté dans le monde qui m'entoure réveille ce spectre, et c'est comme si il y avait un autre monde, un monde double, un monde du noir qui, au lieu de renforcer la conscience de la vie par contraste, attire vers son gouffre contraire, inachève la réalité, la teinte de néant.

Parfois, presque sans raison, comme ça, tout soudain, je suis pris par l'idée du néant. Cela vient brutalement sans prévenir, et me remplit entièrement, m'offrant son absolu sans joie. Que s'est-il passé ? Comment est-ce venu ? Je ne puis le dire. Mais c'est là, présent en moi ; tout à l'heure, j'étais heureux, bien fixé dans la réalité, inséré. Et maintenant, il n'y a plus rien. Je suis comme extrait du temps et de l'action, perché en haut d'une haute tour, et je regarde. Les raisons sont futiles ; je ne peux pas croire que ce soient elles qui m'aient subtilisé à la vérité unique de l'existence. Et pourtant, quand cet événement se produit, quand cette chose en moi bascule, il y a une cause très précise que je connais bien. Par exemple : je me lavais les pieds dans le lavabo, savonnant mes orteils avec soin. Debout sur une jambe, l'autre plongée dans l'eau très chaude, j'étais actif. J'avais des gestes habituels, bien déterminés, de ceux qu'on fait sans y penser. Et puis, tout d'un coup, venu des profondeurs de la cour, un bruit de musique a traversé la paroi de la fenêtre. Je l'ai entendu. C'était une musique triste, vulgaire, de l'accordéon sans doute. Sortie d'une radio, ou peut-être jouée par un mendiant, assis sur une caisse au centre de la cour. Une musique très ordinaire, ni belle ni discordante, qui montait jusqu'à moi par bouffées, mêlée aux bruits des moteurs et au brouhaha des habitations. Avec, de temps à autre, une fausse note, ou un silence, comme si on reprenait sa respiration. Je l'écoutais en lavant mon pied droit. Et puis, toujours aussi brutalement, je n'ai plus pu rien faire. J'ai été paralysé sur place, étonné d'être ainsi frappé, remué jusqu'au fond des entrailles par le son nasillard, un peu grêle. Je n'avais pas de pensées. Il y avait seulement en moi cette immense tristesse profonde comme un puits noir, qui me montrait partout le néant. Je veux dire, tout continuait d'exister autour de moi, je voyais tout, les moindres détails du mur peint en blanc où s'accrochaient les petites gouttes de la vapeur condensée, les rayures de l'émail du lavabo, le tartre des robinets, la crasse flottant sur l'eau savonneuse ; mais c'était glacé, livide, désolé. C'était l'espace dépouillé des sentiments du langage, la matière cubique, calme, *telle quelle*. C'était le vide ineffable, infini, éternel, le silence et la dureté du rocher, là, la platitude.

Je suis resté ainsi très longtemps, debout sur une jambe, tandis que l'eau sale du lavabo se refroidissait imperceptiblement ; sans agir, sans comprendre. Hors des relations. Pris par la paix, pétrifié, stupéfait. Sorti de ma vie, sorti de ma pauvre vie d'homme d'ici, et confondu avec tout. Connaissant le néant. *Connaissant le néant*. Chassée de moi, expulsée l'idée du temps qui passe. Fondu dans la tristesse de ma mort, de la mort de cet homme qui joue de l'accordéon dans la cour, et l'ayant oubliée. Tristesse vraiment sans objet. Emotion dans le détachement. Savoir où on est, le savoir comme on ne le saura jamais, et pourtant n'y être plus. Moment de folie véridique, moment qui me fait douter de ma raison quand je suis revenu à moi. Qu'est-ce que c'est ? Pourquoi une telle chose m'est-elle arrivée ? Ne peut-on me laisser être moi-même, ne peut-on me laisser souffrir, vivre, manger, dormir, vibrer dans la joie ou dans l'angoisse ? Je ne veux pas de cette paix. Je ne veux pas de cette accalmie. J'ai trop mal après, quand je me rattache à la réalité. L'homme qui joue ainsi de l'accordéon dans cette cour ne se doute-t-il pas de ce qu'il fait ? Pense-t-il à la tristesse qu'il fait naître, à l'abominable tristesse des millions de corps qui pourrissent dans la terre, des millions d'actes qui s'évanouissent, de toutes ces bribes qui se dissolvent doucement, incompréhensiblement, qui se fondent vers l'horizon, peu à peu absorbées par la trombe, présage de l'inévitable tourbillon final, de l'horrible orage de néant ? Ces mystères infinis, ces questions sans réponse, ce froid, cette immensité, je les hais. Ils planent au-dessus de tout, ils cachent leurs grimaces derrière les visages des femmes et des enfants, ils ont des formes d'animaux, de plantes, d'objets familiers. Mon rasoir électrique porte le néant dans son ventre, les maisons sont vides, légères, simulacres de solidité. Tout est trompe-l'œil. Tout fuit, tout coule, tout fond longuement. Les yeux des autres sont pleins d'ombres voraces.

L'infiniment moyen

D'ombres méchantes. Les gestes se font et se défont indéfiniment. Les paroles ne disent rien. Aujourd'hui. Demain. Beau. Laid. Existence. Mort. Pensées. Actes. Souffrances. Plaisir. Esclave. Maître. Riche. Pauvre. Fort. Faible. Ici. Là. Beaucoup. Peu. 10, 100, 1 000, 156 738 429, etc. Les alternances sont rompues. Tout flotte, est fixe, bouge, reste en paix. Plus moyen de parler. Non, plus moyen de parler. Plus moyen de penser, d'agir. Plus moyen d'être. Il faut rester *posé*. Souffrance qui n'est pas une souffrance, désespoir qui n'a pas de nom. Et pourtant, cela n'appartient qu'à moi. Cela est ma nature d'homme vivant. Ma nature que m'a révélée une musique vulgaire d'accordéon, jouée pour personne au fond de la cour.

Ce que je hais, ce n'est pas le vide. C'est la blessure qu'il vient infliger à mon orgueil d'homme qui pense. Moi qui croyais tout si plein, même dans la mort, j'ai eu la révélation insupportable qu'il n'y avait rien. L'illusion, oui, il reste l'illusion. L'illusion de la rébellion contre le néant, de la lutte contre le temps. Mais cette illusion n'est pas toujours la plus forte. Parfois elle cède et dans mon être, dans ma vie, comme une porte ouverte, les côtés distendus s'écartent et laissent voir le spectacle terrible de la nuit. Ni quelque chose ni rien. Pire que cela, au-delà de ma pensée : le glacé. L'éternel. Le fugitif. L'étendu. Le ça.

Est-ce une faiblesse en moi ? Est-ce un état anormal ? Peu importe. Cette aventure se produit souvent. J'en reviens à la fois accablé et libéré. Je regarde autour de moi, humblement, avec orgueil.

Comme quelqu'un qui sait mais qui renonce à faire savoir. Ou comme quelqu'un qui continue. Je ne veux pas organiser cette fuite en système. Pourquoi le ferais-je ? Cela, ce n'est pas une conception du monde, ni une méthode pour être heureux. C'est l'évidence de ce que je suis, de ce que sont les rapports pénibles de mon esprit avec la matière.

D'autres fois, c'est en regardant par la fenêtre que je bascule. J'étais là, accoudé sur le rebord en ardoise, fumant une cigarette, en train d'examiner quatre ou cinq cents mètres carrés de bruits, de mouvements et de couleurs. Et puis tout à coup, sans savoir pourquoi, à cause de la position dominante, au troisième étage, peut-être, ou bien à cause d'un grouillement caractéristique de la foule, c'est le monde entier que je contemple. Le monde entier nageant dans le néant, ténu, rond, confus, petite boule sale et tiède où fourmillent les corps.

Ou bien, au cours d'une conversation que j'ai avec deux ou trois personnes, à la sortie d'un cinéma, le soir. Brusquement, alors que je m'y attendais le moins, j'ai basculé. Les voix sont devenues des bruits, et je ne les comprends plus. Mais ce que je comprends alors est bien plus terrible. C'est comme un rêve éveillé, un rêve étincelant de blancheurs et d'ombres, qui ne scintille pas, mais qui brûle férocement tout seul au fond de ma nuit. Le rêve de la matière dénudée, de l'invisible matière qui pèse des tonnes, qui écrase mon corps immobile, et me fait retourner des siècles en arrière, vers l'origine explosive des temps maudits qu'on ne connaîtra jamais.

L'infiniment moyen 85

Eux, ils ne s'en doutent pas. Ils continuent à parler au bord du trottoir, ils s'interrogent, ils se répondent. Ils ont des formules, ils analysent, ils lancent des concepts. Ils gesticulent. Au bout d'un quart d'heure d'infini, la porte en moi se referme. Vivant à nouveau. Nuit. Cinéma. Je sens. Je me réveille. Bruit mouillé d'une voiture qui passe. Toux. Lueur d'un briquet qui allume une cigarette.

« ... comme si j'allais prendre ça en considération... Alors je lui ai dit... Il m'a répondu... Oui, oui... Pas mal, franchement, pas mal... Mais je ne peux pas supporter ça... Il vient demain, oui... »

Je suis revenu.

Le factice

Ce qu'il y a de vraiment tragique dans l'individu, c'est qu'il est à la fois un accomplissement et une fatalité. Il ne possède pas. Appartenant aux autres, lié par l'apparence de la communicabilité, modifié par la société, l'individu est un point de rencontre de forces. Le centre d'une implosion, où toutes les énergies venues du dehors se réunissent et entrent en elles-mêmes dans la violence et le chaos de l'exiguïté.

Je n'aurai, en tant qu'individu, aucune liberté, et pas même celle-ci, de croire en ma sincérité. Mes idéaux, l'idée que je me fais du monde, ma religion, ce que je pense, dis, écris, tout cela ne m'appartient pas. Je n'en ai pas décidé. Je n'ai été pratiquement que le jouet de l'illusion de la liberté. Rien ne me paraissait plus libre que l'intelligence. Blanc, noir, noir, blanc, je dominais, j'imaginais que je dominais. Mon orgueil allait jusqu'à croire que mon raisonnement avait raison contre la réalité. Tant cette subtile élaboration de l'imaginaire, du langage – parfois même à la limite de l'onirisme – était, semblait-il, mon bien incontestable. Je croyais pouvoir faire ce que je voulais des mots, de *mes* mots.

Pourtant, rien de cela n'était vrai. Les mots ne m'appartenaient pas. Le langage n'était pas mon bien. Et le raisonnement abstrait, la construction illusoire et délectable de l'imaginaire me trahissaient continuellement, sans que je m'en doute.

Je croyais que mes jugements, mes sentiments, ma morale venaient de moi tout naturellement. Je savais évidemment que j'étais formé par l'acquit social, mais il me semblait qu'il devait y avoir comme un libre arbitre, un choix possible. Un choix entre plusieurs qualités de chaînes. Je me trompais. Il n'y avait pas de choix.

Tout ce qui venait de moi, venait des autres. Tout. Mes idées généreuses, mon humeur, mes goûts, ma morale, mon orgueil. Rien n'était à moi. J'avais pris cela. Je l'avais volé, et on m'avait forcé à le refermer en moi. La conscience, le refus, l'hostilité : les autres, toujours les autres. La lucidité, le courage, l'absolu : les autres, les autres, les autres.

Tôt ou tard, l'homme sent qu'il vit au sein d'une société. Il en comprend les responsabilités et les obligations. Il lui faut alors une idéologie. Il laisse croître en lui, au contact de ces réalités, une sorte d'humanisme diffus qui le pousse à aimer son prochain, à rechercher la chaleur fraternelle. S'il considère cet humanisme avec sérieux, il lui apparaît que les sentiments ne sont pas suffisants, et qu'il faut construire un système éthique. Il sublime les sentiments et les règles premières de la coexistence (politesse, respect du bien d'autrui, pitié, générosité, etc.) pour accéder aux grands problèmes du monde. Si cette sublimation s'accompagne de désincarnation, cet homme aboutit au mensonge, au factice.

Comment cela s'est-il fait ? Comment est apparu ce glissement de sensibilité ? Comment cet humanisme qui était au départ un sentiment semi-naturel est-il devenu une hypocrisie, une duplicité ? Est-ce le fait d'avoir voulu en faire un système ?

Finalement, c'est tout le problème de l'engagement social qui se pose. Et plus encore, c'est le problème de la sincérité. A partir de quel moment précis cesse-t-on d'être sincère pour devenir le jouet d'une illusion ? Quand s'opère cette sclérose, ce durcissement de ce qui était senti, cette marche à l'abstraction, ce jeu ? Je vois s'ouvrir de nouveau devant moi l'abîme de l'emprise des autres, le gouffre irréductible qui fait que je ne suis pas moi, mais un reflet, un écho, une futilité méprisable et redondante.

Car même si le Moi n'existe jamais totalement, même si je ne suis que le produit de l'esprit, des mœurs, des obligations et des paysages de mon monde, il y avait un moment où ce MOI existait, où il était fait comme d'un commun accord, comme d'une paix relative, et il y a eu un autre moment où ce Moi a disparu, ne laissant place qu'à la parade, aux jeux du langage vide, sans chair, sans pensée.

Il y a eu un moment où j'ai forcé ce que je devais simplement vivre, et où, pour la gloire d'un système raisonnable, j'ai abandonné mon être pour l'ignorance de la certitude.

Pour la force d'un « credo », j'ai laissé faire ce basculement irréversible. Maintenant, dans la peur de retomber de nouveau dans l'angoisse du néant, je préfère la beauté brillante et vaine du système abstrait. Ils sont nombreux ceux qui, se retournant sur eux-mêmes, s'apercevraient que leur vie n'a été que duperie, et que leur idéologie factice n'était que trompe-l'œil. On n'échappe pas si facilement à la solitude. Certes, le doute n'est pas constructif, et l'illusion est une force qui peut renverser les montagnes, comme la foi. Mais à quoi sert de renverser les montagnes, quand on n'est soi-même qu'effritement, et qu'un simple regard de lucidité peut alors vous faire crouler ?

Les plus grands péchés de l'homme, il ne les commet pas à cause de ses sentiments, mais à cause de son intelligence. Il faut savoir aussi refuser le plaisir d'avoir compris, et renoncer à l'orgueil du didactisme. La foi ne vient pas parce qu'on a besoin d'elle pour être heureux. L'amour de l'humanité n'est pas facile, et n'a rien à voir avec la bonne conscience.

Est-ce à dire qu'on ne peut être grand et sincère ? Non, mais le mensonge et l'artifice étant les fondements de notre vie sociale, il nous faut douter de tout ce qui prend racine ailleurs que dans nos émotions. Il nous faut sans cesse revenir à nous-mêmes, nous approfondir, nous connaître. Ce n'est que par l'approche de nos propres mystères que nous pouvons nous élever vers le mystère général. Notre unité, notre malheureuse unité faite de tant de disparités, il nous faut la rechercher.

C'est en elle que se trouve la clé des jugements, des morales, et des vérités universelles, s'il y en a.

Et maintenant, que reste-t-il ? Rien. J'ai enlevé de moi, comme des oripeaux, tout ce qui déguisait ma nudité fragile. Tant pis si je suis vide, tant pis si je suis mortel. La foi, c'est peut-être d'une autre manière qu'il fallait l'atteindre. Tant pis si je reste sec, sans avenir, tant pis si mon égoïsme n'est pas transformable en humanisme. Je ne veux rien que ce que je peux retenir. Ce qui résiste au gouffre vorace des autres, au gouffre de mon regard. Même si ce n'est que le néant, même si ce n'est que le désespoir, l'incohérence, cela me comble, parce que cela est moi, ma seule vérité.

Ce n'est peut-être pas à moi de faire la part de ce qui me revient. Et pourtant, il faut que je le dise ainsi : je ne suis rien.

Ces mots, ces phrases que j'écris ne m'appartiennent pas. Je n'ai pas le droit de les croire miens. Je ne suis qu'un chroniqueur, et je me contente de reflets. Dans le fond, c'est cela que j'aimerais réussir : un livre qui soit *fidèle*. Ne renoncer à rien de ce qui est humain, ne mépriser aucune matière. Parce que c'est moi que je travaille en suivant les sollicitations extérieures. Etrange action double.

J'écris. J'écris avec les pensées des autres.

Etre vivant, c'est exclusivement être conscient. Cette conscience est le fondement de tout ce qui est humain, dans les formulations de l'esprit, dans la morale ou dans la science.

Infinie torture de celui qui « sait » ; et en même temps, la plus grande des joies, la plus parfaite des grâces. Tout revient à la conscience parce que tout se résume à l'individualité. Essence de l'intelligence, première constatation utile que l'être opère. La première — et peut-être aussi la seule véritable — réalisation de l'esprit est de savoir qu'il est. Tout le reste en découle.

A la bien considérer, l'opération de la conscience de soi est étrange. Comme si l'intelligence n'était qu'une forme de recul, la nature première de la pensée est de se penser. Non pas un raisonnement : une évidence arbitraire.

Ce regard tourné vers lui-même, ce regard se regardant, c'est tout simplement la prise de conscience d'un *acte*, dont le point de départ et l'aboutissement sont similaires, mais où intervient la dimension. Lorsque je pense, je fabrique un écoulement, je produis une distance. Cette dimension, avant d'être temporelle ou spatiale, est la dimension de l'être.

Comment naît cette conscience ? La conscience de soi est sans doute avant tout conscience des autres. Ce n'est qu'à partir de l'instant où l'autre est ressenti comme semblable à soi, donc susceptible de jugements, de passions, de sensations, que l'homme peut, à travers le lien du langage, dégager son sentiment de vie.

Cela prend-il naissance avec la sexualité ? Sans doute les jeux de l'apparence sont-ils très importants. Mais limiter le seuil de la conscience de soi à la sexualité serait une facilité. En fait, l'autre, qu'il soit homme ou femme, est senti très tôt. Le sens de l'espèce est un instinct qui apparaît dès la naissance. Le milieu fait le reste.

C'est donc un mouvement combinant l'assimilation (je suis un homme) à la différenciation (je ne suis pas n'importe quel homme) qui crée la conscience. En tout cas, même avec ce qu'elle peut avoir d'instinctif, cette réaction est éminemment sociale. Il s'agit d'une position de l'individu par rapport au groupe, et de la nécessité de faire respecter cette individualité. Ce qui revient à dire que fondamentalement, la pensée, comme le sens moral, naît comme phénomène social. Penser, savoir qu'on pense, c'est-à-dire être soi, est un impératif de la vie collective.

Mais c'est là un niveau encore élémentaire. Si on va plus profond, on s'aperçoit que la conscience de soi — la conscience des autres — peut devenir une sorte d'état réflexe vis-à-vis de la société. C'est le cas de la conscience de l'œil. L'œil d'autrui, contenant le regard, peut susciter des troubles physiques, des phobies, des peurs. Qui n'a subi la gêne, voire la paralysie, devant le regard impudique qui dévisage ? Qui n'a senti l'attaque meurtrière qui filtre des paupières d'un inconnu qui, croit-on, vous pèse, vous juge, vous dissèque ? Ce regard des autres est en partie à l'origine du regard qu'on porte sur soi-même.

Qu'il se révèle dans la honte ou qu'il reste sous-entendu, le sentiment de l'autre est générateur du sentiment de soi. Mais ce sentiment ne reste pas uniquement lié à des notions d'apparence, de comportement. Car il se produit cette chose extraordinaire, à savoir que le mouvement de la conscience est irréversible. Il est plus ou moins aigu selon les individualités, mais il existe. Le regard de l'autre est devenu regard de soi.

C'est cette action se retournant sur elle-même, cet état de schizophrénie partielle, qui constitue la première étape vers la lucidité. La conscience de soi reste sociale pour une bonne part ; mais elle est aussi un accomplissement de soi. On est spectacle pour soi, comme on est spectacle pour les autres. Comme tout acte, l'acte de pensée n'est effectué vraiment qu'à partir de l'instant où il est devenu *exact*. C'est-à-dire à partir de l'instant où il est senti comme acte créant sa durée. Il n'y a point de pensée, pouvons-nous dire, qui ne soit vécue comme pensée. De même qu'il n'y a point de paroles, point de gestes qui ne soient sentis comme tels. C'est la détermination nécessaire à leur condition. Sans regard, sans conscience, la parole, le geste, ou l'acte n'existent pas. Sans le miroir qui la décuple (et l'use) la pensée n'est pas susceptible d'abandonner le néant.

Et même, d'une certaine manière, il n'y a d'être que par la conscience de cet être.

Partie d'un simple phénomène social, la conscience devient le nerf de la pensée et de la vie pour l'homme. Les dangers, je les connais : ce sont les dangers de l'émiettement et de l'absolu. Celui qui n'a jamais joué au jeu absolu et vide des miroirs se reflétant à l'infini ne peut comprendre ces dangers.

En réalité, de quoi est fait celui qui est conscient ? Il y a en lui, peut-être simultanément, tous les éléments de la formation :
— Regard
— Langage
— Pensée (actes)
— Solitude
— Narcissisme
— Hermétisme

Celui qui sait qu'il vit, celui qui est révélé synesthésiquement porte en lui à la fois son propre poids et le poids de l'autre. Fonction double, encore une fois. Miroir qui reflète le miroir. Où est la vérité ? Où est l'origine ? Impossible de le dire. Mais la gémellité de l'être est nécessaire, fatale. Etre, c'est être soi par l'autre. C'est être doublement.

Il n'y a pas de simplicité dans les actes et les

pensées. Tout est complication, disparité, mouvement incessant de va-et-vient. Et la solitude de l'homme est une solitude de miroir. Peuplée, insaisissable, monstrueusement irréductible. L'excès de lucidité et la surconscience mènent à l'aliénation et à la folie. Le regard se regardant n'a pas de limites. L'exactitude envers soi recèle plus de gouffres vertigineux que l'imaginaire. La profondeur de l'être, nous ne la saurons jamais ; elle est un infini inintelligent dont la conscience recule sans cesse les bornes.

Le visage de cette femme qui m'est apparu comme si tous les voiles avaient été tirés. Une tête parfaite, aux traits réguliers, aux yeux profonds et humides, aux cheveux sombres encadrant les pommettes hautes. Elle chantait. Sur l'écran noir, ce visage flottait devant moi, se balançait doucement, expressif artificiellement, tout gonflé d'émotions jouées que l'on jouait pour moi, pour me faire croire. La tête était posée sur le corps harmonieux, elle semblait aller parfaitement avec ces épaules, avec ce cou cylindrique, avec cette poitrine pleine et souple. Les bras bougeaient : ils s'étiraient, se mettaient en croix, portant au bout deux mains tendues aux doigts prêts à étreindre. Ils jouaient la comédie de la souffrance, ou de l'amour. On leur avait appris, à ces bras, à servir les passions ; on leur avait montré le détail des gestes, à exprimer ce que l'âme doit sentir. Les gestes de la colère, les gestes de la jalousie, les gestes de l'adoration, les gestes de la foi, les gestes du bonheur, ceux de la peine et ceux de la maternité. Maintenant, ils savaient. Ils pouvaient vivre seuls, ils pouvaient exprimer, expliquer sans arrêt. Et c'était pareil pour tout le reste du corps : genou de la haine, seins de la détresse, ventre de la surprise et de l'émerveillement. Hanche de la volupté, épaule des sanglots, pieds de l'impatience. Dos de la vertu. Dos de la luxure. Cheveux du rire. Un rien, la contraction infime d'un muscle, par exemple, la nervosité d'une posture, suffisaient à changer le sentiment. C'était comme un code, appris depuis le fond de l'enfance, et qui maintenant servait à montrer, absolument rodé, à la fois habitude et instinct. Tout ce corps utile était une machine, et rien de ce qu'il exprimait n'était étranger. Si les émotions venaient vraiment (et elles venaient sûrement à un moment ou à l'autre), elles étaient nées du simulacre, elles vivaient dans l'apparence.

Etrange, étrange mécanique ! Depuis toujours on avait appris à cette femme qu'elle était une femme, on avait pour ainsi dire fabriqué son corps et son esprit, et maintenant, tous deux répondaient parfaitement, comme le moteur d'une voiture. Celle qui avait été faite femme faisait la femme.

Sur ce corps délié, comme décapité, le visage était plein d'une richesse inouïe. Mobile, flou, presque transparent de beauté et de vie, ce visage était offert comme un objet. Un objet intime, qui fait mal, qui réveille les souvenirs et les remords. On connaissait cela, ces yeux profonds et doux, ces paupières, ce nez, ces narines, ce modelé des joues, ces lignes des sourcils, ces cheveux, ces oreilles, ces dents et ces lèvres. On les connaissait comme si on les avait toujours vus. Marqués au moule de l'espèce, offerts dans toute la splendeur de la race reconnue, ils s'attachaient à vous et vous montraient vos propres yeux, votre bouche, votre nez, vos oreilles et vos cheveux, vos cils et vos sourcils, votre menton, votre front. Ils parlaient la même langue que vous. Ils disaient : « Je suis à toi... Je suis à toi... Je suis à toi... » ainsi, sans arrêt, vous emmêlant dans l'abîme de votre abîme, vous plongeant dans votre propre gouffre, vous nommant homme, pour toujours, homme à jamais.

Elle, mimait encore. Elle continuait à jouer innocemment la comédie de l'espèce. Elle ne savait pas qu'elle était trahie. Elle donnait en spectacle son corps et sa face impénétrable, et elle ne savait pas que cette cuirasse avait un défaut. Elle ne savait pas qu'on l'avait devinée, qu'on l'avait illuminée de l'intérieur, et qu'en dépit de ses grimaces, de ses efforts, elle était nue, indescriptiblement nue, translucide, démystifiée. Elle n'était plus un mensonge. Elle était une femme, entière, avec ses sensations et ses idées, avec ses nerfs, ses glandes, sa peau, son squelette visible comme sur une radiographie.

Faite de chair, de fibres, de cellules. Une femme totale, perçue totalement. Un paquet de viande, connu, mystérieux, une cachette obscure, un labyrinthe où on se mouvait naturellement. Ces yeux humides, noirs, fardés, ce n'étaient pas des ornements : ils voyaient. Ces lèvres peintes en rouge vif étaient bien des lèvres, ces sourcils dessinés étaient bien des sourcils. Ces cheveux, ce nez à l'arête fine, ces cils chargés de rimmel, ces rides, cette peau recouverte de poudre rose, tout cela était vrai, terriblement vrai. Et ce corps habillé de tissus soyeux, ces épaules, ces seins : on avait beau les couvrir, on avait beau les déguiser, les rendre mythiques par tant d'accessoires et de sculpturale beauté, ils restaient ce qu'ils étaient, organes vivants, faits pour le coït et l'enfantement, tout emplis des desseins indestructibles de l'espèce.

Et dans la boîte crânienne, venus des quatre coins du corps, les sentiments se formaient, se propageaient continuellement. La statue était habitée, elle pensait, elle voyait, elle sentait. Elle avait des souffrances, des plaisirs, elle débordait d'émotions et d'imaginations. Elle avait un passé, une enfance, des parents, des amis, des amants. Elle avait une vie bien à elle, bien chez elle, une petite vie conte hermétique et fastidieux qui se dessinait sans cesse, et la conduisait, feuilleton après feuilleton, jusqu'à la mort.

Un jour elle serait vieille. Un jour elle serait morte. La mort était inscrite en elle, dans chacune de ses parcelles, dans chacune de ses beautés. Derrière ce masque de jeunesse tragique, sous cette carapace de corps souple et voluptueux, c'était elle, la charogne, qui allait venir. Sur ce point non plus, elle ne parvenait pas à tromper. Elle avait beau jouer les déesses, elle avait beau faire flotter sur l'écran noir son image irréelle, elle avait beau chanter de sa voix tendre et grave, dans le luxe de l'artifice, elle portait gravé sous son masque le masque de la décadence, le signe fatal du péché héréditaire, l'oubli. Son corps et son âme transparents ne faisaient que proclamer ce décret infaillible : il n'y a pas de vérité humaine. Il n'y a pas de beauté, il n'y a pas de certitude. Il n'y a rien qui échappe à l'usure, au mélange, à l'anéantissement. L'écoulement et la permutation sont les principes mêmes de la vie, car ils sont aussi les principes de la mort. Matériel, spirituel, rien n'est fait pour durer. Comme la voix chantante de cette femme, comme les mots qu'elle employait, comme la musique délicate et émouvante qui rythmait sa vie, comme toute la somme des douleurs et plaisirs, son corps et nos corps devaient péricliter. Ici la matière et l'esprit, le concret et l'abstrait se rejoignent, et se fondent, et se recouvrent dans la même infinie étendue du permutant.

De plus en plus, il m'apparaît que l'analyse est illusoire. Elle ne permet pas d'approcher. Elle ne permet pas de connaître. Elle n'est qu'un système, qu'une facette de la vérité entrevue par l'homme. Pour connaître, on ne saurait se passer d'elle, et cependant, pour connaître, il faut la dépasser. Tout pour l'homme aboutit à la contradiction, au mystère, parce que tout est cohésion. Le monde est indissociable. Il forme bloc. S'il a des raisons, s'il a une finalité, s'il a une origine, elles sont mélangées au temps présent; elles font corps avec ce qui nous semble être des produits, des postulats, des conséquences. La cause et l'effet sont une même chose. Le phénomène pur contient à la fois son évolution et son statisme, et à la fois sa singularité et sa dépendance.

Les hommes veulent tout organiser, et trop tôt. Ils sacrifient la réalité à leurs idées. Implicitement, sans doute, ils croient à une espèce de legs spirituel qui donne à l'homme son âme sociale; ils croient à l'aspiration au bonheur, à la vertu, à l'intelligence, comme à des qualités naturelles. Certes, la vie en communauté réclame ces échanges. Mais trop souvent, ce n'est même pas de cela qu'il s'agit : il faut parler de la « condition » de l'homme, il faut dénoncer l'injustice, être actif contre la guerre, la famine, le racisme, sous peine d'être un incomplet. Mieux, il faut à tout prix fonder un système de valeurs morales, même artificiellement. C'est l'exigence de la mode. Qui ne pense pas en termes généraux n'est pas digne de penser. Et, consciencieusement, les hommes d'esprit se forcent à des attitudes généreuses. Ce qu'ils sentaient vaguement, et qui était le fruit de l'éducation, ils le transforment en idéologie. Certes, il est utile d'aimer son prochain, et de haïr la guerre. Mais ce n'est pas suffisant. Il faut avoir, par-dessus tout, la conscience. C'est elle qui éduque, qui affine, qui sensibilise. C'est un don véritable, un don de tout ce qu'il y a de calme en soi.

Les êtres n'ont pas assez de conscience. Ils ne se voient pas, et pour cela, ne voient pas les autres. C'est ici encore que s'établit la parfaite cohésion de la forme et du fond. Celui qui est intelligent, est sensible, social, il a le goût de la beauté, le désir de l'absolu, le sens moral, la vertu. L'être inintelligent est inintelligent en tout. Ses gestes et ses paroles sont grossiers, son sens esthétique nul ; il est immoral ; il ne saurait être généreux, ou bon. N'étant pas intelligent, il n'a pas les moyens de comprendre les finesses de la vie morale. Il jugera vite, trop vite. Il sera sujet aux préjugés, à l'aveuglement. Le bon sens même lui fera défaut.

Il est surprenant de voir à quel point tous les sentiments s'enchaînent. Comme avoir une forme grossière signifie une grossièreté de fond. Comme la subtilité de l'esprit, la vivacité du raisonnement, la richesse de la sensibilité sont nécessaires pour avoir du goût, de la générosité et de l'honneur. Toutes ces finesses, de l'intelligence, de l'intuition, des sens, sont les mêmes. Elles ne peuvent se passer l'une de l'autre. Elles sont liées par une nécessité interne.

Peut-être après tout est-ce le procès de l'intelligence qu'il faut faire ? L'intelligence d'un homme, ce ne peut être une qualité isolée ni une culture. C'est l'ensemble indissociable de toutes ses manifestations, que domine l'unité impénétrable de la richesse de la vie intérieure, l'espèce de recul, la vraie conscience de soi.

Et c'est là le moyen de lutter contre l'idée de la fatalité : hormis le hasard initial qui nous a fait naître, rien de notre personne ne peut être inexpliqué. Tout en nous se répond, s'ajuste, s'affirme, coopère. Nous avons de bonnes raisons d'être ce que nous sommes.

Et dans une certaine mesure, être conscient de soi, c'est sentir, étudier ces raisons. Il est toujours possible de s'ignorer. Mais cette ignorance n'est pas humble ; elle n'apportera jamais le grand bonheur. Ceux qui se fuient, n'auront peut-être jamais de doutes ni de désespoirs. Mais ils n'auront pas non plus ces instants fulgurants où l'on se trouve, où l'on se voit tel qu'on est, avec clarté, avec dureté, avec ivresse. Etre conscient est une lutte continue. Ce peut être aussi le chemin de la folie. Mais il y a un indicible bonheur à savoir tout ce qui en l'homme est *exact*. Cette vérité qui n'aboutit pas, car elle ne peut que rester relative, est sans doute le plus exigeant, le plus harassant des bonheurs. Il demande qu'on sacrifie sa sécurité, son orgueil, son sommeil. Il demande qu'on sacrifie sa paix.

Écrire

Ecrire, ça doit sûrement servir à quelque chose. Mais à quoi ? Ces petits signes tarabiscotés qui avancent tout seuls, presque tout seuls, qui couvrent le papier blanc, qui gravent sur les surfaces planes, qui dessinent l'avancée de la pensée. Ils rognent. Ils ajustent. Ils caricaturent. Je les aime bien, ces armées de boucles et de pointillés. Quelque chose de moi vit en eux. Même s'ils n'ont pas de perfection, même s'ils ne communiquent pas vraiment, je les sens qui tirent vers moi la force de la réalité. Avec eux, tout se transforme en histoires, tout avance vers sa fin. Je ne sais pas quand ils s'arrêteront. Leurs contes sont vrais, ou faux. Ça m'est égal. Ce n'est pas pour ça que je les écoute. Ils me plaisent, et c'est avec plaisir que je me laisse tromper par le rythme de leur marche, que j'abandonne tout espoir de les comprendre un jour.

Ecrire, si ça sert à quelque chose, ce doit être à ça : à témoigner. A laisser ses souvenirs inscrits, à déposer doucement, sans en avoir l'air, sa grappe d'œufs qui fermenteront. Non pas à expliquer, parce qu'il n'y a peut-être rien à expliquer ; mais à dérouler parallèlement. L'écrivain est un faiseur de paraboles. Son univers ne naît pas de l'illusion de la réalité, mais de la réalité de la fiction. Il avance ainsi, splendidement aveugle, par à-coups, par duperies, par mensonges, par minuscules complaisances. Ce qu'il crée n'est pas créé pour toujours. Ça doit avoir la joie et la douleur des choses mortelles. Ça doit avoir la puissance de l'imperfection. Et ça doit être doux à écouter, doux et émouvant comme une aventure imaginée. S'il pose des jalons, ce ne sont pas ceux de la vie humaine. Comme une formule d'algèbre, il réduit le monde à l'expression de figures en relation avec un quelconque système cohérent. Et le problème qu'il pose est toujours résolu. L'écriture est la seule forme parfaite du temps. Il y avait un début, il y aura une fin. Il y avait un signe, il y aura une signification. Puérile, délicate, tendre comédie du langage. Monde extrait, dessin accompli. Volonté implacable, éternelle avancée des armées de petits signes mystérieux qui s'ajoutent et se multiplient sur le papier. Qu'y a-t-il là ? Qu'est-ce qui est marqué ? Est-ce moi ? Ai-je fait rentrer le monde enfin dans un ordre ? Ai-je pu le faire tenir sur un seul petit carré de matière blanche ? L'ai-je ciselé ? Non, non, ne pas se tromper là-dessus : je n'ai fait que raconter des légendes des hommes.

Les formes que prend l'écriture, les genres qu'elle adopte ne sont pas tellement intéressants. Une seule chose compte pour moi : c'est l'acte d'écrire. Les structures des genres sont faibles. Elles éclatent facilement. Les lecteurs et les critiques se laissent abuser par ces formes : ils ne veulent pas juger des invididus, mais des œuvres. Des œuvres ! Est-ce que cela existe ?

Evidemment les genres littéraires existent, mais ils n'ont aucune importance. Ils ne sont que des prétextes. Ce n'est pas en voulant faire un roman qu'on fait de l'art. Ce n'est pas parce qu'on appelle son livre « poèmes » qu'on est un poète. C'est en faisant de l'écriture, de l'écriture pour soi et pour les autres, sans autre visée que d'être soi, qu'on atteint l'art.

De plus en plus, actuellement, on tend vers une expression unique de l'art, qui doit être quelque chose comme une approche de la conscience humaine. L'affabulation se risque vers la science, et la science retrouve les mythes. Avant toute spécification formelle, c'est l'aventure d'être vivant qu'on veut exprimer.

Mais le problème du « genre » est aussi plus important qu'il n'en a l'air, parce que, pour trop de gens, il y a un snobisme du genre comme il y a un snobisme de la mode vestimentaire. On déclare n'aimer que le roman (et dans le roman, qu'un seul « genre », le policier, etc.), ou n'être sensible qu'à la poésie. Et tel poème, s'il portait sur sa couverture le mot « nouvelle » ou « récit », ne connaîtrait pas la même faveur de la part des initiés. Ou bien, un critique portera sur un livre un jugement péremptoire affirmant que ce ne saurait être « un bon roman ». Couverture facile qui sert à rapporter à une entité ce qui ne devrait être jugé qu'individuellement. Dogmatisme, inconsistance qui dissimule le vide. Le mensonge obtus du langage des hommes, ce n'est pas qu'il essaie de créer des liens précaires, ou qu'il s'aveugle sur l'essentielle solitude. C'est qu'il n'accepte pas d'aller avant, d'aller profond et vite dans le cœur de la communication. Là où les hommes sont dupes, ce n'est pas quand ils tentent de s'appeler ; c'est quand ils refusent de le faire en criant. C'est quand ils se contentent des structures superficielles alors qu'il faudrait fouiller au plus tragique, au plus vrai, pour trouver le langage déchirant qui soulève les émotions et transforme peut-être la nuit en ombre.

Je n'ai, pour approcher ma vérité, que les pauvres instruments de l'intuition et du langage. Mais dans une certaine mesure, ces outils me suffisent. Leur pauvreté en certitude est richesse en hasard. Je ne dois pas parler en personne. Je dois laisser parler les autres qui sont en moi, les autres-riens, les autres-objets. Si mes outils ne sont pas rationnels, du moins les émotions qu'ils me procurent me permettent de zigzaguer, mi-plaisir, mi-peine, dans le territoire inconnu de ma conscience. On ne peut pas à la fois savoir et être fort. Moi je choisis la faiblesse, la déréliction du regard et des paroles, le doux ensevelissement, l'anéantissement fécond. Je cours le risque d'être contradictoire, et de n'avoir aucun exemple à offrir. Mais je sens que c'est là que ça vit intensément, que ça grouille, que ça dilate. J'ai peur. De toute façon, en vérité, maintenant je n'ai plus le choix. Il est trop tard pour revenir en arrière. Quand les choses se sont montrées à vous, un jour, *telles qu'elles sont*, quand elles ont enfin offert leur spectacle glacé et pullulant, on ne peut plus oublier. Petit, grandiose, sale, immense, élevé, cancéreux, le monde, effrayant et fracassant, et aussi mesuré et délicat, le monde, à la mesure et à la démesure de l'homme, réduit aux signes, brisant les signes, facile à limiter, facile à rendre fou, le monde, la terre, la vie, les arbres aux petites branches, les oiseaux, les feuilles, les plaques de boue, les marais, les crapauds assis, les blancs calices, les mouches moustiques, le monde, les armées de fauves, le sang épais, noir, âcre, luisant, qui sèche en croûtes et qui nourrit les espèces voraces, le monde, les mouvements de la lumière et les glissements des atomes, les bombardements du soleil et les trous de l'espace, le noir, tout, absolument tout est là, tout me frappe, tout me pétrit, m'humilie, me jette face contre terre, le monde, l'espace gouffre froid, l'espace entonnoir avide, les détails du temps, les cycles biochimiques, les maladies, les naissances et les morts, le monde, les créations, la sphère implacable des créations, où jamais rien ne viendra apporter la paix, où jamais rien ne s'arrêtera sur soi-même, où il n'y a pas de sourire, pas d'arme levée, la rondeur toute divine et toute satanique où jamais ne viendra la réponse à l'ignoble question : « Et après ? Et plus loin ? Et plus tard ? »

J'aurais voulu ne jamais dire son nom, tant j'ai honte. Mais c'est venu, comme toujours, et j'en suis tout rempli. Un froid qui m'horripile et me fait trembler. J'aurais voulu n'avoir rien de lui en moi. J'aurais voulu être seul dans ma nuit, seul dans ma solitude. Libre d'être une larve. La beauté de la terre, la grandeur de vivre, d'être un homme parmi les hommes. C'est ça que j'aurais aimé. Mais toi, démon, tu es là, et tu ne me laisses pas vraiment m'oublier. Pourquoi ? Pourquoi me remplis-tu ainsi certains jours, pourquoi me fais-tu sentir qui je suis, et qui tu es ? Ah, seigneur, ton invisible maîtrise, c'est trop ! Je ne peux pas la supporter. J'aurais été si heureux de n'être qu'une parcelle. Pourquoi m'as-tu fait comme un symbole ? J'aurais pu être si apaisé sans toi. Mais toi, tu commandes ma liberté. Tu traces le chemin de chacun de mes doutes. C'est toi qui auras le dernier mot, n'est-ce pas ? Ce carnaval te plaît ? Tu ris et tu ne dis jamais rien ? Mais toi, maudit seigneur, tu as mis ton épine dans mon doigt, et j'ai mal, j'ai mal d'un panaris lancinant qui ne guérira jamais !

Noire
noire longue l'étendue de moi
Elle file comme un nuage d'encre
Elle ne dessine rien
Elle ne boit pas
Elle porte sa voûte violette
et laisse entrer les flèches sourdes des paroles.
Il faut écouter
Il faut être vide
entendre les cris stridents qui grincent des crocs de fauves
les Arrrhi ! Arrrh ! Aorrrh !
Abois rauques qui roulent doucement sur eux-mêmes.
Abois de sirènes.
Doucement.
Doucement.
Je suis travesti.
Je les porte dans un nerf en moi.
Voici. Voici. Elle arrive.

Ce que je sais :
la terre est plate
elle est creusée dans toute sa longueur

par une blessure sèche.
Immobile, le ciel, immobile.
Peau imperméable des pommes.
Les odeurs de poix marchent très bas
La fumée s'étale et fait la voûte.
Adieu, pas encore adieu.
Ici et là, les papiers sales traînent.
Les bruits disent : acheter, manger, vendre.
Vendre.
Ce qu'on appelle la vie. Oublier. Marchandise.
La vie n'est pas délicate.
Elle brûle comme un abcès,
elle tousse écorche et crache.
Les murs sont blancs, peut-être.
Mais ils cognent quand même.
Le joli poison aux couleurs de méduse,
aux couleurs de fleurs,
aux couleurs de fruits,
le poison de lumière et de perle,
viens,
pénètre profond,
incise,
fais ton office de flèche !
Je ne résiste pas.
La vie qui bave, guerrier de cirque,
amène-moi enfin vers les bords de narcose
et berce-moi dans la noire maternelle.

L'infiniment moyen

Etre vivant, c'est d'abord savoir regarder. Pour ceux dont la vie n'est pas sûre, regarder est une action. C'est la première jouissance effective de l'être vivant. Il est né. Le monde est autour de lui. Le monde est lui. Il le voit. Il le regarde. Les yeux bougent, s'orientent ensemble, les prunelles fixent les choses. Les formes sont. Rien ici n'est immobile. Tout bouge, bouge, bouge à la folie. Le regard donne son mouvement au monde. Il le façonne. Il tâte les angles, suit le contour des lignes, des arrondis, des droites. Il se pose, il goûte les couleurs. Rouge. Blanc. Bleu. Bleu encore, mais plus sombre. Vert. Autre rouge. Autre blanc. Pas une couleur pareille. Toutes se font et se défont à chaque regard. Il ne faut pas s'habituer. Il faut être stupéfait tout le temps, par chaque nouvelle vision.

Des détails, toujours davantage de détails. Je n'en serai jamais rassasié. Le lavabo blanc où les deux robinets de cuivre, en fuyant goutte à goutte, ont laissé deux traînées indigo. Merveilleuses coulées inscrites dans la faïence. Je pleure avec votre bleu magique, je crie dans la couleur paradisiaque, je ne parle plus, je ne dis plus rien, je ne veux plus rien d'autre que vous ! Et les gouttes rondes tombent, tombent sans arrêt sur les taches bleues, ajoutant chaque jour une fraction minuscule de couleur infinie.

Je ne suis jamais autant ému que par les choses microscopiques. C'est en elles que je disparais le mieux. Ce sont elles qui me révèlent le plus exactement la vérité de la nature *solide*.

Cette fourmi noire qui grimpe le long du mur, vers un but qu'elle ne voit même pas. Six pattes. Les paires avant et arrière palpent, prennent appui. Mais ce sont les deux pattes centrales qui travaillent vraiment. Elles rament de toutes leurs forces, elles s'arc-boutent, puissantes, et jettent en avant, d'un millimètre, le corps léger et pourtant si lourd. Perdue, tout à fait perdue sur ce désert de peinture glacée, aux granules innombrables. Quelle force abominable ! Quelle haine sans nom, quelle vertu, quel nœud de colère et d'obstination, dur, si dur que j'en ai mal au fond de moi, travaille ces entrailles, ronfle dans cette coque, et propulse la bête aveugle et chétive vers l'infini, vers sa propre mort, par épuisement, ou par écrasement sous l'avalanche noire d'une semelle de pantoufle ?

J'ai peur. J'ai peur d'elle. Devant sa tête noire aux antennes qui tremblent, je sens que je suis vaincu d'avance. Pourquoi, pourquoi donc ai-je connu la fin ? Lâcheté. Trahison de l'esprit. Imbécillité suprême de l'intelligence. En quoi ma nuit diffère-t-elle de la sienne ? Je n'ai plus le droit de me plaindre. Ce que je sais n'a pas d'importance. Je suis sur le même désert. Moi aussi, je rampe sans voir vraiment les monstres. Je résiste. Je me bats. Je mange les autres espèces. Mon corps est victorieux à chaque seconde. Pourquoi mon esprit serait-il vaincu ? La mort est laide. Elle n'est pas un repos. Elle est l'ennemie. Maintenant, oui, je vais me battre contre elle. Avec les autres, avec la fourmi qui grimpe sur le mur beige, je vais faire reculer les fantômes carnivores de l'oubli, de l'oubli. Je vais être dur et méthodique. Regarder.

De plus en plus, j'ai besoin que le langage soit incarné. Je ne veux plus des abstractions, des généralisations. On me dit : l'intelligence. Soit. Mais quelle intelligence ? Celle du savant ? Celle de l'ingénieur ? Celle du soldat ? Celle du poète ? Même pas cela : celle d'un homme, d'un homme que je ne connais pas, que je cherche à connaître. J'ai besoin de tous les éléments, et ce n'est pas encore suffisant. Il me faut toujours davantage de faits, davantage de points d'appui. C'est inépuisable. Celui que je croyais découvrir m'échappe, s'agrandit, fuit, devient si vaste que la seule chose évidente m'apparaît : il ne m'appartiendra jamais. Les faits ne sont jamais assez. Cet homme peut avoir la clarté de l'esprit, la rapidité du jugement, la culture. Et alors ? Il a un bouton sur le nez, une dent mal placée, un certain timbre de voix que je n'aime pas, et le voici irrécupérable. Tout contact avec autrui est fondé sur le fanatisme. Sur l'émotion. Sur la sympathie. S'il est intelligent, c'est qu'il me ressemble, mais qui dit que je suis intelligent ? Comment tant d'êtres différents, aux qualités diverses, peuvent-ils être intelligents ? La réalité est plus brutale : de certains je suis proche, voilà tout. D'autres je suis ennemi, comme cela, foncièrement sans le savoir.

Pourquoi d'ailleurs l'intelligence se manifesterait-elle seulement par les paroles ? Mis à part le rôle analytique du langage, qui permet la psychologie, n'y a-t-il pas pour l'homme d'autres moyens d'accéder à la synthèse finale ? N'existe-t-il pas d'autres possibilités d'entrer directement en rapport avec le monde, sans l'exprimer, sans le morceler ? Une espèce d'intelligence immédiate, venue des sens, liée aux obsessions et aux délires anciens, qui se nourrisse de réalité ? Esprit proche de la mystique, fascination, émotion profonde et vitale dont l'aboutissement est dans le tout ineffable, grandiose, un tout si vaste et si vibrant qu'il en devient voisin du rien ?

Je suis de plus en plus étonné par le nombre de choses que je ne comprends pas. Je m'inquiète un peu : après tout, serais-je un imbécile ? Evidemment, j'ai derrière moi, pour me rassurer, le poids de la culture, l'éducation, deux ou trois diplômes ; je me suis doucement habitué, depuis quelque temps, à être intelligent. Pourtant, si je me souviens bien, je n'étais pas tellement brillant, autrefois. Les mathématiques, la chimie, la physique, les exercices de mémoire, zéro. On me mettait devant un problème, et je ne comprenais rien. Même dans les disciplines littéraires, je me heurtais à des questions très simples. Je ne comprenais pas les sujets des dissertations, qu'ils soient littéraires ou philosophiques. Invariablement, je tombais à côté. J'étais « hors du sujet ». Non par excès d'imagination, ou par manque de discipline, mais par véritable incapacité. Je relisais trois fois l'énoncé du sujet, et je ne comprenais pas. C'étaient pourtant (je m'en suis aperçu plus tard) des sujets très simples. Un problème était posé, assez clairement, mais avec ce qu'il fallait de style dans la phrase — spécialement lorsqu'il s'agissait d'un extrait d'auteur — pour embrouiller les choses. Quant au phénomène de traduction ! C'est simple : tous les contresens étaient pour moi. Il y avait un tour d'esprit, un ton, une rapidité de coup d'œil qui m'étaient étrangers. Je me souviens par exemple de ce texte de version grecque sur lequel j'avais passé deux heures sans arriver à comprendre le sens d'une phrase. J'avais regardé tous les mots dans le dictionnaire, vérifié la syntaxe dans la grammaire, et pourtant, rien ne venait. Après deux heures de vide, épuisé, énervé, je demande autour de moi. On vient. On jette un coup d'œil sur la page, et, sans hésiter, on me traduit la phrase. J'avais tout simplement oublié que la phrase en question se continuait sur la ligne de dessous...

Peut-être après tout est-ce de la paresse. Actuellement, même les choses les plus simples arrivent à m'échapper. On me raconte une plaisanterie scabreuse, et moi je ne ris pas. Je n'ai pas compris. On me parle, et tout à coup, sans raison, je ne suis plus ce qu'on me dit, je ne rattache plus les mots les uns aux autres. Tout s'en va à la débandade, à ma grande confusion naturellement. Le théâtre, le cinéma, les romans me jouent sans cesse des tours. Je perds vite pied dans l'intrigue, j'oublie les noms des personnages, je flotte, je rêve presque. Je n'ai pas écouté ce qu'il fallait écouter, pas vu ce qu'il fallait voir. Comment cela se peut-il ? Ai-je un défaut de l'intelligence, une sorte de vice fonctionnel, semblable à l'astigmatisme ? Dû à un rythme particulier à moi, à une mythologie, à une façon de voir et de saisir ? Ou bien suis-je bête, tout simplement ?

En fait, tout cela est sans doute lié au phénomène de la conscience. La conscience isole, morcelle. Elle obstrue la route vers la synthèse. Les mots déconnectés résonnent particulièrement, ils réveillent des souvenirs, ils s'associent selon mon gré. J'ai ma logique, et je ne puis souffrir l'intrusion des systèmes extérieurs. A la limite, c'est cela, la bêtise. La plupart du temps, je m'aperçois que je suis dans une sorte de rêve. Stupide. Quelque chose s'étant bloqué. Tournant sans cesse sur le même axe, dans la peur et l'isolement. Quand je me réveille, les choses *sont passées*. Elles sont loin de moi, elles m'ont quitté. Et j'ai beau revenir à elles, elles ne peuvent plus refaire ce qu'elles ont fait si brièvement, et que j'ai manqué.

Les paysages sont vraiment beaux. Je ne m'en rassasierai jamais. Je les regarde, comme ça, le matin, à midi, ou le soir, parfois même la nuit, et je sens mon corps m'échapper, se confondre. Mon âme nage dans la joie, vaste, immense, dans la joie étendue de plaine jaune bordée de montagnes, arbres, ruisseaux, lits de cailloux, arbustes effilochés, trous, ombres, nuages, air dansant gonflé de chaleur. Plénitude ou vide total, je ne sais pas, qu'importe ? Mon esprit est là, collé étroitement aux contours des rochers, à l'écorce des arbres. Il vit avec lui, il vit avec moi, il vaque, il est espace, relief, couleur, érosion, odeurs, bruissements, bruits. Et il est plus que cela : il est le contemporain de ma vie.

Miroirs purs, exacts, comme des photographies, nus et compliqués, morceaux de terre, morceaux d'écorce, morceaux de ma peau. La terre et la peau se ressemblent. J'y reconnais les mêmes rides et les mêmes dessins, et quand elles se touchent l'une l'autre, je ne sais plus laquelle est ma peau. Friable et douce, chaude, froide, vivante, mouvante, toujours en fuite. Grains de sable qui crissent, odeur puissante de l'humus, des herbes. Elastique, profonde, parcourue des battements sourds d'un sang volcanique, au jet rythmé, qui entretient à la surface la vie et les frémissements. Sur toi je me couche. De ta chair, qui est ma chair, je me nourris. Je fonds en toi, entre tes blocs moelleux, je m'absorbe, je suis immensément, divinement en accord avec toi. Avant le jour où tous deux nous pourrirons de douce chaleur, ensemble.

Pays des violents
Pays vibre ô cascade de murailles noires
Pays vibre ô bruit vibre dans la nuit
Sous les coups lourds du violoncelle géant
Terrorise frappe et meurtris
Envoie tes armées d'yeux aveugles
Et conquiers ce que tu veux.
Les flèches partent au furtif de la voûte
Les ascenseurs montent
montent
montent
et les milliers de petites fenêtres succombent.
Destruction
Mort
Vacarme
Crasse malheur suie
Le charbon a collé sa poussière
le long des remparts des tombeaux.
Les oiseaux, après avoir longtemps volé,

se sont couchés et se sont tus.
Dans le flot continu de la nuit pleine de cyclopes
Les braises des cigarettes ont lui
Et sur mon drap
Sur mon drap où l'ombre s'est mise
Je suis fixe comme un œil
Engoncé dans les angles des pyramides,
Prisonnier
Libre
Prisonnier
Libre
Et je t'attends, maître.

Venu du profond du froid et de l'espace,
Venu vers moi dans le temps pour m'habiter,
Venu pour me résoudre,
Esprit enterré dans mon corps,
Esprit, métal de raideur, glace, glace !
J'ai beau te haïr, tu es là...
Puissance des arbres et des rochers
Toi, puissance calme
Tu me hantes...
Je ne veux rien entendre
La nuit est entrée en moi dès la première lumière.
La nuit vaste comme un jardin
avec tes pierres magiques qui tournoient,
tes dieux qui brûlent sans éclat.
Dessin maudit qui a fait mon corps, je ne pourrai
    jamais te voir.
  Je suis seul, je ne suis pas seul. J'écoute... Tous

les sables qui m'ont bâti, je les connais. Le sang furieux, les muscles, les membres velus, les lourdes mâchoires triangulaires aux crocs aigus. La population basse est en moi. Et par-dessus tout, ce désert insultant qui tremble dans mon tréfonds comme un air chauffé, ce marécage infini, bien blanc, ce linceul de brûlures et de gel, ce grand diamant. Je les sens tous, ces fers plantés, je les vois, ces vautours. Ils font mal. Ils ruinent. Mais maintenant, j'en suis sûr, si je veux vaincre, si je veux arracher, si je veux déployer mon poids de terrible grandeur, c'est à moi ! Rien ne viendra du dehors...

La vie est merveilleuse, c'est vrai. Mais la peur... Penché sur moi, penché sur les autres, on aperçoit tout qui monte, qui rugit, qui grouille, qui se dévore et pond sans cesse. Monstres, monstres partout ! Abominables têtes de mort qui sortent doucement des cavernes duveteuses, araignées, reptiles, mouches, guêpes maçonnes, dents, bouches, pieuvres, anneaux, ganglions, intestins ! Ventres, ventres avides ! Anus ! Glandes ! Chair qui sursaute, sang qui coule, horreur liquide dont le flot ne s'arrête pas, ne revient jamais, mais bat, bat, repousse, martèle, se fraie son chemin de torture et de pâmoison ! Quelquefois on voudrait bien s'arrêter. On voudrait bien voir autre chose. *Mais tout cache le sang !* Tout est trop vivant ! O nuit immortelle, nuit qui n'existes pas, glace calme fraîchement affalée sur ma tête, nuit sans fin qui ne montres rien, qui ne dévores pas, qui n'es pas sang, je te veux souvent. Repos. Récompense de ma fatigue, douce paix qui pourrais terminer l'horreur et le plaisir, c'est vers toi que j'aspire. Chaque seconde me rapproche de toi ; tu es là, au bout, sans doute. Je compte les pas qui me séparent de toi.

Ici, tout est dans le genre d'une jungle. Relief, sensations, mouvement, tout est présent. Chaque fois que je me tourne vers la joie, l'horreur apparaît. Et toujours les deux se mêlent, surgissent ensemble, résonnent en moi comme une seule et même émotion. Frissonner de plaisir et frissonner de peur. Jouir et avoir mal. Il n'y a pas de système possible, pas de langage qui exprime la vérité. C'est trop confus, trop embrouillé. Il n'y a pas de mot pour ces deux états qui n'en sont qu'un. Ce qui va vers le haut, ce qui tombe. L'éclatement, la fermeture. Peut-être est-ce en jetant les contrastes qu'on obtient le mélange de la vie : gris = noir + blanc. Même pas. Enchevêtrement des milliards de couleurs, dont chaque nuance ne sert pas deux fois.

Jamais je ne parviendrai à dire pourquoi j'ai peur. C'est au-dedans de moi, et plus je poursuis cette ombre, plus elle me fuit. Et pourtant, ces monstres existent ! Ce ne sont pas des inventions poétiques ! Ils grouillent en moi, ils pullulent à l'intérieur de toutes choses. Ils sont là. Multiformes. Hideux. Splendides. Délicats. Voraces. Insectes, insectes par millions ! Larves qui rongent leurs proies vivantes. Parasites qui sucent. Qui se fécondent. Qui posent leurs œufs. Vers dans la gorge des cerfs. Vers dans les narines des crapauds. Vers dans les cerveaux des brebis. Soleil. Humidité. Fermentation. Gaz, terre, eau. Salive. Que tout cela est terrible, comme j'aime tout cela. Comme celui qui voit frapper un homme, et pour qui la vue du sang est à la fois source de pitié et de fureur; comme celui qui voudrait être en même temps celui qui protège et celui qui viole une femme; comme celui qui ne veut plus souffrir mais aussi se délecte; mystère écrasant du vivant, mystère qui mérite Dieu. Il n'y a rien à comprendre. Il n'y a rien à offrir en système. Il n'y a rien qui puisse faire définitivement oublier. L'acte le plus noble que puisse accomplir l'homme, dans cette continuelle défaite, c'est de se regarder, avec force, avec passion. Tourné vers soi, vers ce « soi » qui est les autres, être vigilant et humble. Servir s'il veut, être heureux si c'est possible. Mais ne jamais oublier. Ne jamais se quitter. Etre impitoyable parce qu'il est pitoyable. La nuit viendra bien assez tôt, après tout. Ces minutes, ces secondes sont des événements. Ces détails, ces poussières, ces craquelures et ces rides cachent le secret. Il faut chercher. Celui qui étudie ne se détache jamais : c'est pour cela qu'il a la chance d'être heureux. Il peut se venger du monde.

Mais quelle épreuve que la vie ! Ceux qui croient dans le bonheur des générations futures se trompent bien. Même si l'homme arrive à tout savoir, il ne saura jamais pourquoi il sait. S'il renonce à l'utilité, il ne renoncera pas à la mort, ni au passé incompréhensible. Car la parabole semble bien être

L'infiniment moyen

la forme qu'il donne d'emblée au monde. Sans cesse le passé se rapproche de nous alors que nous croyions le fuir. L'usure n'est pas réelle. Tandis que la pérennité ! Ce qui se défait recommence. Ce qui est détruit est construit. Les deux points de l'infini, celui d'où l'on vient, celui où l'on va, se rassemblent : alors ??? Que faut-il faire ? Rien. Entrons dans l'existence. Plongés totalement, pris au piège, regardés, maniés, mais toujours actifs, et jusqu'à l'heure de notre mort dans la vie, fugitif moment d'absolu pour nous, mais rien dans le monde, rien pour les siècles, rien pour la vie qui nous a servis et qui servira d'autres. Cela, ce n'est pas désespérant ; ce n'est pas extraordinaire. C'est vrai. C'est *ce qu'il ne faut pas quitter.*

Être lucide, oui, mais jusqu'à quel point ? La conscience n'a pas de limites, comme le langage. Celui qui ne s'arrête pas à l'instant précis où le regard passe du domaine du réel au domaine de l'abstrait, son regard le perd immanquablement. Liberté nulle. Partout jugement, partout raison, contrôle, compromis...

Il y a tellement peu de différence entre la réalité et le vide. On tombe. Il faut s'arrêter. Il faut revenir en arrière. Ici, il n'y a rien à apprendre. La lucidité, l'éblouissement, l'aveuglement. Zone dangereuse de soi-même, zone où on n'a jamais fini de s'avancer. Zone terrible et froide du moi qui vous quitte... Exploration des douzaines de miroirs.

Toute littérature n'est que pastiche d'une autre littérature. En remontant ainsi dans le temps, jusqu'où arrive-t-on ? Jusqu'à quelles œuvres cachées, quels chants et quelles légendes des premiers temps des hommes ? La continuité est en tout. Rien ne vient la briser. Tout est répercussion. En face d'une telle force de persévérance, l'idée du passé, du présent, ou de l'avenir semble un peu ridicule. La véritable notion humaine, celle qui finalement se rapproche le plus de ce qu'on conçoit aussitôt de la vie, c'est l'éternité. La perdurabilité des choses, des êtres, et même des idées est évidente. Comme il y a des instincts, des gestes qui se lèguent, il y a des mots. Est-ce cela le progrès ? Est-ce qu'une pensée, d'un individu à l'autre, d'un siècle à l'autre s'affine ? Elle change, cela est sûr, elle s'adapte. Mais progresse-t-elle ? Elle vit, tout simplement, selon un cycle immuable et pourtant imprévisible. Elle vit. Elle a SA vie. Curieuse éternité dont la conception même est difficile. Individus tout entiers braqués, mais collés aussi dans la nuit cellulaire. Etrange sphère vers quoi tout aspire, mais où le morcellement est désespérant. Je suis moi. Les autres sont les autres. On m'a fait moi. Je pense avec ces bribes qui semblent vraies : le temps, l'espace, la réalité, les couleurs. Alors que la vérité, la seule vérité, c'est l'éternel, l'immense, l'absolu, l'*invisible*.

L'infiniment moyen

La grande beauté religieuse, c'est d'avoir accordé à chacun de nous une ÂME. N'importe la personne qui la porte en elle, n'importe sa conduite morale, son intelligence, sa sensibilité. Elle peut être laide, belle, riche ou pauvre, sainte ou païenne. Ça ne fait rien. Elle a une ÂME. Etrange présence cachée, ombre mystérieuse qui est coulée dans le corps, qui vit derrière le visage et les yeux, et qu'on ne voit pas. Ombre de respect, signe de reconnaissance de l'espèce humaine, signe de Dieu dans chaque corps. Les idiots sont idiots, mais ils ont une ÂME. Le boucher à la nuque épaisse, le ministre, l'enfant qui ne sait pas parler, ont chacun leur ÂME. Quelle est la vérité dans ce mystère ? Comment est-elle, cette âme invisible et inconnaissable, qui n'a rien à voir avec la fortune, la beauté ou l'intelligence ? Quelle est cette chose sérieuse qui habite tous les hommes, et qui fait qu'ils sont eux-mêmes ? Ce fantôme sans couleur et sans forme qui est glissé dans le fourreau de la chair, et qui est digne, et QUI REND TRAGIQUE ?

La force irrépressible qui est en soi, la force de joie et de cruauté qui vous propulse, qui vous fait vivant, dominateur, avide, lâche ou affamé. Cette force qui vient de soi, on le sent, de chaque parcelle de son corps, et qui converge et forme le faisceau inexprimable. Quelle est-elle ? Comment l'appeler, cette force ? Après tout, pas besoin de lui donner un nom. Elle est là, elle agit. Elle donne une flèche à l'être, elle est tout à la fois, sentiment, raison, amour, instinct, vertu. Ne pas la combattre. Aller dans son sens. Moteur de ma vie, signe contre le néant, présence de ma présence. Amour sans objet, furie, intelligence, qui font les autres passions, fois et logiques de misérables impulsions ! Force profonde de l'espèce, inscrite dans mon noyau, qui me gonfle, qui me soulève, qui me fait marcher, qui fait battre mon cœur et bouger mon diaphragme. Force nue, qui ne tolère pas le doute. C'est elle que je voudrais comprendre tout à fait, c'est elle que je voudrais saisir, ne fût-ce que le temps d'une seconde. Il me semble que les autres angoisses seraient résolues, comme ça, d'un seul coup, et qu'il ne resterait plus sur la terre enfin débarrassée de l'ombre, que moi, entier, intact, vainqueur, moi seul, avec ma force.

Et c'est vrai pourtant qu'avec toute sa tension, avec sa route déjà bien tracée et que je dois suivre, avec sa non-liberté délectable, cette force *n'a pas de sens*. Elle est gratuite. Tout a beau être lié, machiné par les hasards, construit pour que je persévère, il n'y a pas de dimension dans cette route. Je vais, mais je ne vais nulle part. Comment dessiner cela ? Je voudrais pouvoir faire le portrait d'une flèche qui ne serait pas une flèche, d'une flèche qui n'indiquerait rien, qui ne montrerait aucun but. L'avenir, oui, mais jamais rien ne vient. Une sorte de soleil infini, aux rayons écartés dans tous les sens. Le point de départ, mais ce point-là seulement. Nulle arrivée. Nul port. Etoile. Trait noir tracé au crayon gras sur une feuille blanche, et dont la progression se suffit à elle-même, contenant à la fois son motif, son évolution et sa fin. Comme toutes les vérités, celle-là est ineffable. Elle est dans sa coquille, fermée sur soi. Et le monde est plein d'elle. Elle ne va nulle part. Elle me jette, elle me fait mouvement, et en même temps elle me fixe. Comme l'éclair qui fulmine sur le ciel noir et dans un moment miraculeux montre l'éternité de sa route éblouissante, parfaitement immobile, que rien n'a produit et que rien ne doit effacer.

Comme l'éclair qui tue le temps.

LA PRÉSENCE.

Tout est rythme. Comprendre la beauté, c'est parvenir à faire coïncider son rythme propre avec celui de la nature. Chaque chose, chaque être a une indication particulière. Il porte en lui son chant. Il faut être en accord avec lui jusqu'à se confondre. Et ce ne peut être une démarche de l'intelligence individuelle, mais de l'intelligence universelle. Atteindre les autres, se précipiter en eux, *retourner* en eux ; il s'agit de mimétisme. D'abord être soi et se connaître soi, puis imiter ce qui vous entoure.

Le rythme n'est pas forcément dans la civilisation ; le retour vers le monde n'est pas un retour au primitivisme ; le monde que s'est créé l'homme est aussi la « nature » : les réfrigérateurs, les automobiles, les avions, les ponts et les autoroutes, les immeubles de béton ne sont pas des décors ; ne sont pas des miroirs. Ils sont vivants, ils ont leur existence propre, ils donnent autant qu'ils reçoivent. Les fleuves, les forêts, les chaînes de montagnes ne valent pas plus qu'eux. Sur la terre, qui existe, les inventions des hommes n'ont plus besoin d'être inventées. Elles appartiennent au dessin de l'univers. Le rythme des villes et des machines est peut-être encore à découvrir ; il est déjà séparé de l'esprit des hommes, et de l'idée de fonction ; il est au-dehors. Au-dehors.

Ce n'est pas seulement une affaire collective. C'est aussi la recherche de chacun, isolément, mis en rapport. C'est l'œuvre complète de chaque être vivant, l'œuvre intelligente et instinctive, qui associe, qui éduque, qui ne dompte pas mais libère. C'est peut-être la seule œuvre vraiment morale, pour la survie, pour la lutte. L'œuvre qui rompt l'indifférence, qui fait naître, vivre et mourir. Comprendre les rythmes. Parler du monde, aujourd'hui. Renouer avec la terre extatique. Faire de la cacophonie apparente surgir la douce et puissante musique.

Ce qu'il faudrait faire, pour vraiment percer le mystère de l'écriture, c'est écrire jusqu'aux limites de ses forces. Penser, et déterminer cette pensée avec des signes, sans arrêt, jusqu'à ce que l'on tombe endormi, évanoui, ou mort. C'est la seule expérience à peu près probante. Après cela, on n'aurait plus qu'à se taire.

Ce qui importe, sûrement, ce n'est pas d'avoir un système. Les synthèses, à quoi bon ? Un système, ici, chacun a le sien. Il le forme en vieillissant, tout naturellement ; c'est sa carapace, sa coquille. Ce n'est pas une compréhension du monde, mais une façon de se défendre et de ne pas comprendre. Le sauvage, l'homme du monde, le poète, le médecin, la prostituée ont tous leur système. Bien entendu : ils sont adultes, ils ont eu l'expérience, ils ont construit leur histoire. Ils ont arrêté leur marche vers les autres et vers le monde, ils ont adopté leur peau. Ce n'est pas profond. Ce n'est pas une nécessité intérieure. C'est beaucoup plus pour vaincre que pour convaincre. C'est ce qu'on appelle le métier. L'argent. La famille. La morale. Ce n'est qu'une façon de plus d'avoir un nom, un prénom, une adresse, une profession, un signalement.

Pas besoin d'envisager le cours entier d'une vie. Les ensembles ne parlent pas ; ce qui compte, c'est le détail. Une seconde d'une vie ; mais une seconde très riche de passé et d'avenir qui en dit suffisamment sur l'être.

Moi, ce que je voudrais bien trouver dans chaque homme, c'est une pulsation, un mouvement régulier et souple qui l'accorde au temps et au monde. Alors je me mets à l'unisson avec lui, et je l'écoute, je l'observe, je le visite. Pour cela, je ne veux pas m'occuper de ses idées. C'est une structure que je cherche, l'expression de *sa* vérité. Un squelette ne suffirait pas. Chacun a sa mélodie, son air de musique qu'on n'entend pas mais qu'on peut connaître. En essayant de les percevoir, c'est aussi mon instrument que j'accorde. La philosophie ne m'intéresse pas si elle n'est pas un peu une prière.

Tourné vers quoi ? Regardant vers quel au-delà ? Ces silences, ces phrases dites, ces actes, pour quoi, pour qui sont-ils faits ? Il faut retrouver leur cohésion, leurs contrastes, leur étalement, leur écoulement, leur *revenir*. Un être, ce n'est pas si compliqué, après tout ; c'est l'affaire d'une seconde en quelque sorte, d'une seconde multiple, totale, inaliénable.

Les affrontements, le désespoir ou l'angoisse n'ont pas tant de force que la cohésion et le sens de la survie. C'est qu'il y a des liens invisibles, une onctuosité de l'existence organisée, quelque chose qui est au-dessous de tout et qui seul compte. Les expressions sublimes de l'esprit, les concepts et les idées maîtresses (prétendues telles) m'ennuient ; il y a d'autres expressions, d'autres compréhensions, d'autres idées mille fois plus importantes. Ce que l'homme a fait en cent mille ans de sa race, par exemple, et non pas en une décennie. Les raisons qui tiennent son esprit ensemble, ces raisons profondes, essentielles, qui doivent ressembler à une sécrétion glandulaire. On ne se suicide pas parce que la vie est absurde, ou parce qu'on est abandonné. Ces raisons-là viennent après, elles sont les alibis de la destruction et du déséquilibre. On ne devient pas fou par désespoir. Mais quand le grand fleuve de vie est tari, soudain, quand vient à manquer la sudation inconnue qui nourrissait l'ensemble des pensées, quand ce rythme, ce sang, cette douce résistance intérieure s'est interrompue, alors seulement l'homme doit mourir.

Les vraies souffrances ne viennent pas des régions raisonnables ; et c'est pourquoi le langage n'a jamais su les exprimer. Elles ont lieu si bas, si bas au fond de nous que nous n'avons jamais conscience de ce qui a été rompu. Quand nous voulons exprimer cela, nous n'accrochons les mots que sur des effets, des échos. Et sans savoir ce qui lutte au cœur de nous-mêmes, à peine avons-nous subi la débâcle que nous voulons reconstruire avec des ruines de nouvelles architectures somptueuses, efficaces, élancées. Et pour mieux voir les sommets vertigineux, nous ne regardons pas les socles. Notre fragilité est abstraite. Mais quel roc que nos fondements ! Quelle densité opaque, quelle puissance et quel ordre dans les premiers frémissements de notre esprit, où la pensée est encore mêlée à l'organe, comme un signe tangible qui va bientôt être lu.

Je ne supporte pas les yeux des animaux. Les deux yeux jaunes de ce chien, qui se sont posés sur moi, à l'improviste, tout plats et lumineux, et qui m'ont fixé jusqu'à ce que je détourne la tête, faisant monter en moi la peur et le malaise. Ils me regardaient, comme ça, sans bouger dans le masque de la bête, et j'ai senti un drôle de gouffre se creuser dans mon esprit. J'ai senti peser la curiosité de l'espèce étrangère, l'insolence, la cruauté peut-être. Que voulait-il ? Me dévorer, m'éloigner de ce qu'il pensait être son domaine ? Ou bien cherchait-il quelqu'un ? Que lui ai-je rappelé ? Quel souvenir trouble d'un homme qu'il a connu, ou quelle résurgence d'une vieille haine stupide et méchante ? Il a installé contre moi les deux phares fauves de ses iris, et sans faire un mouvement, il m'a forcé à reculer, à baisser la tête, à regarder ailleurs. Il m'a dévisagé, il m'a vaincu. S'il avait été homme, j'aurais senti la colère, je lui aurais rendu son regard ; j'aurais essayé de lutter ; mais devant les yeux de ce chien, j'étais battu d'avance. J'ai eu honte, j'ai eu peur, j'ai eu honte d'avoir peur. Ils étaient si pâles et si lumineux, ils avaient tant de profondeur et tant de dureté. Transparents comme des boules de verre, précis, dirigeant dans mes yeux les deux dards noirs de leurs pupilles ovales, tels des canons de fusil. Et surtout ce silence qui les accompagnait. Ce silence masque de l'inconnu, fait d'immobilité et de connaissance. Humain, trop humain, mais avec rien qui calme, rien qui donne espoir. Yeux de loup qui guette, jetant leurs éclairs de cuivre dans l'ombre. Yeux de serpent magique. Yeux terribles des oiseaux de proie. Yeux injectés des bisons. Yeux phosphorescents qui blessent déjà, qui voient déjà dans la gorge l'artère qui palpite et d'où s'échappera avec la vie le flot saccadé du sang rouge. Yeux qui mangent vivant. Ils se sont détachés de la figure au museau allongé et ils sont venus à ma rencontre comme des astres dans le vide. Armés, éclatants de violence, froids, si froids que j'en ai frissonné.

Les chats relèvent aussi la tête, au soleil, parfois, pour me regarder tranquillement bien en face. Ils dirigent droit au fond de mon âme les sphères luisantes glissantes comme de l'eau, vertes, constellées de paillettes dorées, beaux comme s'ils voulaient me tuer. Et moi devant eux je fonds tout de suite, je deviens bouillie, chair à pâté, petite souris palpitante qu'un seul coup de ce monstre va aplatir sur le sol. Est-ce que j'appartiens vraiment à ce point à une espèce inférieure, à une espèce victime, à une race vouée à la consommation ?

Yeux clairs et cruels des animaux, yeux qui agissent déjà, où la pensée n'est pas une grâce éphémère et délicate, mais tue d'un jet rapide qui brille au soleil et déchire de son ongle d'acier. Yeux qui me font entrevoir, l'espace de quelques secondes, l'univers terrifiant et vide, où les corps se meuvent en silence, se tapissent aux aguets, rôdent, et s'immolent. L'univers qui n'est pas le mien, et où je n'entrerai jamais vraiment, l'univers immense et limpide, où il n'y a rien qui parle, rien qui soit doux, rien qui soit paisible.

Mon cœur est bien l'organe qui m'inquiète le plus. Je me demande souvent comment il peut battre, ce petit muscle en paquet fermé sur lui-même. Pourquoi ne s'arrête-t-il jamais ? Quelle est la force qui le fait tressaillir ainsi, en cadence, régulièrement, et jeter aux quatre coins de mon corps son flot de sang rouge ? Il y a quelque chose dans ces fibres, une minuscule onde électrique qui les parcourt tout à coup, et il bondit. Pourtant je ne le commande pas. Je ne le sens même pas. Il pourrait ne pas être là, ou bien ne pas bouger, je ne m'en apercevrais aucunement ; le mouvement est devenu une habitude, et seule l'immobilité réveillerait la douleur. Lorsque j'ai couru, ou bien lorsque j'ai eu peur, je perçois cette drôle de trépidation intérieure, peut-être même ai-je conscience de ces petites contractions, au centre de ma poitrine. L'habitude a effacé la douleur. Comme j'aimerais me souvenir de ces premières sensations que j'ai éprouvées, accroupi dans mon bain marin, quand ont démarré les coups saccadés du muscle en train de battre dans le noir.

C'est peut-être de lui, aussi, que vient cette impression de vibration sourde, inquiète, et qui traverse parfois toutes mes cellules comme une rumeur à peine perceptible, cette vibration des profondeurs qui arrivent jusqu'au pont, et qui veut dire que je suis sur un navire dont les turbines marchent.

Etrange, vertigineuse cohésion de ma vie ! Pourquoi est-ce que je sens avec mes millions de corps comme si j'en avais un seul ? Qui me trompe ainsi ? Est-ce le langage, avec sa colle, qui a fabriqué mon univers ? Je vois. J'entends. Je sens. Je goûte. Je ressens. Où est le pointillé ? Sûrement il doit y avoir des choses que je peux percevoir séparément, des détails, des dissociations, et qui m'indiqueraient que je ne suis pas un monocellulaire. Il y a sûrement un moyen de retrouver le chemin du monde à travers mon corps. Une partie de mon corps dont je ne suis pas conscient est-elle morte ? Non. Elle vit de sa vie extérieure. Elle vit. Comment faire pour arriver jusqu'à elle, et par elle jusqu'au monde, sans réveiller le chien de garde idiot de ma pensée qui veut à tout prix me faire moi ?

L'avenir

Face au ciel transparent qui a posé son puits sur la surface de la terre, face au grand vide où nage l'éther, dans le violet, le glacé, le pourpre, avec les millions d'étincelles qui gravitent doucement. Voilà. Je repose sur l'étendue de verre et je me laisse recouvrir peu à peu. J'ai des ailes. Elles ont poussé dans mon dos sans que je m'en aperçoive, membranes vitreuses de grand papillon.

Les millions de choses à écouter.

Les millions de choses à voir.

Les millions de choses à laisser frémir sur ma peau liquide.

Les siècles et les siècles qui avancent, pareils à des vaches guidées, aux cornes et aux mufles semblables. J'ai cet infini jouissable de l'instant présent, durci en moi, un vrai diamant qui flamboie dans mon corps. J'ai la parcelle du tourbillon en moi, du tourbillon fulgurant, en moi, c'est vrai, en moi qui ne suis rien, qui ne suis qu'une poussière. Comment est-ce possible ? J'appartiens à l'histoire du monde, j'ai tout à coup cette importance terrible qui est tombée en moi et a fait entrer mon âme !

Pour cela, je ne mourrai pas ! Je serai vainqueur !

Moi, je peux à peine le croire, mais j'ai de ma vie minuscule modifié le temps. J'ai été un clou, et j'ai été incrusté dans ce lieu. Dans mille ans, quand l'homme aura renié tout ce qui était vrai aujourd'hui, il ne restera rien de moi sur la terre. Rien, pas une pensée, pas un signe, pas même un ossement. Et pourtant, je serai encore vivant. J'habiterai encore les particules en action, je pourrai encore modifier les événements. Telle est la puissance phénoménale de la vie, la puissance inextinguible d'avoir été vivant un jour, et d'avoir été dans l'action. Rien que cela valait la peine d'être sorti de l'ombre, d'être arraché dans la douleur au ventre d'une femme. Jamais l'imagination ne pourra rendre compte de ce miracle. Ma vertu est durable. Ma vie est partie d'un point que je ne connais pas, pour, divine, étendre son tentacule à travers les couches de la terre. Je suis loin, loin devant moi. Je touche des visages inconnus, des montagnes à venir, des volcans nouveaux. Je traverse des mers que je ne connais pas. Et je me réveille dans des civilisations d'insectes. Villes de béton, courbes et molles, terre couverte de grottes humaines. A travers les guerres, au-delà des déchaînements du feu et de la lave, bien plus tard, bien plus tard. J'invente les chansons futures, je crée les arts inimaginables, j'écris les livres, je dessine les images des mythes : je suis une racine. Ici, l'aboutissement, le fruit, et là-bas, seulement la graine. Comme mes mots sont importants ! Comme mes gestes sont sacrés ! Comme chaque parcelle vivante est toute gonflée de son destin ! Etrange présent qui déjà se boursoufle dans les premiers symptômes de l'enfantement.

Vieillesse, vieillesse partout !

Jamais ne viendra la mort, et jamais ne reviendra le doux marteau du néant. N'est-ce pas à vous rendre fou, n'est-ce pas la vérité de la souffrance ? Qui prétend que le monde ne sert à rien ? N'est-ce pas visible, n'est-ce pas bien lumineux que nous sommes tous des dieux ? Dans mon espèce, dans le règne de la vie et même dans l'inanimé, je procrée. Mes fils et mes filles sont partout : là, dans le fer, dans l'eau, dans l'espace. Fils de la fonte et du cuivre, fils des chiens et des perroquets, enfants que je fais naître dans le polyester et dans le sel. Fils, tous fils, à moi, rebondissement de ma faible force elle-même venue d'ailleurs. Passage, fuite, route horizontale sans fin et sans espoir. Qui suis-je pour oser trouver ce monde sans raison ? De quel droit demanderais-je quelque chose ? Tout cela se fait hors de moi, et avec moi, et je n'ai qu'à me taire.

Et moi-même, reviendrai-je un jour ?

Oui, je le sais, je me retrouverai bientôt dans la barque des éléments, et chaque bribe vivra éparpillée. Ce que je croyais être moi, périssable, n'était qu'une rencontre. Une simple futile rencontre prévue dans le temps et dans l'espace. Et cette rencontre n'était pas pure. Elle m'a fait voleur, car j'ai dérobé aux uns ceci, aux autres cela, à travers les glandes et les intestins des siècles. Alors ? Alors ? Pourquoi ne me volerait-on pas, à mon tour ?

J'ai prêté l'oreille. Je me suis penché sur moi et j'ai écouté les voix de ceux que, sans le vouloir, j'ai dépossédé en fermant ma vie sur mon corps.

(Littérateurs, philosophes, cinéastes, scientifiques, techniciens, tous, ils ont leur monde. Un système et une affectation. Tous, sclérosés, vieillis, ayant construit leur armure et s'y mouvant à l'aise. Ayant leurs rapports de valeurs, leurs mots clés, leurs thèmes, leurs définitions, leurs réponses mille fois rabâchées, leurs habitudes, leurs tics de langage, leurs pensées, leurs gestes. Jugeant sous leur soleil. Conscients, inconscients. Glorieux. Versatiles. Ayant peur d'être idiots. N'offrant aucune autre faiblesse que celle de ne pas en avoir. Aimant gagner, même si c'est trop facile. Haïssant le doute. Logiques. Petites planètes solitaires habitées d'eux seuls. Tous ils ont leur système. Ils se sont forcés à croire en eux-mêmes, à admirer. Une vie, ça ne peut pas être inutile. Non, non, il faut que ça serve. Ce serait trop triste, autrement...)

Le temps qui pivote sur lui-même comme une boule de feu, le temps qui fait l'imagination réelle : pas au-devant de moi, pas à travers une vitre : mais tangible, présent dans chaque objet véridique, vivant à l'intérieur du diamant avec son étincelle de lumière.

Les années, les siècles, est-ce que cela compte ? Est-ce que cela compte que j'aie disparu de la surface de la terre ? Non, je le sens, il est là, il me regarde tandis que je le regarde. Puissant comme une face humaine que je reconnais autre et dont je sais pourtant qu'elle est mon portrait, il ne me trompe pas, il ne me défie plus de son éloignement vertigineux.

Je l'ai vu. Je l'ai vu comme le fond d'un puits qui luit dans le noir, et sa lumière m'a conduit jusqu'à lui. Qu'importent les distances puisque je sais qu'il est là ? Mes fibres touchent ses fibres, et l'abîme est aboli. C'est peut-être cela qui va me donner la raison. C'est peut-être cela qui va me faire *ne plus haïr*. Je suis proche. De même que les temps anciens sont redevenus voisins et tendres, et que je les porte dans ma compréhension, de même le vide du futur va céder place au déterminé. Il suffit de supputer les distances, et elles tombent. Compter : un jour, un an, un siècle, dix milliards de millénaires : le voici décroché de sa branche, fruit enfin à la portée de mes lèvres. Au-delà des chiffres même : j'aboutis aux époques qu'on ne peut pas nommer. La fin de ce monde est en moi, et le retour de la vie sur d'autres lieux. Le présent est triomphant, bâti sur les deux infinis, dont l'un s'en va et l'autre arrive. Il faut savoir que ce qui a été écrit ne peut pas être effacé. Tous, avec nos termitières, nos nids de chenilles, nous créons la pyramide qui avance. Sur la pointe, toujours, le règne de la vie.

Vivre, ce n'est pas si simple. C'est être un sommet. Il n'y a pas de hasard, et pas de raison externe. Dans le moment présent, qui est un infini irréductible, nous ne sommes pas des rêves. Nous sommes des œuvres. Des ŒUVRES.

Extase sans nom que d'être ainsi au sommet. Mais force aussi d'après la mort, ou d'avant la naissance, force de la matière qui porte la matière. Le bloc arraché à la montagne, libéré des millions de tonnes qui le comprimaient, soudain éclate.

En tout cas, chaque chose ici est vraie. Elle est dure. Elle est réelle. L'imaginaire n'existe pas. Quoi que vous fassiez, quoi que vous pensiez, c'est de l'acier présent. C'est du roc.

De part et d'autre, ce qui n'existe pas, ce que je ne connais pas, je ne pourrai jamais l'exprimer, ni même le concevoir. Etre là, c'est voir. Comment l'œil pourrait-il voir ce qui ne lui est pas permis ?

Et pourquoi ces limites seraient-elles désespérantes ? Est-il vraiment besoin de chercher l'apaisement des doutes, et d'inventer les paradis ? Est-ce sage ? Est-ce *exact* ?

Ce qu'il faut sûrement à l'homme, c'est un peu de vérité. Puisque les paradis sont inutiles, puisqu'il n'y a rien à espérer hors du monde, pourquoi chercher dans l'abstrait ? Moi, ce qu'il me faut, c'est l'immense environnement de la vie, tant que je suis vivant. Je culmine maintenant. Dans mille ans, d'autres culmineront. Est-ce pour cela que je dois les envier ? Cela mérite-t-il vraiment un regret qui ne soit pas vain, un regret qui me dise : « Tu seras mort, c'est vrai, mais ton sommet poussera ailleurs ? »

Gratuit, cela ne veut pas dire absurde. L'eau est gratuite. Le vent est gratuit. La création est gratuite. La terre, le soleil, la voie lactée sont gratuits. Les chiens pékinois, les hippocampes, les crocodiles, cela sert-il à quelque chose ? Et les renoncules, et les chrysanthèmes ont-ils un but ? Qu'on me montre quelque chose, quelque acte, quelque forme de pensée ou d'enchaînement naturel qui ne soit pas gratuit. Ils servent, bien sûr. Ils sont utiles à l'intérieur de leurs systèmes. Ils participent. Ils créent des rapports. Mais il n'y a aucun autre dessein dans leur nature que celui d'être ce qu'ils sont.

Et cette gratuité est belle, précisément. Elle est à la fois le point de départ et le point d'arrivée, l'ascension qui se déroule et se suffit à elle-même, sans raison d'être née, sans besoin de toucher au port, seulement et totalement mue par son propre souffle, montant par le moteur, étant le moteur.

C'est ici que l'homme, qui ne saura jamais rien d'autre, doit rechercher la paix de la beauté. Il faut beaucoup de courage, ou beaucoup de naïveté, pour accepter le spectacle de cette course vaine. Cela n'est pas tragique. Cela n'est pas grandiose. Cela n'a pas de sens vraiment, et l'homme n'y est rien d'autre qu'un élément infime, ni plus utile ni plus inutile que les autres.

Voici donc l'aboutissement des connaissances suprêmes. Voici la marche qui ne se motive pas, l'acte irréversible et indestructible du seul fait qu'il est un acte. C'est vraiment simple, pourtant ; pourquoi le progrès ? Pourquoi la perfection ? Pourquoi l'homme se bat-il, pourquoi veut-il conquérir l'espace étranger ? Pourquoi cette curiosité ? La découverte, la perfection est un mouvement qui ne s'arrête pas. C'est un échafaudage par la fatalité de construire, une impossibilité de freiner. Tout cela conduit vers rien. L'utilité des découvertes vient après l'impulsion qui les a permises. Montée gratuite de l'esprit, voyage qui voyage, tellement semblable au mouvement de la vie. Branche de la route horizontale guidée par elle malgré elle. Rails. Rien avant, rien après ; droite fonçant vers les deux infinis inconnus, du temps et de l'espace, et sur laquelle se promène le court vecteur visible. Qui connaîtra la route ? Celle d'où l'on vient, et celle où l'on va ? Qui connaîtra jamais autre chose que sa bulle, sa sphère laiteuse où les sens ont tracé leurs frontières ? C'est ici qu'il faut chercher les échos de là-bas, s'il y en a, s'ils sont réellement perceptibles. C'est ici qu'il faut voir tournoyer l'avenir et ramper le passé, dans la matière de nos corps où tout ce qui peut être lu est inscrit. La joie, la joie exultante des hommes-paysages, des hommes-animaux, des hommes-univers.

Eternité durable de ma vie, placée au plus haut, dominant de toute la hauteur de son règne. Puis, un jour, le clapet. Mais l'éternité morte en moi ne cessera pas pour autant d'être éternelle...

La réalité est vraiment inépuisable : chaque chose est là, brillante, enfoncée dans sa nature. Les lignes sont tracées, les couleurs luisent, avec force, avec douceur. On les voit toutes. Pas une n'échappe. Fixes, abominablement, paradisiaquement fixes. Il faudrait compter un à un tous les objets minuscules qui sont là. Voilà comment le temps devrait être conçu : pas de minutes, pas de secondes, mais :

le cendrier de verre et les petits grains de cendre
la pièce de monnaie cabossée
la boîte de conserve rouillée
le briquet en métal
le portefeuille en matière plastique imitation crocodile
le crayon à bille vidé
les comprimés de NUBALGYL
    (Mecloqualone .... 30 mg
    Codéine .... 10 mg
    Acide acétylsalicylique .... 330 mg
    Excipient .... q. s. p. 1 comprimé)
la pochette d'allumettes : rouge, avec un dessin représentant un chapeau texan, et, écrit à l'inté-

rieur, en face des six allumettes à tête rouge qui restent :
>   3 000 miles of hospitality
>   Hotels-Shops
>   Fred Harvey
>   Restaurants
>   from Cleveland to the Pacific Coast
>   la loupe
>   l'édition de 1748 de Shakespeare
>   la pièce de 10 zlotys, portant l'effigie du roi Kazimier le Grand
>   le compte-gouttes
>   la gomme

Tout abonde. Tout est là. Présent, dans la joie invincible de la précision absolue. Il n'y a pas de richesse. Il n'y a pas de pauvreté. C'est le plan couché de la réalité, comme un dessin aux fines gravures, comme une page écrite, où les petits signes bouclés sont étendus, et moi, c'est impossible à dire, mais c'est pourtant vrai, moi, avec ma pensée, avec ma mort fermée en moi-même, je ne suis pas une montagne, je ne suis pas un nuage, mais je suis marqué aussi parmi eux, je suis confondu, j'habite. Je suis celui que je suis, sans passé et sans avenir, avec le temps qui fuit, avec ma vérité, bien momentané, bien décrit, bien entouré, et j'ai *mes voisins.*

Pour essayer de dire cela, je vais dire : entre l'infiniment grand et l'infiniment petit, il y a L'INFINIMENT MOYEN.

Si je pouvais seulement exprimer cette platitude. Si je pouvais écrire un jour ce qui se passe réellement dans le monde des petites aventures. Avec de la tendresse, peut-être ; ou bien avec de la froideur. Cela m'est apparu quelquefois. J'ai vu qu'il fallait refuser la tentation du ciel, et la tentation du gouffre. L'espace est trop grand, et les villes sont étroites. Il faut plutôt trouver la clé de cette chambre familière, aux meubles connus, au vieux lit défoncé, aux odeurs moisies et douces, aux empreintes humaines et animales. Compter les fissures, les mouches. Enumérer les poussières. Donner sa vérité aux tas de cendres dans les cendriers, laisser les mégots être des mégots.

NE TOUCHER À RIEN

Faire son portrait comme on fait son sac de voyage ; en choisissant les paires de chaussettes, les chemises en nylon, les chandails, en pliant les caleçons et les tricots de peau. Puis, au sommet, mettre les objets les plus plats, les livres, les papiers, les enveloppes. Une carte de l'Italie, ou bien un plan de Londres. Enfin, refermer le couvercle, tirer la boucle de la fermeture Eclair. Voilà. Etre prêt.

Donner à manger aux pigeons sur le rebord de la fenêtre. Choisir le vieux quignon de pain rassis qu'on émiettera sur la plaque d'ardoise. Après des minutes, ou des heures, les pigeons arrivent. Ils se culbutent, ils frappent l'air à grands coups d'aile. Puis ils marchent sur le rebord de la fenêtre à petits pas, en faisant tressaillir leur corps du haut en bas. Ils frissonnent. Leur queue s'aplatit. De temps à autre, ils scrutent vers le fond obscur de la pièce avec un seul petit œil rond, très jaune, percé d'un point noir. Ou bien, sans y faire attention, ils lâchent leurs excréments verdâtres où sont collées des plumes.

L'un d'eux est plus fort que les autres. Il gonfle le cou, il redresse le dos et menace. On dirait un aigle. A coups de bec, il fait partir les autres. Il les repousse vers le vide, il les bouscule. Maintenant que la place est nette, il s'empiffre et gonfle son gésier. Des bribes de pain restent collées au bout de son bec. Il regarde aussi vers l'intérieur de la pièce, mais c'est pour menacer. Pour se battre.

Il en reste un autre quand même ; une femelle, probablement. Elle s'est cachée à l'autre extrémité de la fenêtre et, en tremblant, elle ramasse les miettes que laisse l'Aigle. Elle est chétive, très maigre, avec des plumes tachées de blanc et de noir. Elle a de longues pattes très rouges, et un vieux bec cabossé avec une verrue au bout. Elle a le cou pelé à force d'avoir reçu des coups, et elle est tout le temps prête à s'envoler. On dirait une pie.

Ensemble, sur le rebord de la fenêtre, la Pie et l'Aigle mangent les miettes de pain.

L'esprit de compétition est probablement ce qui a le plus entravé la marche de la pensée occidentale. Pourquoi vouloir faire *mieux* ? A la limite, ne serait-ce pas tout aussi intéressant de vouloir faire *pire* ? Pourquoi ce respect de la nouveauté, pourquoi ce goût d'ajouter sa bûche au foyer ? S'il y a eu une vérité première dans le monde, il y a longtemps qu'elle doit être enfouie sous l'agglomération de détritus, rebuts, ordures, laissés pour compte, résidus, scories, exégèses, commentaires, fatras, mots, mots. On a fait tant et si bien qu'aujourd'hui le travail n'est plus de comprendre, ou d'apprendre, mais de se dépouiller, de renoncer, de démêler. Depuis des siècles l'obscurité s'est appesantie sur le monde. Où est Dieu ? Sous quel amas d'intelligence et de civilisation humaines se cache-t-il ? Où est la vie ? Comme si la vérité était le résultat d'une addition ! Combien de générations de philosophes, de mathématiciens, de littérateurs, de poètes, de théologiens il va nous falloir tuer ! Combien de systèmes et de raisons faudra-t-il immoler pour comprendre seulement ce problème :

> Un petit garçon jette des cailloux, à la plage, sur le manche en fer d'un parasol. De temps en temps, il vise juste, et un caillou frappe le métal en résonnant. Quand le jeu sera terminé, pourra-t-on considérer qu'il y avait un rythme dans les jets de cailloux ? Qu'un caillou sur douze, par exemple, devait toucher la cible ? Ou bien faut-il seulement dire : « C'était. Puis c'est fini » ?

Assassinat d'une mouche

Quand je me suis approché de la table, je l'ai vue. C'était le soir, vers onze heures moins le quart environ. L'ampoule électrique brillait avec force au-dessus de la table, et la lumière était jaune, un peu sale. Je l'ai regardée un moment, la mouche posée sur la table. Elle était immobile au beau milieu de la couverture d'un numéro du *Time*. Elle était installée sur le dessin un peu vert et bleu représentant une tête d'homme de profil. Au sommet de la couverture, près d'une bande rouge, il y avait écrit, en lettres blanches,

TIME
The Weekly Magazine

On ne la voyait presque pas, minuscule tache noire confondue avec les couleurs glauques du dessin. S'il y avait eu un peu plus d'ombre, là, sur le papier glacé, ou si ç'avait été un numéro de deuil national, je ne l'aurais pas vue. Elle se serait envolée quelques secondes plus tard, elle aurait été se percher sur le fil de la lampe, hors d'atteinte.

Mais c'était trop tard. Je l'avais vue.

Sans faire de bruit, j'ai été chercher un journal plié, et je suis revenu, espérant qu'elle ne serait plus là. Mais elle était toujours là.

Je l'ai contemplée un instant, le journal à la main, sans bouger. J'ai vu son corps plein de vie, des ailes fines et brillantes, le duvet de son ventre. J'ai regardé sa tête aussi, la petite boule rougeâtre qui n'était qu'un œil. J'ai senti l'immensité de la chambre vide, autour de moi, de la chambre aux recoins obscurs, aux meubles géants, au plafond pâle, aux fenêtres grandes comme le ciel. Elle habitait ici avec moi, elle partageait cette cabine dans cet instant, dans cette nuit. Elle y avait posé ses pattes microscopiques, elle avait bu les petites gouttes d'humidité, et elle avait trempé sa trompe délicate dans les miettes de confiture tombées sur le parquet. Un peu partout, elle avait pondu ses œufs, dans la poussière, contre la mort.

Sur la couverture du journal, la mouche a fait quelques pas. Elle a marché vers la gauche d'abord, puis elle s'est arrêtée, et elle est repartie vers la droite.

La lumière de l'ampoule électrique luisait sur ses ailes, sur la couverture de papier bariolé, et sur le rebord de la table, intensément, salement.

Le monde était plat et silencieux, et la mouche était posée sur cet endroit. C'était comme si elle avait été là depuis des années, dans cette chambre, devant moi, à cette heure précise et calme. Jamais née, à n'en plus finir.

Puis j'ai senti qu'elle allait s'envoler. La menace

et la haine étaient devenues si fortes, si épaisses, tout à coup, dans la chambre, que c'était impossible qu'elle ne comprenne pas. Et c'était en moi que tout s'était si abominablement durci. C'était dans mon bras, dans ma main droite qui soulevait lentement, lentement l'arme. Il y eut encore comme un météore de vie et de drame, là, sous mes yeux, campé sur la couverture criarde du journal. Un point noir et douloureux qui me voyait et me sentait penché vers lui. J'étais la montagne soudain, la montagne de chair brute qui attaque et tue.

J'ai frappé d'un coup sec.

Puis j'ai pris le journal où roulait en ramant des pattes et des ailes déchirées la graine noirâtre au ventre ouvert.

J'ai jeté par la fenêtre.

L'idée du bonheur est le type même du malentendu. Pourquoi le bonheur ? Pourquoi faudrait-il que nous soyons heureux ? De quoi pourrait bien se nourrir un sentiment si général, si abstrait, et pourtant si lié à la vie quotidienne ? Quelle que soit l'idée qu'on s'en fait, le bonheur est simplement un accord entre le monde et l'homme ; il est une incarnation. Une civilisation qui fait du bonheur sa quête principale est vouée à l'échec et aux belles paroles. Il n'y a rien qui justifie un bonheur idéal, comme il n'y a rien qui justifie un amour parfait, absolu, ou un sentiment de foi totale, ou un état de santé perpétuelle. L'absolu n'est pas réalisable : cette mythologie ne résiste pas à la lucidité. La seule vérité est d'être vivant, le seul bonheur est de savoir qu'on est vivant.

L'infiniment moyen

L'absurdité des généralisations, des mythes et des systèmes, quels qu'ils soient, c'est la rupture qu'ils supposent avec le monde vivant. Comme si ce monde-là n'était pas assez vaste, pas assez tragique ou comique, pas assez insoupçonné pour satisfaire aux exigences des passions et de l'intelligence. Les pauvres moyens de communication de l'homme, il faut encore qu'il les dénature et qu'il en fasse des sources de mensonge.

En se trompant ainsi, qui veulent-ils tromper ? Pour quelle gloire, pour quel manuel de philosophie ou quel dictionnaire élaborent-ils leurs belles théories, leurs systèmes abstraits et pompeux, où rien n'est serré, rien n'est précis, mais où tout flotte, retranché, décapité, dans le vide absolu de l'intelligence avec de loin en loin, les vagues nébuleuses de la connaissance, de la culture et de la civilisation !

Il faut résister pour ne pas être entraîné. C'est si facile : l'on se donne un maître à penser, choisi parmi les plus insolites et les moins connus. Puis l'on échafaude, on rebâtit l'édifice que le cynisme avait fait crouler, et on se sert des mêmes éléments. L'histoire de la pensée humaine, est, pour les neuf dixièmes, l'histoire d'un vain jeu de cubes où les pièces ne cessent d'aller et venir, usées, abîmées, truquées, s'ajustant mal. Que de temps perdu ! Que de vies inutiles ! Alors que, pour chaque homme, l'aventure est peut-être à refaire entièrement. Alors que chaque minute, chaque seconde qui passe change peut-être du tout au tout le visage de la vérité.

Rien, rien n'est jamais résolu. Dans le mouvement vertigineux de la pensée, il n'y a pas de fin, il n'y a pas de commencement. Il n'y a pas de SOLUTION, parce qu'il n'y a évidemment pas de problème. Rien n'est posé. L'univers n'a pas de clé ; pas de raison. Les seules possibilités offertes à la connaissance sont celles des enchaînements. Elles donnent à l'homme le pouvoir d'apercevoir l'univers, non de le comprendre.

Mais l'homme ne voudra jamais accepter ce rôle de témoin. Il ne pourra jamais se résigner aux limites. Alors il continuera à induire, pour lutter contre le néant qu'il croit hostile, contre le vide, contre la mort dont il a fait une ennemie.

Pour admettre les limites, il lui faudrait admettre, brutalement, qu'il n'a cessé de se tromper depuis des siècles de civilisation et de système, et que la mort n'est rien d'autre que la fin de son spectacle. Il lui faudrait admettre aussi que la gratuité est la seule loi concevable, et que l'action de sa connaissance n'est pas une liberté mais une participation conditionnée. Il n'aura jamais la force de renoncer au pouvoir enivrant de la finalité. Peut-être devine-t-il confusément que s'il reniait cette énergie directrice, il tuerait en même temps ce qui est en lui puissance de l'essor, progression. Car c'est après tout *ici* que les choses se passent. S'il avait le choix, s'il avait la liberté, il aurait aussi la décomposition ; laissant revenir sur le monde l'épaisseur opaque de l'inamovible, de l'immobile, de l'inexprimable, il deviendrait sourd à l'entente avec le monde. Son univers est maintenu en état d'hypnose sous son regard ; mais qu'il baisse les yeux un instant, et le chaos retombera sur lui et l'engloutira.

L'infiniment moyen

Qu'il cesse d'être le centre du monde des hommes, un jour, et les objets s'épaississent, les mots s'émiettent, les mensonges ne soutiennent plus l'édifice qui s'écroule.

Illusionniste. Illusionniste. Un jour peut-être tu hésiteras entre le malheur et la mort. Et tu choisiras la mort.

Et spectateurs enchaînés sur leurs sièges, qui ont vu le beau et terrible film se dérouler devant eux, qui l'ont vécu aussi, quand vient le moment où s'écrit le mot « FIN », pourquoi ne veulent-ils pas partir, simplement, sans faire d'histoires ? Pourquoi restent-ils accrochés à leurs sièges, désespérément, espérant toujours que sur l'écran obscurci va recommencer un autre spectacle, encore plus beau, encore plus terrible, et qui, lui, ne finira jamais ?

En nous, replié, puis ouvert, à la mesure de notre corps, soutenant chacune de nos pensées, toujours éveillé dans chaque force, dans chaque désir, comme un courant venu du plus profond de l'espace inconnu dont le point de départ ne cesse pas de fuir, devant, derrière, à côté de nous, notre vraie route, notre vraie foi, la seule forme de l'espoir présente en nous, avec la vie, LE MALHEUR.

Nous luttons, nous nous arrachons à la boue, nous nous blessons pour quelques secondes infinies de liberté. Mais il est là. Son gouffre est partout.

Ses bouches sont innombrables, ouvertes de tous côtés, pour nous engloutir. Devant, derrière, à gauche, à droite, en haut, en bas, l'avenir est figé. Toutes les routes reviennent. Tous les chemins conduisent à l'antre qui n'est jamais rassasié. Demain est le jour. Hier est le jour. Loin, longtemps, à l'envers, au fond sont les ventouses du mal.

La seule paix est dans le silence et dans l'arrêt. Mais c'est éphémère ; on ne peut rester longtemps immobile. Tôt ou tard, il faut faire un pas en avant, ou un pas en arrière, et le monstre vide qui attendait cet instant ne vous laisse pas échapper. Il vous happe, il vous fait connaître de nouveau l'enfer du temps, de l'espace, des volontés hostiles.

La joie n'est pas durable ; l'amour n'est pas durable ; la paix et la confiance en Dieu ne sont pas durables ; la seule force qui dure, c'est celle du malheur et du doute.

La conscience et la ludicité ne sont pas des paysages clairs. Ce sont des étendues toujours changeantes, remplies de l'affrontement de la lumière et de l'ombre, et tout ce qui s'y trouve n'existe pas d'une seule manière, mais de cent, mille façons possibles. Rien de ce qui est pensé, c'est-à-dire rien de ce qui se trouve dans les limites des sens, n'échappe à la loi du doute. C'est comme si, à partir d'un certain niveau de dégagement physique, l'esprit avait toute liberté d'action, d'enchevêtrement, d'analyse, d'association ou de dissociation. Le type premier de la pensée déductive n'est-il pas d'envisager des « contraires » ?

Preuve du blanc par le noir, de la pensée par l'être, de la lumière par la nuit, de la vérité par le mensonge. La preuve suprême, à savoir de l'objet par l'objet, n'existe pas ; ou du moins, elle est sentie comme insuffisante par notre esprit rationaliste. Elle échappe à l'ordre. Elle inquiète. Et les théologiens chrétiens n'ont pas trouvé de meilleure preuve à l'existence de Dieu que l'habile (et inutile) « Et si ce n'est pas Dieu, *qui est-ce* ? »

Il est possible que la pensée ne soit pas si éloignée des formes les plus basses de la vie. Sa loi est peut-être la même. La vie est dans le combat, dans le gaspillage des forces en vue de la suprême inutilité. Cette grande, cette héroïque beauté de l'action vaine, je l'aperçois aussi dans l'esprit de l'homme. Il me semble qu'il va, ainsi, de combat intérieur en combat intérieur, qu'il ne s'élève que pour mieux retomber, qu'il s'use, qu'il périclite et qu'il meurt selon le même mouvement que son corps. Pour rien, toujours pour rien. Mais ce rien de l'âme n'est pas plus méprisable que celui des cellules. En fait, c'est le même rien, la même absence-présence, le même cercle qui l'étouffe et l'absout. Puisque l'esprit de l'homme ne peut aller de l'infini à l'infini, comme il le rêve, il va absolument, sur lui-même, s'enroulant autour du centre invisible jusqu'à épuisement.

Et l'un et l'autre sont liés. L'esprit et la vie sont deux formes sœurs issues de l'être répondant aux mêmes signaux. Ainsi le malheur est ancré au plus profond de nous-mêmes, et le doute, et l'errance. Ils sont les indications continuelles, imprécises, que nous sommes EN MARCHE, et que nous survivons.

Il n'y a pas de paix. Il ne peut pas y avoir de paix, ni pour notre corps ni pour notre pensée. Et nous le savons secrètement, dès que s'ouvre pour nous le champ infini des imaginations, et que nous nous apercevons que nous sommes engagés dans la lutte. Identité parfaite de nous et de nous-mêmes. Identité qui nous plonge dans le tragique, sans possibilité de désamorcer. Humiliante et magique identité. Nous dressons les remparts de nos systèmes, de nos belles phrases et de nos paradis imaginaires ; nous habitons nos maisons d'illusion, nous cherchons la place qui ne bouge pas, qui ne veut rien, qui ne connaît pas le mal. Mais c'est là, nous le savons : nous n'en sortirons pas. Nous ne serons jamais vainqueurs. Nous ne trouverons pas l'asile. Il ne nous reste qu'à apprendre, à explorer, à reconnaître lentement notre *domaine de la douleur.*

Et par-dessus tout, un jour, peut-être, l'immobilisation devenue possible. La tragédie révélée jusque dans le plus petit détail, la vie d'un seul coup présente devant nous comme une œuvre.

Chaque ombre fixée, chaque lumière brillant intensément dans sa clarté immuable.

Oui, un jour, peut-être, cela viendra vers nous, à cause de nous-mêmes, ou à cause d'autre chose, et nous saurons ce qu'est l'entrée du bonheur dans le malheur. L'immense champ de batailles et de maux sera notre paysage éclairé, notre force. Le chaos se retirera soudain de toutes choses, et nous verrons enfin que, lui disparu, tout est resté pareil. Rien n'a bougé. Les objets, les durs objets des drames, les agglomérations des doutes et des désirs insatisfaits, les images transcendantes qui n'avaient abouti à rien de sûr, tout cela aura cédé la place à la paix, à l'immense bonté. La clarté sera présente sans interruption, et les idées ne seront plus des armes contre le monde. Et on sera là, harmonieusement dans la réalité, au même plan qu'elle, communicant, répandu, habité. On saura tout, sans espoir, sans désespoir, mais calmement, CALMEMENT. La vie coulera sans douleur, sans haine, et avec elle l'esprit restera fixé sur son spectacle, à jamais rassasié, ne cherchant plus ailleurs ce qu'il a enfin offert devant lui. Un pan de montagne calcaire, dressé, foudroyant de blancheur, et tellement figé, stable, que tous les mouvements et toutes les durées semblent être entrés dans sa surface abrupte. Voilà le spectacle qui nous attend peut-être un de ces jours. L'admirable spectacle de la matière rejointe, qui nous dire doucement vers une sorte de rêve exact. Nous n'aurons plus rien à attendre. Nous habiterons dans le dessin, au centre du rébus, au cœur même de l'énigme, et toute la question s'effacera d'elle-même. A ce moment-là, la vanité sera une vertu.

Le piège

Entre une herbe haute, un peu jaune et sèche, et le tronc du palmier, l'araignée a tendu un fil. Puis elle a tissé sa toile. Elle a tracé d'abord une sorte de triangle irrégulier maintenu à chaque angle par quatre fils écartés. Le triangle n'est pas équilibré : la pointe qui l'attache au tronc de l'arbre est plus élevée que les autres, et supporte la majorité du poids. Les fils y sont donc plus épais, faits de plusieurs fils tressés. Quatre gros fils sont attachés à des feuilles de lierre, afin de laisser de la souplesse à l'ensemble et de permettre le jeu du vent. Mais les feuilles de lierre ont quand même été assujetties au tronc, pour que leur mobilité soit contrôlée. Un dernier fil double relie la toile directement au tronc de l'arbre. Lorsque le vent souffle trop fort, c'est lui qui détermine la limite du déplacement de la toile et qui freine les balancements. Rien n'est laissé au hasard : l'orientation de la toile est franchement contre le vent ; les risques de déchirure sont plus grands, mais aussi les chances de capture ; les moucherons qui se laissent porter par le vent ne voient pas le réseau dressé contre eux et se prennent dans les fils gluants.

L'angle supérieur gauche (angle B) est maintenu par quatre fils solides, dont deux sont doubles. Ces fils s'accrochent à différentes parties de la tige d'herbe, et particulièrement au centre d'une espèce de fleur sèche, couleur paille, qui cache un autre réseau plus petit : ici, c'est le nid de l'araignée, l'endroit où, à la moindre alerte, elle se précipite en se laissant couler le long du fil maître. Blottie entre les pétales ternes et rouillés de la grande fleur, elle est parfaitement invisible.

L'angle inférieur (angle C) de la toile est accroché par trois ou quatre fils simples, mais solides. Ce point ne supporte rien ; il n'est qu'une amarre pour lutter contre le vent. Les fils sont collés à une herbe aux feuilles larges, tout près du sol.

Sur ce cadre en forme de triangle isocèle, la toile repose. C'est un pentagone régulier quoique plutôt étiré vers le sommet, à cause de l'étroitesse de l'angle supérieur. Il est formé de quatre côtés égaux deux par deux (α-β, δ-γ et α-ε, ε-δ) et d'un cinquième plus court (β-γ). Si l'on trace une ligne médiane partant du sommet A, on peut couper la toile en deux parties parfaitement symétriques. La toile n'occupe qu'une partie de la surface délimitée par le cadre. Si l'on considère qu'il y a, entre le tronc du palmier et la tige de la fleur, environ un mètre, un peu moins sans doute, la toile doit occuper une surface d'à peu près vingt centimètres carrés. Vingt centimètres carrés de fine dentelle, de piège gluant et transparent, qui brillent un peu au soleil quand le vent appuie sur cette toile. Vingt centimètres carrés où guette la mort étrange, la mort rapide et cristalline, l'arrêt fatal de la course dansante d'un moucheron qui a vu, mais c'est trop tard, il ne pourra pas l'éviter, l'air qui filtre à travers les mailles du frêle et tenace filet va le laisser collé, plaqué brutalement dans le silence, tandis que l'assassin arrive...

Vingt centimètres carrés. La superficie n'est pas énorme, si l'on considère l'immensité du jardin. Et cependant, ici, rien n'est perdu. Le travail a été exécuté avec précision, minutie, efficacité, rapidité. En moins d'une demi-heure, l'araignée a terminé son chef-d'œuvre : elle s'est d'abord laissée tomber du haut du palmier et, glissant sur un coup de vent, a atterri sur la fleur. Puis elle a circulé sur le pont ainsi tendu, l'a assujetti, l'a renforcé. Elle a posé les deux autres fils de soutien, et elle a commencé à tisser la toile. Avec sûreté, elle a tracé les côtés du pentagone, glissant d'un fil à l'autre. Utilisant le vent, ou les sautes de vent, elle a tissé un rayon ; puis deux, puis trois ; maintenant, sur la toile finie, il y a vingt de ces rayons, qui délimitent vingt compartiments triangulaires. Instinctivement, l'araignée a senti et choisi le centre (c'est-à-dire aussi le centre de gravité, l'endroit le plus important, le nœud vital, puisqu'il est le centre de l'équilibre de l'œuvre. Le point où les balancements du vent sont les moins sensibles, le point où le corps de l'araignée pourra se placer en reposant également sur chacun des fils de la toile ; la clé de voûte du fragile édifice) ; elle a lié entre eux les différents rayons. Puis elle a tracé des lignes parallèles à l'intérieur du pentagone. Il y a ainsi exactement cinq pentagones s'échelonnant jusqu'au centre. Ces lignes dessinent, en rencontrant les rayons partant du centre, vingt petits trapèzes bien délimités. Il y a donc en tout, dans la toile, cent maillons distincts. Cent petites cases où la mort attend, baveuse, collante, invincible. Cent fenêtres prêtes à se fermer sur le corps futile qui essaie en vain de s'arracher.

Au centre de la toile, il y a un trou. L'araignée a ménagé sa place. Sous ses pattes sensibles arrivent les câbles tendus de tous côtés. La moindre vibration, à n'importe quel point de la toile, doit venir se terminer là, sous le ventre de la bête, et lui annoncer qu'une nouvelle victime est prête. Pour que les vibrations ne s'enchevêtrent pas, et pour reconnaître du premier coup la direction des secousses, l'araignée a sectionné les fils avant qu'ils n'atteignent le centre de la toile. Son corps est le bouchon qui termine l'ensemble, et là, rien ne doit se perdre. Elle a étendu les prolongements de ses pattes selon vingt directions différentes, et, étalée, radar immobile et silencieux, elle attend. Elle connaît le monde ; ce qui se passe traverse pour ainsi dire son corps rayonnant, et vibre, vibre doucement en elle, en elle qui est le cœur. Elle habite, mais sa maison est vivante, frémissante, avide. Elle guette ainsi, durant des heures et des jours, sans bouger, sans penser, dans le monde qui n'est qu'une proie.

Conscience

Certaines inconsciences sont pour moi comme des méchancetés. Une parole dite à la légère, un geste qui n'est pas contrôlé, une attitude, un reflet de l'œil, une intonation, un réflexe... et le monde est là, pourri, irrécupérable. L'autre, l'autre qu'on croyait si proche, si vrai, s'enferme tout à coup dans sa coque. Il refuse. Il renie. Il ferme la porte odieuse de son moi, et il ne reste plus, face à lui, que la nuit, vide, désespérante, hostile. Les hommes et les femmes ont parfois de ces inconsciences, suprême force de l'inimitié. Ils cessent brusquement, sans qu'on ait pu comprendre pourquoi, d'être voisins. Ils reprennent leur vieux visage de *l'ennemi*. Ils mentent. Ils trompent. Ils glissent dans le domaine de l'incontrôlable, de l'inhabitable. Voilà peut-être ce qui est le plus haïssable : cet instant où le relatif confort des habitudes, des mœurs et de la civilisation bascule. Et surgit comme un masque grimaçant la face qu'on ne connaît pas, qu'on ne pourra pas connaître. L'œil devient une boule glauque et vindicative, la bouche se charge de goinfrerie, les mains cherchent à accrocher, les mots méprisent, veulent vaincre. Le règne du vil recommence.

La douceur des êtres est dans ces brusques éclairs de pureté et de calme, qui viennent trouer la nuit de la solitude. La compréhension, même au-delà des mots, même au-delà de l'intelligence, la compréhension qui ne s'exprime pas mais qui se sent, la liberté terrible qui vient à la fois de l'autre et de moi-même. Ce miracle, seule la lucidité peut l'opérer. Enfin je communique, enfin je partage. Je sais que je suis aidé.

Si l'art a une force, s'il a une vertu, ce n'est pas parce qu'il nous donne à admirer le monde, ou qu'il nous offre les clés du mystère. Ce n'est pas non plus parce qu'il nous révèle à nous-mêmes. A quoi servirait d'être révélé dans un univers sourd, aveugle et muet ? Non, la force de l'art, c'est de nous donner à regarder les mêmes choses *ensemble*.

Un tableau, un film, un livre en soi ne sont rien. Ils n'existent que dès l'instant de leur partage. Et la communication qu'ils permettent est moins une communication du langage (ou des signes) qu'une communion des mouvements de la vie. C'est une orientation, une indication utile. L'artiste est celui qui nous montre du doigt une parcelle du monde. Il nous invite à suivre son regard, à participer à son aventure. Et c'est uniquement lorsque nos yeux se portent vers l'objet que nous sommes soulagés d'une partie de notre nuit. Jamais l'œuvre d'art ne dépassera les hommes. Elle n'est qu'un moyen d'accéder à eux, un moyen parmi tant d'autres.

Et voici donc le point de jonction de l'imaginaire

et du réel, de l'illusion et de la lucidité : qu'importe si l'artiste se trompe en nous montrant ce qu'il croit voir. L'important, c'est le cheminement de son illusion. L'art est sans doute la seule forme de progrès qui utilise aussi bien les voies de la vérité que celles du mensonge.

Mais comme tout cela est rare ! Saurons-nous garder un jour de façon constante, sans qu'il s'affaiblisse, le feu brûlant de la lucidité ? Trouverons-nous le moyen de rendre cette illumination perdurable ? Nous ne savons pas où nous allons. Notre vérité n'est ni d'ordre scientifique ni d'ordre moral. Peut-être faut-il dépasser le règne du langage et de la causalité ? Peut-être faut-il chercher hors de la raison, hors de l'interprétation normale des sens ? Peut-être faut-il chercher ni plus haut, ni plus bas, mais plus exactement, le point précis de réunion de nos vies, et nous identifier au mystère ?

Et pourtant, la conscience n'est pas tout. Parfois, devant une femme, je suis pris par cet émerveillement : je veux, de toutes les forces de ma volonté, laisser cette femme être une femme, et l'aimer dans la simple contemplation. Je la regarde aller et venir, je l'écoute parler, selon le flot incongru et illogique dont chaque erreur m'apparaît clairement. Je connais, intensément, chacun de ses manquements. Je sais pourquoi ils sont commis, comment ils agissent, et quelle en sera la conséquence. Je devine ce qu'il faudrait faire pour lutter, pour faire réapparaître la vérité. Je suis devant elle comme un créateur, et toutes les possibilités me sont permises. Il suffirait de si peu pour écarter le voile de l'opacité, pour faire revenir la conscience. Et pourtant je ne fais rien. Je laisse aller. C'est que ce corps et cet esprit, dans cet instant, m'apparaissent si parfaits, si pleins de cohésion et de vie, qu'il me semble qu'ils ne peuvent pas se tromper. J'ai peur même de détruire ce fragile équilibre. Est-ce à moi vraiment d'influencer ? De quel droit renierais-je ce qui est, au nom de quoi irais-je imposer ma vérité ?

Et si c'était elle qui avait raison ? Et si cet étouffement de l'intelligence n'était qu'une manière de progresser pour d'autres facultés, de moi inconnues ? Et j'ai peur d'être celui qui se trompe, et de la pire manière, celui qui se trompe parce qu'il a raison.

Ce qui me fait douter de cette faculté suprême, la lucidité : c'est qu'elle est aussi un élément de la raison.

Il y a donc une conscience qui n'est pas celle des mots. Mais où la trouver ? Comment la déterminer ? Les uns parlent de « vérité », les autres de « révélation », d'autres encore essaient d'y voir une « vibration ». Mais tout cela est insuffisant. Sur ces mots, on peut construire des systèmes, on peut être aussi facilement spiritualiste que matérialiste. La vérité de la conscience n'est pas une image ; n'est pas une vague aspiration vers l'idée de justice. La conscience est un sentiment, avec ce que cela comporte de réel, d'immédiat, d'évident. C'est la connaissance spontanée, imperfectible, inaliénable, par-dessus tout immobile, de l'ÊTRE. C'est le savoir à l'état pur, irréductible aux analyses et aux divisions de l'esprit. Il n'y a pas plusieurs formes de conscience, mais une seule. Jamais le langage ne pourra restituer cette évidence, puisque le langage est une interprétation, une aliénation, une action. Ce qu'il nous faut deviner est caché derrière les mots et les actes, caché derrière les œuvres. Il nous faut revenir au point de départ pour connaître le lieu de l'arrivée. Entre la réalité brute, et la reconquête de la réalité pure, il y a tout le voyage du verbe. Mais puisque notre connaissance ne se parachève que par le langage, nous n'avons pas le choix. Il nous faut rattraper la vérité dans le mensonge, retrouver l'impulsion dans le mouvement. Nos chances d'y arriver sont minimes. Elles appartiennent beaucoup plus au cheminement vers le silence qu'au triomphe dans le système des mots. Ce qui est caché, ce qui est mystère ou énigme, porte en soi les clés du libre et du clair.

Cette autre femme au visage doux, enfantin, aux yeux humides et profonds, au front haut et pur, cette femme vivante, dois-je la laisser dans son monde ? Elle est là, elle me parle, et je l'écoute. Elle écarte une mèche de cheveux de sa longue main aux doigts fins, presque transparents, et je contemple ce geste qui s'est fait sans moi. Je la vois respirer, je vois le mouvement ample et glorieux qui gonfle lentement sa poitrine et soulève ses seins, puis s'éparpille dans l'air. J'écoute les coups durs de son cœur qui sursaute, au loin, enfoui entre deux ou trois organes. Je sens l'odeur de sa sueur, l'odeur de ses cheveux, l'odeur âcre, puissante, mêlée de parfum, qui est l'odeur de la femelle de mon espèce. Je scrute les détails de sa peau, les taches claires, les verrues, les boutons, les points noirs et les cicatrices minuscules, les rides, les vergetures, les bleus, les trous des pores et les forêts de duvet. J'aperçois le bondissement presque imperceptible des veines, les tressaillements des muscles, des tendons, toutes les choses terribles qu'elle porte dans le sac de son corps, et qui vivent, qui vivent. Les lunules des ongles. Les dents bosselées, enfoncées dans la gangue des gencives. Les plis des lèvres. Les narines qui palpitent, laissant paresseusement filtrer leur canal de gaz chaud et dense. Le dos, le dos aux omoplates indépendantes, montagne de chair blanche où l'on voit le dessin sombre des duvets plus épais le long de la colonne vertébrale. La nuque, l'endroit bizarre où commence la chevelure. Le repli indécis des oreilles, les deux genoux non pareils, arrondis, aveugles, telles deux faces sans nez, sans bouche et sans yeux. Les deux fossettes au bas des reins, un peu ridicules, le poinçon de l'espèce peut-être. Les cils, les sourcils. Les épaules arquées, solides, ni des épaules d'homme, ni des épaules d'enfant, mais des épaules de femme. Le ventre, un peu gras, fragile, où les blessures sont mortelles, et puis le nombril profond, violent, érotique, qui n'est pas innocent, qui semble être le véritable œil du savoir, celui qui rattache, par-delà le temps et l'espace, aux origines mêmes du grand mystère. Les pieds cambrés, les orteils engourdis, aux ongles brefs et cassés. Les chevilles dont on ne peut rien dire. Les fesses puissantes et humiliantes, bestiales, lourdes de chair et de santé. Les mains. Encore les mains. L'arête du nez. Le pubis couvert de laine. Les cuisses larges, musclées, telles qu'elles paraissent soutenir un monde, même lorsqu'elles reposent couchées, indépendantes. Les hanches évasées, larges jarres où la vie peut faire germer son champignon infect. Tout cela. Tout cela qui bouge, qui s'use, agit, transpire, sécrète, malaxe, sursaute, vibre de courants électriques. Tout cela qui va et vient détaché, déchaîné, et pourtant sujet, tout cela qui ne fond pas dans le reste, qui ne se mélange pas avec le monde, mais demeure propre, limité, précis, magnifiquement libre et esclave.

Tout cela qui est un sac hermétique, où n'entre que ce qui est puisé, et ne sort que ce qui est chassé. Ce poumon, cet intestin, ce sac. Cette bulle vivante ne m'appartient pas, ne m'appartiendra jamais. A l'intérieur de sa chambre forte naissent les pensées et les désirs, les imaginations, les rêves, les idées. Cela n'est pas moi. Cela n'est qu'une femme, une parmi des millions. Cela ne peut pas être connu, ne peut pas être compris. Cette vie est fermée sur elle-même, sur son temps et sur son monde. Mais je ne souffre plus de cette demeure étrangère. Je ne veux plus abolir les remparts, je ne veux plus jeter les ponts. Car cette solitude est un miracle. Ce château est une magie. Ni l'espoir ni l'amour ne défonceront les vieux murs. Les distances entre ici et là-bas ne sont pas de celles qu'on parcourt ; tout simplement, le voyage n'existe pas. Pourquoi rêver d'une communication absolue ? Il n'y a rien à communiquer hormis par les mots. A quoi servirait l'anastomose ? Que nous révélerait-elle que nous ne sachions déjà ? Non, non, ce qui comble, ce qui culmine sur la joie et peut-être même sur une manière d'extase incompréhensible, c'est le REGARD. Non pas le regard du contemplateur, qui n'est qu'un miroir. Mais le regard actif, qui va vers l'autre, qui va vers la matière, et s'y unit. Le *regard de tous les sens*, aigu, énigmatique, qui ne conquiert pas pour ramener dans la prison des mots et des systèmes, mais qui dirige l'être vers les régions extérieures qui sont déjà en lui, et le recompose, le recrée dans la joie du mystère devenu demeure.

Pourquoi s'obstiner à voir dans les sentiments des forces séparées, parfois même contradictoires ? Il n'y a pas plusieurs sentiments. Il n'y a qu'une seule forme de vie qui se manifeste à nous selon diverses forces. C'est elle qu'il nous faut retrouver. Elle, le contraire du néant, la baie de jour, le fleuve de lumière et de feu, qui conduit, qui hale, sans cesse, sans faiblesse, ainsi, jusqu'à la mort.

Loin, loin de moi, cet autre monde vers lequel je glisse doucement, doucement, comme sur de la vase. Le reflet du miroir aux cassures dures. Le gel. L'éclat permanent du feu, les plaques métalliques de la lumière, et les sons qui rampent, grelottent, me quittent, me défont. Je veux le connaître, mais il m'échappe. C'était là, dans ma pensée, enfoui et vivant bien au chaud. C'était là, blotti, prêt à être saisi. Et pourtant cela s'est échappé. Alors que je me penchais vers le centre, attentif, studieux, au moment même où, à force de précision et de calme, j'allais enfin CONNAÎTRE, cela s'est évanoui. Avec un mouvement de fuite brutale, pareil à une sorte de battement d'ailes, avec un bruit de frottement, cela a été bu par le néant. Qu'était-ce ? Si je pouvais seulement savoir ce qui m'a échappé ! Si je pouvais, ne serait-ce que me douter de ce qu'était cette ombre !

Impossible !

Cette merveille sans nom s'est enfuie d'un seul coup, et maintenant il ne reste plus devant moi qu'un trou sanglant que l'opacité quotidienne lentement comble.

Fenêtre !
Fenêtre !
Lucarne transparente qui étais un instant ouverte sur le doux paysage, serein, propre, lumineux, qui doit exister derrière les choses ! Apparais de nouveau, brille encore au fond de ma nuit ! Pour que j'essaie de nouveau de croire, pour que je m'élance et m'avance, à tâtons, vers toi, vers ton phare ! Ouvre ton œil phosphorescent, pour que je recommence ma marche, pour que j'espère, pour que je me trompe encore. Brille si fort que je ne puisse plus rien voir ! Eteins-moi ! Eteins-moi !

Mystère qui n'est ni au-delà, ni en dedans des apparences ! Mais secret qui est la nature même de la réalité, force du visible, de l'audible, du possible. Vertu du vivant. Espèce d'éclat passionné dont brillent les choses, toutes les choses, autonomes et intransgressibles. On ne doit rien pouvoir changer. Chaque objet porte en lui sa croix de cristal, sa marque, son dessin. Ici, tout est monde. Tout se suffit, dans sa fixité, dans sa férocité, dans son acte. Voilà déjà l'élément du langage premier, du véridique langage. Ce caillou taché de soufre, ce crayon à bille noir à capuchon de métal, cette boîte d'allumettes, ce tube de pommade, cette pendule, cette puce écrasée, ce verre d'eau sont parfaits. Leur vérité est hermétique, tranchée net, sans bavures. Rien d'eux ne glisse ni ne suinte. Rien d'eux n'entrouvre sa cuirasse pour laisser passer l'ignoble humeur de l'incertain qui environne. Planètes. Planètes, vous n'êtes donc que des planètes. N'est-ce pas inimaginable ? N'est-ce pas bien doux, bien abominable ? Celui qui voulait vous apprivoiser, celui qui voulait vous rendre dociles et tendres ne vous connaissait pas. Il ne savait pas que *tout était terrible.*

La douceur, pourtant... La douceur qu'on ne mesure pas, qu'on ne peut réduire à aucune idée, à aucun sentiment. La douceur que les mots ne m'ont pas fait connaître, que les tableaux, les films, les airs de musique, les rythmes n'ont pas su me restituer. Elle est là, la suavité suprême, à cet instant, si évidente, si pure, si troublante que je voudrais pouvoir m'arracher au fantôme de mon corps et me plonger en elle, me confondre avec elle, nager dans cette mer, flotter, vaquer, me dissoudre ! Cela m'est arrivé, m'a été donné, à moi qui ne demandais rien, qui n'espérais rien ! Jaillie, immensément jaillie de partout à la fois, apparue miraculeusement, continûment, sur le spectacle de la réalité. Avant elle, il n'y avait rien. Ou plutôt, il y avait la chambre, avec ses murs aux papiers jaunâtres, ses meubles en bois, ses livres en papier, ses fenêtres, sa porte, ses tapis et ses couvertures, son plafond taché, son ampoule électrique nue au bout du fil tressé. Et puis, d'un seul coup, alors que je la regardais, la réalité s'est couverte de cristal. Rien n'a éclaté, rien n'a scintillé ; la lumière transparente s'est installée sur le monde, si belle que je ne pouvais plus comprendre. Tout, absolument tout était là ; à la fois étrange et familier, lointain et tout proche, magique et calme. L'air était comme du feu. Les murs étaient comme du feu. Les objets épars, immobiles, étaient debout sur eux-mêmes, comme des flammes. Dans la chambre fermée, la lumière électrique sortait de l'ampoule avec un éclat forcené. Les bruits, les odeurs, les sensations de distance ou de dureté, la présence, tout cela s'était mêlé à la vision. Tout était devenu spectacle étalé, spectacle que je faisais plus que voir, que j'étais, que j'étais... Délicat, ciselé, minutieux dans le moindre détail, le miracle se construisait sans bouger. Il était en lui, installé dans sa propre vie, et il ne pouvait plus disparaître. De mes yeux, tendus devant moi comme des tentacules, je touchais les couches de l'air. Je passais à travers elles en vibrant, et j'allais bien au-delà des murs de la chambre. Comme une course dans le vide noir et glacé, le mouvement de ma vue et de mes sens avançait au milieu de l'existence. Les objets nus, comme s'il y avait eu des socles, étaient dressés et devenaient des statues. Le verre, le métal, la matière plastique granulée, les couleurs beige, ocre, jaune, blanche, grise, étaient répandues partout. Chaque pose était à la fois cuirassée, hermétiquement enfermée dans sa carapace impénétrable et féroce, et en même temps livide, transparente, glissante, on s'y aventurait comme dans une goutte d'eau.

Mercure ! Mercure ! Mercure !... Boules animées, écrasées, multipliées, puis réunies en un éclair, puis à nouveau dispersées en millions de poussières, puis réunies encore, puis éclatées, puis réunies, puis éclatées, puis réunies, puis éclatées, puis réunies, puis éclatées, puis réunies, puis éclatées, puis réunies, puis éclatées, puis réunies, puis éclatées, puis réunies, puis éclatées, puis réunies, puis éclatées, puis réunies, puis éclatées, puis réunies, puis éclatées, puis réunies, puis éclatées, puis réunies, puis éclatées, puis réunies, puis éclatées, puis réunies, puis éclatées, puis réunies, puis éclatées, puis réunies, puis éclatées, puis réunies, puis éclatées, puis réunies. Mouvement sans fin au beau milieu de l'immobile, où l'on perd ce que l'on trouve, et où l'on retrouve tout de suite ce que l'on a perdu. Tout ce qui était là brillait de sa lumière sans éclat où était contenue l'ombre. Le plein était le vide aussi, et la substance portait sa propre contradiction. Non comme un signe, non pour faire lutter la vie et la mort, non pour affronter l'espoir et le désespoir, mais simplement, seulement, comme un règne immense. Sur un cendrier vide en céramique jaune cru, l'étoile immobile de l'ampoule électrique était visible, pareille à de la sueur. Les odeurs âcres, puissantes, ineffaçables étaient présentes sous forme de poudre. La dureté était visible aussi, sensible, jusqu'à la folie, jusqu'à l'angoisse ; mais ce n'était pas la peur. Non, c'était cela, cela vraiment, la *douceur*. Plus de déguisement. Plus de secret. Rien que la vérité, ici, dans cette chambre, dans ce climat, sous cette lumière épanouie et ployée. Et moi, devant le spectacle mis à nu, j'étais prisonnier, je ne pouvais pas échapper. Hors de mes limites, tout à coup, objet dans la tempête d'existence, j'étais vivant dans la fascination. Tout ce qui était feu dans la réalité m'était apparu. Je n'avais plus à comprendre, ni à haïr, ni à aimer. J'avais à regarder au-delà de mes yeux, par toutes les étroites forces qui me liaient au monde. J'avais à communiquer avec lui, à le palper, à le goûter, à poser ma peau et mes nerfs contre lui, à être dans lui et lui dans moi. Le mouvement des questions-réponses avait rompu son harcèlement habituel, et la conscience frappait sur elle-même, rebondissait, douloureuse, impuissante, toute expression interdite, tel un papillon enfermé dans un abat-jour. Ce qui existait n'existait plus par rapport à moi, car je n'étais plus retranché dans mon observatoire. C'était terriblement un ballet dont je faisais partie, sans le savoir, avec seulement, maintenant que c'est fini, la certitude de l'avoir vécu. Ignobles, ignobles objets. Magnifiques faces polies, tendre chair dont j'ai été une fibre. Cendriers de verre, éclat de lueur bleue, acier, papiers des murs, platitude du parquet, transparence dansante de l'air qu'on touche! J'étais en vous, et vous en moi. Bouches avides, coups qui repoussent, caresses, désir assouvi mais exactement au même instant refusé. Epieux. Epieux. Clous, lames de rasoir, couteaux acérés et tranchants. Eau, eau douce et légère, contact de la fraîcheur et du repos. Temps vertigineux creusant son puits où l'on tombe. Puis temps qui remonte porté par la vague. Bruit. Silence. Bruit. Silence. Joie des couleurs avec qui on a chanté. Jaune qu'on a crié. Rouge qu'on a crié. Bleu qu'on a crié. Millions de gris, de pâles, de bruns qu'on a criés ensemble.

On m'a dépouillé. On m'a vêtu. On a versé dans ma gorge le miel, le lait, le vin. On m'a aspergé et baigné. Et dans le même temps, on m'a écorché, on m'a revêtu de laines étouffantes, de velours épais et suffocants. On a posé une montagne sur ma poitrine, on a rompu mes membres. On a enfoncé une arête dans ma gorge. Mon sang a coulé partout, ma sueur, mon urine ont flotté autour de moi. Les odeurs mauvaises ont remonté à travers le bois et la terre cuite, et j'étais là encore. J'ai vu les poignards du noir et du blanc, les terribles structures abstraites. Les squelettes rangés partout autour de ma chambre, les squelettes anguleux des objets. Et moi, moi qui avais un corps distinct et sûr, un corps hermétique, j'ai disparu ; j'ai quitté pour l'*unique* ! Voilà ce qu'on m'a forcé à faire !

Et cependant, tout cela s'est fait en silence. Je n'ai rien vu. Je n'ai rien entendu, rien senti. J'étais posé, c'est tout. J'avais devancé mon regard et mes sens, et toutes les vieilles aspérités s'étaient évanouies. Les dards et les crocs existaient toujours, bien sûr, mais leur hérissement se faisait sans douleur, presque sereinement. Je ne cherchais plus à vaincre. Je ne voulais plus savoir. J'étais là, ils étaient là, c'était inséparable, inintelligible, précis. Comme un paysage qui se détache et flotte sous l'aile de l'avion, comme une étendue muette de sables et de gravillons, la chambre était visible et sensible de tous ses millions de détails enfin réunis. Je n'accordais plus d'importance à aucune figure. Mais je les avais toutes devant moi, égales, monotones, tendues à l'extrême, dressées dans toute leur violence. Enfin ma prison s'était révélée, pour ces quelques secondes, avec tous ses murs et tous ses cadenas. Et je n'étais plus en son centre ; je faisais corps avec elle, je n'étais qu'une autre serrure. A la fois bagnard et chaîne, j'étais enfin chez moi ; j'habitais ; je ne régnais pas, je ne dominais plus rien ; j'étais placé ; *j'étais placé.*

Somptueux moment de la précision. Comme la poussière sur la plaque de bois noir de la table, comme le caillou dans la terre rouge, comme l'arbre dans la terre, comme le roc aux algues pourries dans la gelée vitreuse de l'eau. L'air. Le feu qui vit, puis d'un seul coup s'éteint, au bout de la braise noire et rouge de l'allumette tordue. Comme la cigarette écrasée dans le cendrier de verre. L'ombre du soleil inutile. La fleur au parfum fade, et les yeux du chat, levés cruellement vers moi. Comme le robinet qui fuit goutte à goutte dans le lavabo taché de bleu. Comme... Comme... Mais tout cela est là, bien présent. Tout cela n'est pas symbole. L'irréductible, l'irréductible seul est l'issue de la pensée. Et moi, je suis, j'étais, je serai assis devant la table noire, sous l'ampoule électrique qui envoie ses nappes de lumière blanche. Assis sans façons. Sans importance. Sans puissance dans l'immense chaos du monde. Non plus m'étirant vers les autres lieux, mais moi, pour ces quelques secondes, situé dans la durée et dans l'espace, et ayant vu du dehors.

Alors la lucidité n'a pas de limites. Il n'y a rien qui vienne interrompre la lancée de la conscience. Ni en avant ni en arrière ; ni dans l'avenir, ni dans le passé, le regard aigu progresse dans un univers où le mouvement n'aboutit pas, où jamais rien ne résulte de rien. Mais le danger de se perdre est constant. A tout instant, la lucidité peut mener au mirage, à l'illusion, à l'opaque. Un mot, une habitude, et ce qui était pur devient indistinct. Il ne faut jamais rien oublier. Il faut être totalement, continuellement présent. La pensée n'est rien : notre vie est, pour les neuf dixièmes, inintelligente. Et tout ce que nous créons de pur est sans cesse modifié, altéré par les actions de notre vie. Par les usages. Par les tics, les conforts, les engourdissements. Par le sommeil. Les seules vraies philosophies sont celles où tout, à chaque instant, peut être remis en question.

Mais ce n'est pas suffisant : car il y a aussi les questions que nous ne nous poserons jamais. Il y a tout ce que nous ne pouvons pas concevoir de doute, de désespoir, d'effritement. Tout ce que nous n'imaginons pas de gouffre et d'infinitude. Jamais l'esprit ne pourra atteindre l'infini de celui qui voit et se voit ; la lucidité est encore une erreur. Le doute ne peut donc pas satisfaire. Rien ne doit apaiser dans ce domaine. Rien ne doit être définitivement installé ; c'est dans le provisoire, dans l'instabilité, dans la confusion, dans l'ignorance que sont cachés les germes de la vérité. Et comme le progrès, cette vérité n'a jamais de fin.

Si c'est heureux que nous voulons être, il ne faut pas chercher à l'être lucidement. Il faut choisir ; et s'il faut choisir, pourquoi ne pas choisir la plus vaste, la plus belle, la plus riche des illusions ? (Qui est aussi celle qui nous offre une chance sur deux d'être vraie.) Autant renoncer tout de suite à se débattre, et dire en se prosternant, tu es la lumière et la vie, tu es tout principe, toute raison, et je ne connais que toi... Mais peut-être qu'après tout le repos de l'homme est moins d'être heureux que de savoir.

Moi, je ne puis pas le dire, et pourtant, je voudrais bien... Car je sens que c'est là, caché autour de moi, ce que d'autres sauront peut-être un jour. J'hésite, parce que peut-être déjà je n'hésite plus. Peut-être, oui, peut-être ai-je déjà choisi. Non pas l'aspiration, l'ascension vers l'éternité. Mais la mort. La mort noire. Le domaine des tortures, de l'abjection, de l'insécurité. Ces grands moments qui me sont donnés parfois, et que je ne peux pas connaître : avec seulement, pour me soutenir, l'incompréhensible ivresse. La douce ivresse d'être là, présent. D'être un contemporain de ma vie.

Comment, comment décrire cela ? Je voudrais pouvoir exprimer la dureté de ce que je sens, et en même temps sa douceur, sa très grande douceur. Faut-il vraiment le dire ? Faut-il continuer dans cette voie, puisque ce ne saurait être le point de départ d'aucun système ? J'aimerais tant qu'il soit possible d'extirper de la pensée humaine toutes les tentations de l'avenir. Vivre, ce ne devrait pas forcément être une croyance ; penser, ce ne devrait pas être un dépassement du monde, une métaphysique. Pourquoi ne pas faire de l'ici, du présent, du déployé, notre vraie demeure ? Le temps, l'espace, la matière sont les bornes de notre univers. Qu'avons-nous d'autre à expliquer que ce que nous sentons ? Qu'avons-nous à attendre de systèmes qui font appel à l'étranger ? La connaissance de soi, des autres, du monde, pourquoi cela ne mènerait-il pas à la joie ? Parce que j'ai du goût pour l'infini, je sens tout ce qu'a de ridicule le positivisme, ou le scientisme ; les faits n'existent pas, ni le hasard, ni le déterminisme tel que peut le concevoir l'homme. Mais je devine aussi la supercherie des grandes synthèses transhumaines ; je sais comment, par la poésie, ou par le simple échafaudage abstrait du langage, l'on peut construire des systèmes parfaits, détaillés, subtils, intelligents, qui culminent sur la résolution du mystère. Mais pourquoi le mystère serait-il ailleurs ? Il est là, autour de nous, c'est notre évidence quotidiennement constatée. Et pourquoi la poésie serait-elle métaphysique ? N'est-il pas clair qu'elle est le reflet du chaos immense où nous sommes ?

Trouver, chercher sans cesse à trouver. Trouver. Les yeux brûlants, face à un cendrier de verre transparent, un peu maculé de cendres, chercher ; chercher CE QU'IL Y A. Chercher au-delà des mots, au-delà de l'intelligence. Chercher avec tous les sens grand ouverts, et avec les autres moyens inconnus, *la voie de la communication avec la matière*. Sans bouger, sans penser, mais aussi en bougeant, en pensant, avec les mots, sans les mots, dans la lumière ou dans la nuit, les yeux ouverts, ou bien fermés, en palpant, en tâtant, en écoutant, en glissant, en vivant simplement, tout dans son corps vibrant au paroxysme, et puis aussi muet et froid comme la pierre, chercher dans le cendrier vide ce qui est, ce qui attend peut-être. Ce qui est rythme en lui, ou ce qui est absence de rythme. Ce qui a un sens, ou ce qui est bloqué. Sa nature. Sa vie. Ce qu'il contient de formes qui lui échappent, de couleurs qui se détachent. Mais aussi ce qu'il a d'inattaquable, de serein, de tranquille. Ce qu'il a de non-logique, d'irréductible au langage. Et aussi *son nom*. Voilà ce qu'il faudrait faire, longtemps, obstinément, pour lui ou pour quelques de ses semblables. Alors viendra peut-être l'illumination. Viendra peut-être la révélation de l'homme abandonné des raisons sordides, des asservissements et des douceurs de l'infini. De l'homme nu, qui ne crée rien, qui ne va nulle part, mais dont l'œuvre sublime est d'arriver à le savoir pleinement. L'homme, non pas pour l'éternité, ni pour la fin mystérieuse, mais pour lui, pour lui seul. Humble paisible orgueil de celui qui n'est qu'une parcelle, mais qui l'a enfin compris. Douceur, aide de celui qui a découvert que le seul infini offert (parce qu'il ne peut se connaître lui-même) était l'*infiniment humain*.

Le grotesque tragique, c'est quand on a cessé de créer ses idées pour les vivre. Lentement, souvent même sans m'en apercevoir, j'ai produit autour de moi une zone d'habitudes et de goûts. Mais ce qui autrefois me servait en quelque sorte de moteur, ce qui m'aidait à vivre, maintenant s'est durci et me freine. Et j'ai commencé à supporter. Les gênes, les « complexes », les irritations que je sentais avant mais sur quoi s'appuyait mon orgueil, qui m'installaient dans ma position de vengeance, voici à présent qu'ils m'obligent à être moi. Si je veux dominer, comprendre, est-ce que je ne dois pas rompre ? Le destin, l'imbécile destin qu'on vous dicte, et qu'on accepte naturellement, sous prétexte qu'il faut avoir vite une personnalité, qu'il faut choisir dans le monde, et contre quoi un jour on ne peut plus rien, parce qu'on n'a plus les armes. Parfois je sens cet appel, comme venu du plus lointain en moi, cet appel qui m'enfonce davantage dans mon propre drame; partir, il faut partir. Il faut quitter vite, disparaître vers les régions de l'anonyme, vers le possible. Partir... Mais pour où ?

Quel pays m'attend ? Quelle nouvelle vie, plus vaste, plus libre que l'ancienne pourrait être la mienne ? Comment ne pas traîner avec soi les guenilles familières, comment secouer les jougs, les coutumes, les terribles habitudes qui ont creusé leurs sillons ? Je ne sais pas si cela est possible, oui, s'il est possible vraiment d'oublier, mais j'ai en moi comme cette porte ouverte au bout du très long corridor. Je crois que je peux changer à chaque instant, mais n'est-ce pas une illusion ? Peut-on renier ce que l'on a fait, autrement que par le silence ? Il y a tellement, si l'on y pense, tellement de crochets et de fils qui retiennent un homme. Tant de relations, de nœuds, tant de rails partout... Tant d'inconfort devenu confortable, et l'appel ne passe pas. Longuement, sûrement, l'horizon se bouche, les clôtures se dressent. Tous mensonges, tous hideusement faux, les murs que sont les objets, les sentiments, les sensations familières nécessaires comme des drogues. Est-ce cela, un homme ? Est-ce cette somme de liens et d'habitudes ? Est-ce cet exilé du voyage ? Si c'est vrai, c'est qu'il ne peut pas quitter. Ici, ou ailleurs, il cherchera les entraves, il s'enfoncera dans la terre pour ne pas être seul, pour ne pas être son maître. Aventuriers, explorateurs, qui ne sont peut-être que des faibles, partout avides de prisons. Mais les aventuriers de l'esprit ? Encore plus faibles, encore plus esclaves. Ils croient avoir touché d'autres mondes, ils croient avoir réinventé l'amour et la joie, alors que chaque seconde de la vie réelle les happe, les accroche, les plaque au sol. Que faire ? Que répondre à l'appel de l'inconnu nostalgique ? On ne peut pas toujours aimer sa prison. On ne peut pas non plus se battre. Alors, et c'est ainsi que l'homme accède au tragique, c'est ainsi qu'il naît au monde des adultes, alors commence la bataille du vaincu. Et la porte, au fond du long corridor, celle qu'on croyait voir s'ouvrir sur le paradis, sur la *nouveauté*, n'est que le soupirail qui donne sur le raccourci du chemin vers l'infâme liberté du néant. La mort est l'espoir des hommes. Ils ne veulent pas le savoir. Je ne veux pas le savoir. Mais c'est pourtant vrai. C'est elle qui lance l'appel suprême, le soulagement, la drôle de joie. C'est elle qui brille dans la nuit. Mort, mort pareille à la nuit, mort aveugle et douce des sens abolis, des idées pures tournant, claires, dans l'illimité de l'abstrait. Mort, qui fais qu'on quitte. Mort, qui dis doucement à l'oreille, viens, il faut partir. C'est vers toi que j'aspire, bien que je sache, au fond de moi, qu'il n'y a rien en toi, que tu n'es que l'horreur. Mort, absolu des vivants, tu portes bien ton nom de grand voyage. Ceux qui restent, et ceux qui restent en partant, au fond, c'est toi qu'ils cherchent, c'est toi qu'ils aiment.

MORT

Ce qu'on vit, ce qu'on écrit, c'est contre sa mère.
Les principes, les systèmes, sont des armes pour lutter contre la vie. Tant que l'esprit ne sera pas ressenti comme une forme de la vie, comme une forme de la réalité, il n'y aura pas d'autre issue que dans les transcendances nées du désespoir. L'idée

de Dieu, après tout, est-ce si doux ? Est-ce vraiment une promesse ? Il n'y a pas de religion qui ne soit fondamentalement *terroriste*, c'est-à-dire fondée sur la peur, sur la cruauté, sur la malédiction. Avant d'imaginer le paradis, l'homme pense d'abord à l'enfer. La mort est le domaine de l'au-delà. Les dieux et les morts n'habitent pas la terre, ils l'ont désertée. S'ils y viennent quand même, ils la hantent. Il n'y a pas d'esprits à la lumière du jour. Mais quand vient la nuit... Dans l'ombre où les contours sont engloutis, dans l'ombre hostile, froide, où les animaux de proie rôdent et guettent, commence le vrai règne du Maître. Son visage n'est pas celui de la douceur, de la lumière, mais celui de la haine et de l'angoisse.

C'est en cet instant qu'il descend sur la terre, ou qu'il sort des crevasses. Il épie. Il *revient*. Il s'allie aux songes, il épouse les fantasmes de l'obscur.

Quel souvenir ancien, transmis à travers les âges, et que les inventions modernes n'ont pas réussi à étouffer, vibre donc dans cette horreur du noir ? Pourquoi ces démons, pourquoi ces fantômes, cette habitation soudaine, quand la lumière s'est retirée, des lieux déserts du jour ? Est-ce le souvenir des temps où les fauves rôdaient à la recherche de la proie facile, tandis que les yeux écarquillés en vain devant la nuit ne touchaient plus à rien de sûr, à rien de familier ? La nuit et la mort. Les rapports sont connus, et ils ne sont pas imaginaires. L'homme a besoin de voir. Il ne vit que parce qu'il voit, que parce qu'il connaît. Le regard, le regard qui juge et donne la conscience est aussi le moyen de survivre, le meilleur bouclier et le plus sûr poignard. Avant de lutter, avant d'entreprendre, il regarde et il juge. Et dans son regard passe un peu de la terrible intelligence qui sait réduire les choses. Alors, quand ce regard ne rencontre plus rien, quand l'intelligence glisse sur ces rails qui se perdent dans le voile infini de l'inconnaissable, alors naît la peur, l'angoisse, le doute, alors commence le règne des démons. Nuit terrible où on ne touche rien, nuit qui instaure le vide tout à coup sur le monde autrefois si plein et si dur, nuit qui vient hanter et qui rappelle peut-être, au fond de nous, très loin, très vague, le souvenir du néant que nous avons connu. Nuit de l'intelligence qui tourne sur elle-même, devenue aveugle, et où le cauchemar commence avant le sommeil. Est-ce d'elle que viennent les dieux, est-ce à cause d'elle que demeure en nous cette angoisse, ce doute, ce malaise ? Comme le rythme des marées et des explosions solaires, le rythme diurne et nocturne envoûte nos pensées. Il les façonne, et si nous ne les reconnaissons plus comme venues directement des forces de la nature, du moins nous sentons ce qu'il y a autour de nous d'angoisse étalée, perceptible, mémorable, et qui nous attache, nous tient, nous torture...

Peut-être y a-t-il deux forces qui nous tirent vers l'au-delà ; deux forces contradictoires, violentes, dont nous avons imité l'affrontement dans nos esprits : la peur issue de la nuit, rappel de la mort, force du sommeil, du mal, de l'enfer. Mais aussi l'angoisse du plein jour, le terrible écrasement devant la dureté et l'inaccessibilité de la face du soleil. Tandis que l'une nous tire vers le bas, nous fait voir les monstres et le crime, l'autre nous agrippe et nous hisse vers les sommets vierges, nous fait respirer l'étendue de l'être, l'unique, le révélé, l'extase même.

Mais aucune de ces deux forces n'est vraiment favorable à l'homme. La nuit et le jour, le vide et le plein, ainsi conçus, sont deux monstres avides de faire souffrir et de détruire.

L'angoisse du jour est peut-être encore plus terrifiante que celle de la nuit. Car ici, nous ne sommes pas en proie à un ennemi visqueux qui se dérobe sans cesse ; nous sommes face à la dureté, à la cruauté, à la violence impitoyable du réel. Notre peur n'est pas d'un inconnu qui creuse son gouffre, mais d'une exaspération de l'être, d'une sorte de vertige d'existence qui nous extermine à force de s'étaler, de se montrer. Le trop visible est encore plus hostile que l'invisible. Il brûle, il s'acharne, il disloque l'âme de l'homme et sépare son esprit de la matière. Il fait que la vie semble plus que la vie. Il crée au-delà de l'homme l'espoir fou d'un univers absolu, magnifiquement, éternellement plein et visible, et totalement inaccessible. Devant lui, le regard chargé de conscience ne rencontre plus des objets perméables, des signes intelligibles, mais le dessin immense d'une énigme figée où l'harmonie s'est située hors d'atteinte. Le monothéisme, issu des cultes solaires, exige l'écrasement du vivant. Le spectacle qui nous y est montré avec tant d'intensité, avec tant d'incandescence, est un spectacle du supra-intelligible. Sous l'œil unique et féroce qui fixe la terre, c'est le règne de l'ordre vengeur, du destin, de la damnation.

Dieu seul du jour, et millions de dieux de la nuit, vous vous êtes partagé le monde ; et entre vos deux règnes alternés, l'esprit de l'homme, tour à tour écrasé et perdu, livré à l'odieuse et brutale imperméabilité ou à la communication sans but avec l'inconnu, s'est détaché de la matière et a égaré l'harmonie (mais l'avait-il seulement connue ?). Forces étrangères, forces qui êtes dans la nature, forces qui êtes dans l'esprit, ennemis, ennemis, je vous hais. Je me prosterne, je vous adore. Mais je vous hais. Je vous hais.

Entre ces deux abîmes, l'un en bosse, l'autre en creux, où puis-je trouver la douceur ? Où puis-je trouver l'espace qui me laisse reposer, aimer, et peut-être comprendre ? Où puis-je trouver un peu de solitude ? Où ? Où donc ?

Ce qu'il faut, c'est se rattacher, par tous les moyens possibles, au plan égal de la réalité. Faudra-t-il pour cela tuer en nous les passions de la nuit et du jour, les attractions, les rythmes de la nature ? Est-ce que cela ne serait pas en quelque sorte quitter notre domaine ? Car après avoir vaincu, si c'est possible, la nuit et l'angoisse du soleil, il nous faudrait vaincre des choses innombrables : il nous faudrait triompher du feu, de l'eau, de l'air. Vaincre les montagnes et les volcans. Vaincre les arbres, les graines, la terre. Les araignées, les serpents. Les insectes. Le sang. Les bruits. Le cycle des saisons, le sommeil, la maladie. La mort, la naissance, l'acte sexuel. Les sensations sans fin, inquiétantes, qui nous hantent à chaque seconde. Il nous faudrait vaincre les rêves. Triompher de l'imaginaire pour aimer le réel, et du réel pour comprendre l'imaginaire. Entreprise insensée, peut-être, entreprise vouée à l'échec. Car, pour trouver ainsi notre paix, il nous faudrait vaincre le monde.

L'indifférence est proche de la beauté. Lorsqu'on a refusé les extrêmes de l'angoisse du néant et de la sécurité totale, lorsqu'on a expulsé de soi toute tentation de suicide ou de religion, il ne reste plus que le détachement. On finit par ne plus voir le monde, par ne plus sentir le monde ; mais c'est un autre mensonge. La jalousie, la prétention, la haine sont des sentiments qui permettent d'accrocher. Refuser de souffrir est une hypocrisie. C'est aussi une erreur. C'est la première tentation de l'homme quand il s'est dépouillé de Dieu. Etrangement, la question capitale n'a pas encore été résolue : s'il n'y a pas de Dieu, que faire de son âme ? La plupart des expressions artistiques et des idées philosophiques contemporaines ne font que reposer inlassablement cette question. La défaite de l'homme actuel est peut-être de ne pouvoir employer ce qu'il a d'absolu, de divin. De continuer à vouloir appliquer sa sensibilité à une recherche dont il a délibérément aboli le but. Cette inconséquence est à l'origine de son désespoir, de son impuissance. Mais elle est fatale : tant l'habitude de remonter à plus grand que soi est enracinée dans la pensée ; tant est puissant cet usage de chercher plus homme que l'homme, plus réel que le réel, plus vie que la vie.

L'art reste sur la lancée du transcendantalisme. Peu importe ce que soit cet ailleurs, mais il leur faut un « ailleurs ». En détruisant le langage, en voulant assassiner la littérature, ils ne font que souscrire à la construction de l'édifice abstrait d'un « autre » langage, d'une « autre » littérature, vain idéal de beauté et de pureté qui leur permet d'oublier avec mépris le domaine de la communication réelle. Tout en étant conscients de la nécessité d'une assise réelle, ils ne peuvent se satisfaire d'un langage dont le but est le réel ; ils ne veulent pas des mots comme monnaie. Il leur faut un espace neuf, particulier, un espace rêvé qui les libère des asservissements de la matière. C'est qu'ils n'ont pas résolu la vieille contradiction entre vie et pensée, entre matière et esprit, entre réalité et fiction. Ils ne veulent pas admettre que cette contradiction ne soit qu'une apparence, et que le passage de la réalité à l'imaginaire soit simplement transhumance d'un réel vers un autre réel.

Ce voyage comporte un danger : celui de la mystification. Le véritable artiste, celui qui sent vraiment son époque, qui vibre avec elle, qui en invente tous les défauts et toutes les vérités, est celui qui ne capitule jamais devant le réel.

Ce qui apparaît le plus absurde dans l'œuvre de beaucoup de théoriciens de l'art, c'est la rupture qu'elle comporte vis-à-vis de la réalité. Cette différence apparaît significativement dans le décalage des langages. Il n'est pas concevable que l'artiste puisse s'expliquer autrement que par le langage de son art. Pourquoi y aurait-il deux mondes si opposés ? D'une part, un monde de la communication, des rapports naturels, intelligibles, et d'autre part le monde de l'expression pure, de l'*Art*, où l'abstraction, l'individualisme, la culture, l'hermétisme et la rivalité dans l'innovation sont les règles. Mais comment peut-on justifier l'expression parallèle ? Et comment croire à un art qui ne se suffit pas à lui-même ?

Les innovations de forme ne sont de vraies innovations que lorsqu'elles sont aussi des innovations de pensée et de vie. Détruire le langage, c'est détruire la vie. La seule force qui manque au langage, c'est l'évidence. Mais ce n'est pas dans la recherche d'un autre langage, d'une autre communication que l'homme peut s'accomplir. C'est dans l'approfondissement des incapacités, dans l'enfoncement, dans le martèlement.

En fait, il n'y a pas deux réalités. Il n'y a que celle que nous concevons par le service de la langue. Celui qui ne passe pas par ce drame, celui qui croit pouvoir l'éviter en créant d'autres rapports, en rêvant du verbe total, se trompe. Il *ment.*

L'art, non pas expression unique de l'absolu, non pas message divin, mais résultat de l'obscur et pénible débat de l'homme au beau milieu de la création. L'art, présent dans la vie, simple relation des événements réels, ignoble ou beau à la mesure de ce qui est faste ou néfaste. Le champ des possibles, mais il est réalisable. Effet qui n'est pas détaché de sa cause, sudation du physique, pensée de l'acte, pensée du lieu précis, du temps précis, des individus déterminés, des forces multiples qui livrent le grand combat. Journal de la guerre dans le monde. Pensée concrète.

Tout ce qui ne va pas dans le sens de l'adhésion au réel n'est que remâchonnement de théories usées, abstraction, décollement. Il y a mille façons d'exprimer ce qui est, mais il n'y a qu'une raison de ne pas fuir.

Il se peut que tout cela ne serve à rien. Il se peut que l'homme soit abandonné dans le monde, et voué à la solitude. Il est possible que le bien ne soit qu'une illusion d'action, et que le progrès ne conduise pas vers la vérité. Mais ce qui doit être vrai en chaque individu, ce à quoi il doit employer sa fameuse âme en vacance, c'est à la connaissance du plan de la vie. Savoir ce qu'est une poussière, un bouchon, une goutte d'eau, un bruissement, une lueur. Sentir l'étendue, le froid, la faim, le désir, la peur. Deviner la mort. Etre présent. Etre présent dans sa pensée, comme il l'est dans sa vie, c'est-à-dire coordonner les actes journaliers, les expériences familières, les repas, le sommeil, les fatigues, tous les encombrements, toutes les attaques, toutes les jouissances avec sa conception du monde.

Jamais la pensée ne se détache du corps. Le langage meurt en même temps que l'homme ; c'est qu'il n'est, ni plus ni moins, qu'une parcelle de sa chair.

Il ne faut pas quitter le tragique. Le mensonge, c'est peut-être quand on a commencé à ne plus souffrir. L'illusion vient quand le doute est évanoui. Tout ce qu'il faut savoir. Tout ce qui est *là*, et ne partira jamais, et ne s'ouvrira jamais sur la lumière, jamais ! Où est soi ? Où est soi dans le monde ? A quel moment s'est-on détaché, sans le vouloir, sans le savoir ? Les duretés qu'on perd, ainsi, à chaque seconde, les duretés de la matière, de la révélation venue de la matière et de la vie, et qu'on n'était pas prêt à recevoir ! Le niveau du contact, le niveau de la nature, comme on en est toujours éloigné, à la fois trop au-dessus, et trop en dessous !

Si je pouvais seulement, l'espace d'une seconde, remplacer mon cerveau et mes nerfs par une cellule photo-électrique !

Ce qu'il y a sans doute de plus terrible dans la condition sensuelle : vouloir connaître une vérité qui ne soit pas extra-humaine avec les instruments humains. Faire la preuve de la preuve. Toutes les erreurs, tous les dangers sont possibles.

Ecrire pour dresser la carte, pour instituer. Ecrire pour faire le relevé topographique de ce morceau du monde, de cette ville, de ce quartier, de cette rue, de l'angle nord de cette chambre, du bord de cette fenêtre, de ce carreau du parquet. Tout ce qui est là, est là. Tout a son importance. Rien ne doit être négligé, ou passé sous silence. Une série de plans, superposés, transparents, figurant le même espace terrestre. Les angles sont prêts. Les lignes sont tracées. Les limites sont nettes, et les surfaces ainsi cernées sont remplies de hachures et de croix. Les couches. Les strates. L'ordre est établi, en dehors de tout, indépendamment de tous les événements à venir. Cet ordre est quelque chose comme immuable. La construction était préfigurée depuis longtemps, et tous les éléments étaient connus. Ici, c'est l'ordre qui rompt l'écoulement du temps. Par l'autre chemin, l'œuvre accomplie présente sa fatalité échue, contre quoi il ne sert à rien de lutter. Dans le plan du réel, comme dans celui de l'œuvre, ce qui est arrivé est ineffaçable. On ne menait rien à bout, on ne détournait rien de sa voie.

Plus que mouvement dirigé, c'était cet état imperfectible, constant, irréprochable. C'était ce niveau pur et nu, ce désert, cette ville, ces champs vus d'avion. C'était cela. C'était arrivé. Dans ce présent, l'avenir et le passé étaient tendus, mais sans offrir de prise. Car c'était la vérité de l'œuvre d'être ainsi disloquée, hérissée, violente, et en même temps unie, sphérique, bien paisible.

Correspondance anarchique, géométrie, terreur, amour : œuvre gigantesque, anonyme comme toutes les autres. Œuvre d'art, révolution sans fin.

Tout était distinct, et aussi étrangement cohérent. Tout avait sa place fixée, sa place prévue, sa place comme donnée par le langage qui l'avait créé. C'était l'ordre intérieur soudain devenu externe, la pensée, oui, la pensée, là, répandue sur le monde, et qui montrait ses signes. Enigme, ô énigme du moi qui a pris la face de la réalité, du moi qui est tout, partout ! Ma conscience devenue matière, ma conscience brusquement réalisée, ainsi, hors de mon pouvoir, sans que je le comprenne vraiment, sans que je puisse rien altérer, rien résoudre, et qui m'invitait à être moi totalement, sans restriction, sans limite charnelle, immense créature délivrée de son créateur !

Ces lumières brûlaient au centre des ampoules électriques, ces barres de néon rose et bleu luisaient âcrement, impitoyablement dans l'air sombre. La terre vibrait, la chaleur vibrait, la lumière et les sons vibraient. Et l'homme était en eux, il s'était confondu avec les astres fixes. Désormais, sans qu'il pût savoir comment ni pourquoi cela s'était fait, il

204 — L'extase matérielle

Croix	raie	barre	ligne	rouge	odeur	suie	désir	son
ombre	étage	fenêtre	porte	fenêtre	fenêtre	table	placard	ciel
point	tiret	point	tiret	point	tour	puits	terre	terre
auto	moto	vélo	auto	moto	vélo	auto	moto	vélo
terre	croix	raie	barre	ligne	bleu	violet	mer	roc
pic	volcan	ronces	chat	filin	ruelle	ombre	fenêtre	ciel
homme	femme	femme	femme	homme	lit	soleil	femme	femme
bifteck	vin	eau	pain	toile	frigo	table	gras	enfant
terre	odeur	poil	grain	race	chaud	homme	homme	femme
avion	mazout	pays	arbre	y	toit	sang	sang	ventre

Et les mouvements, maintenant :

vendre	viens	jette	crie	nage	file	allonge	tue	tue
balance	pousse	naît	aime	éclate	non	non	rampe	vie
chante	fermente	boule	sèche	roue	rendre	domine	brille	naît
fermé	gèle	claque	tonne	hennir	va	dort	appelle	mange
ronge	dis	court	brise	lève	bondit	cherche	sue	assassine
han	pfuit	dzing	pok	woooo	tchak	brooom	tic-tic	vrrroa
vole	vit	vit	caresse	voir	attire	respire	gonfle	coït
monte	soutient	fruit	mal	donne	vomir	hurle	hurle	gésir
ici	souffle	nage	saille	meurt	mal	évanoui	calme	mourir

avait atteint l'état du *calme-violent*, du riche, du dénudé, du beau ineffablement. Ce qui était en lui était aussi hors de lui, et ce qui était autour, était encore en lui.

Ecrire pour agir. L'art est souvent trahi par les artistes. Voici peut-être le phénomène humain le moins individuel, le moins libre qui soit : l'art est l'expression de tout ce que la société a de pensée commune, de mythe, de réflexe de masse. C'est une mode, au sens le plus large du mot. Ceux qui croient avoir réussi à se sauver de cet esprit commun n'ont fait que trahir le destin véritable de l'art. En détachant l'expression de l'ensemble linguistique, en imaginant une sorte de super-art, de surnature de l'art, ils n'ont fait que chercher une solution de remplacement à la métaphysique. Celui qui fabrique de l'art, celui qui écrit, ne devrait jamais oublier qu'il renforce la collectivité. Son individualité n'est qu'une forme du collectif. Il faut qu'il sache que son expression, comme celle du langage, est *toujours*, quoi qu'il fasse, une démarche en vue de l'assentiment, et non de la révolte. Et que tout ce qu'il pense ou dit engage totalement la communauté, *sa* communauté. Tous les rapports de l'homme à l'homme sont langage ; et ce langage n'est jamais fermé, jamais statique ; il est mouvement, recherche de la connaissance, rapprochement. S'il est vrai que le but suprême du langage soit le non-langage, le silence, c'est que ce but est immatérialisable : il ne peut être atteint que par la destruction du langage, c'est-à-dire de l'homme lui-même. Autrement dit, le langage est un mouvement qui tend à son propre anéantissement. L'art, en tant que forme paroxystique du langage, a pour suprême visée la destruction de l'art.

Destruction non par échec, mais destruction envisagée simplement comme parfaite réussite de la communication. Tout art qui n'a pas pour nécessité le surpassement de son message, c'est-à-dire sa mort, est inefficace. Mais il y a une différence essentielle entre cet « ineffable » vers quoi aspire l'œuvre d'art, et cette déification solitaire et irréalisable de l'homme qui ne veut s'exprimer que pour lui-même. Seule la première de ces attitudes est une attitude « ouverte ». Elle permet, même dans l'incommunicable, l'espoir de la communication.

L'artiste a tort de vouloir être seul ; les plaisirs qu'il prend à l'hermétisme sont dangereux et illusoires. Ils peuvent aboutir à l'inexpression, c'est-à-dire à la mort. L'artiste n'est pas un demi-dieu ni un prophète. Ce n'est même pas forcément un homme intelligent. C'est un émotif, voilà tout. Il n'invente rien ; il ne crée rien. Il n'a pas de génie. Il sait seulement faire des synthèses. C'est un bon organisateur.

On ne demande plus aujourd'hui à l'artiste d'être un artisan. Les spécialisations nous viennent d'un temps où les dons de l'expression étaient très inégaux chez les individus ; il y avait celui qui était habile de ses mains, celui qui parlait bien, celui qui avait une bonne voix pour chanter, ou de bonnes jambes pour danser. Mais la société actuelle ne ressent plus la nécessité de la perfection expressive ; elle est ouverte à toutes les formes. Chacun a véritablement une âme, chacun a *quelque chose à dire*. La notion de genre existe encore par habitude, mais la vérité de l'art, aujourd'hui, est dans la sensibilité, non plus dans la technique. L'art n'est plus possible autrement que par l'émotion. Ce que l'on cherche, c'est moins un compte rendu exact du monde qu'une évocation affective qui permette l'entente sur un plan extérieur à celui de la réalité.

Est-ce là, l'erreur ? Est-ce ce glissement du domaine du vécu vers le domaine de l'émotif qui a détourné l'art de son cheminement vers la conscience ? Ou bien est-ce le début d'un nouveau chemin vers une conscience *délibérément humaine*, pour ainsi dire incluse dans sa propre aventure faillible et sans vérité intemporelle ?

Peut-être le mouvement vers la beauté n'est-il qu'une sorte de démarche en vue de la RÉVÉLATION. Beauté des objets qu'il faut apprendre à voir tels qu'ils sont, dépouillés de leurs mystères et de leurs sacrements, règne de tout ce qui est égal, non pas également indifférent, mais également puissant, également atroce, également somptueux, règne de tout ce qui arrive.

Quelle littérature saura nous libérer de la schématisation, des cadres ? On peut ici tout imaginer. L'enregistrement magnétique des conversations, par exemple, ou bien les romans écrits par des villes entières, la publication de tous les papiers d'un tiroir, d'un immeuble, d'un pays. Pourquoi le livre ? Les disques feraient aussi bien l'affaire. Je rêve parfois à une littérature qui ne finirait jamais, à une littérature qui aurait son siège dans les bureaux de poste, et qui écrirait lentement son histoire du monde avec les télégrammes, les lettres recommandées, les imprimés et les paquets-poste, les échantillons, les catalogues, les factures, les exprès, les messages téléphonés. Un roman qui s'élaborerait ainsi, sans qu'on le sache, sans que personne ne puisse vraiment le connaître entièrement, et où chacun serait à la fois l'auteur, le personnage et le lecteur. Je rêve moi aussi à cette littérature totale, et plus encore, à cet art total qui aurait réussi à recouvrir complètement les activités de la vie. Où le monde serait enfin devenu sa propre expression, anonyme, parfaite, immensément et magnifiquement humaine.

Mais j'ai peur que ce ne soit rien d'autre que cet anéantissement dans l'ineffable et dans le collectif, qui est l'idéal de l'art. Je suis vite dégrisé. Vite, bien vite, l'individu m'a repris, et m'a rhabillé dans ma peau d'homme qui souffre, d'homme qui n'est pas les autres, d'homme qui a besoin de parler et de gesticuler pour que les autres fassent attention à lui et essayent de le comprendre.

Monde, jeu multiple et étendu, à la dureté incomparable ! Partout où je porte les yeux, *partout où je pense*, ce ne sont que les facettes, les éclats, les pointes aiguës, multicolores, les cases préparées, les dessins marqués, tatoués ! Partout ! Les jeux sont innombrables :

— Les petits bouts de papier jetés au hasard.

— Les allumettes au phosphore peint en vert, en bleu, en jaune, en blanc, en noir ou en rouge vif.

— Les poussières accrochées aux parois de verre du cendrier.

— Les éclats de la lumière sur la pointe, le capuchon et le bouton en métal du crayon à bille.

— Les carreaux du papier.

— Le bruit de la montre, qui ne change jamais, qui marque les millions de rythmes.

— Les coups secs de la machine à écrire, et les mots qui avancent tout seuls, n'importe comment, écrivant Zaatshuuiqlpndetrez, ou bien noo Rt 67 zfa JHY sfre Oiol.

— Le pot de fleurs minuscule, où a l'air de vivre une plante grasse grosse comme un insecte.

— Les couleurs du paquet de cigarettes : bleu, blanc, bleu.

— Les lettres inscrites, avec leurs barres, leurs fourches, leurs boucles, leurs crochets, leurs points, leurs trémas, leurs accents, leurs pâtés, et toutes leurs volutes & spirales. Maisons, femmes, serpents, tourelles, voitures, avions, poissons, fourmis, arbres.

— Les granulosités du dessous de verre en carton BEAUREGARD, et celles d'URQUELL, BÜRGERBRÄU, Stiegl, ADAMBRÄU, Adelshoffen, Hofbräu.

— Les cannelures.

— Les ciselures.

— Les encoignures.

— Les poinçons.

— Les marques déposées.

— Les signatures.

— Le bleu outre-mer, violacé, mais en même temps indigo, de la coupe-réclame.

— Les timbres aux bords dentelés.

— Les cris montant du dehors, les cris rauques, les cris gutturaux, les noms qu'on appelle, les injures, les quolibets, les rires, les aboiements, les clameurs.

— Les coups de klaxon.

— L'odeur écœurante, faite de fenouil, d'ail, de caoutchouc brûlé, et de beurre frit.

— Les moustiques qui se cognent.

— Les signes, les langues qu'on ne comprend pas, et qui existent. Sur les morceaux de carton arrachés, sur les billets de banque, sur les enveloppes des lettres. Magnesia Bisurata Aromatic. Reg N 5781/B.

CLOS PAR NÉCESSITÉ
Par Délégation du Recteur
Le Doyen

CHIBRO-BORALINE

Formule : borate de sodium	0,25 g
Acide borique	1,00 g
Paraoxyphényléthanol méthylamine (tartrate) ...	0,50 g
Paraoxybenzoate de méthyle (sel sodique)	0,10 g
Chlorure de sodium	0,80 g
Eau distillée. q. s. p.	100 g

— Les bandes jaunes et beiges sur le plâtre des maisons.

— Les verrues sur le bec d'un pigeon.

— Les poils, les duvets, les plumes, les cils et sourcils, la laine frisée, ou rêche, le coton, la fibre de verre, la trame infinie des draps, les vibrilles, les flagelles, les chevelures et les fourrures, tout ce qui crisse, accroche, caresse, ondule, ploie, frissonne, brûle et se coupe. Universelle forêt hérissée, puis couchée, où s'accrochent comme des proies les particules flottantes de l'air.

— Les rues et les ruelles.

— Les impasses, les routes, les squares.

— Deux ou trois collines aux dos arqués, où passent lentement les chemins faits d'escaliers et de raidillons.

— Les chants des oiseaux prisonniers dans leurs cages, au soleil.

— Les phares des voitures.

— Les seins des femmes.

— La poudre craquante et lumineuse du charbon qui s'effrite.
— L'air épais.
— La chaleur : 27°, 28°, 29°, 30°, 31°.
— Les allumettes qui s'embrasent d'un seul coup, dans leur douce explosion qui fuse, fulgurantes de blancheur verdâtre quelques secondes, avant que naisse la première flamme rouge-orange qui va brûler jusqu'à s'éteindre.
— La mort des papillons de nuit.
— Les antennes de télévision sur les toits.
— Sur le parquet rouge carmin, une seule chaussure brune abandonnée de travers, et dont les deux bouts du lacet pendent du même côté.
— Les ciseaux qui coupent : le papier, le velours, le fer-blanc, les cheveux, les allumettes, les ongles des mains, les ongles des pieds. La lame de rasoir, terrible et mince, quand elle passe sur la peau et laisse son sillon de sang très rouge.
— Le soleil, apparaissant, disparaissant.
— L'estomac qui digère.
— La mer.
— Le silence au beau milieu de la nuit, tragique et dense, avec, peut-être, deux chiens qui aboient d'un bout à l'autre du noir.
— Les mots : gale, défi, syncope, opale, buvardé, tonne, noix, raisin sec, gel, striure.
— Les taches d'encre, de café au lait, de sirop, de vin, les mouchoirs luisant de morve séchée, les vieux chiffons doucement pourris, les livres poudreux, les croûtes sur la peau, les cicatrices, la sciure, les brindilles, les feuilles fanées du laurier, le

papier rouillé, le couteau rouillé, le linge rouillé. Les marbrures et les boutons, les vergetures, les plis, replis, rides, flétrissures. Les trous des narines. L'odeur des W.-C. La porcelaine blanche et calme, puis les plinthes usées, les plafonds racornis. Les fentes où glissent les cafards aux antennes frémissantes. Les boîtes aux lettres, avec leurs noms épinglés : SOURIAN, ROUSSEL, Julien LORENZINI, Léa D. LIONS. Les sonnettes. Tout ce qui est usé, repassé, raccommodé. Tout ce qui a servi. Ce qu'on jette, et qu'on peut venir récupérer quand la nuit est tombée. Ce qui brûle dans les brasiers puants. Les cercueils, les tombes, les couronnes de violettes en plâtre. Les affiches, les écriteaux, les réclames. Les parasites de la radio. La seconde où la salle de cinéma s'engloutit dans l'obscurité, alors que viennent de cesser les bandes publicitaires, et que le film n'a pas encore commencé.

Tous ces jeux minuscules, toutes ces miniatures de la vie, dures, en relief, bien présentes, aux millions de couleurs qui ne sont jamais deux fois les mêmes ; tous ces jeux qui jouent chacun sa partie, indépendamment, mais pourtant ensemble, tous ces jeux dont les règles sont cachées, dont les règles changent à chaque seconde, et qu'il faut jouer, qu'il faut jouer tout le temps.

Déplacer les jetons. Remplir les cases vides. Colorier. Faire sauter, faire danser. Ne pas bouger. Faire semblant d'être ici, mais être là. Faire semblant d'être ici pour être là, mais retourner ici. Jouer. Jouer. Jouer. Sans s'arrêter, sans se reposer, être soi-même jusqu'à la folie, mais sans devenir fou, le bâtonnet, la croix, le damier, le carreau, l'as, le rond, le pointillé, le dedans et le dehors, le dessus et le dessous, le quelque chose et puis le rien. Jouer avec passion, avec amour peut-être, chaque parcelle de soi, et chaque parcelle du monde, pour la perfection d'une œuvre totale qu'on ne connaîtra jamais.

Conscience

L'action la plus terrible de l'esprit est peut-être cette fermeture : lorsque, abandonnant toute visée précise, le regard intérieur est tout entier tendu dans cet exploit unique, qui est d'être conscient de sa conscience. S'il est un acte parfait, stérilement et douloureusement parfait, c'est bien celui-là. L'esprit n'est plus qu'esprit, volonté forcenée d'être ce qu'il est ; tout ce qui flotte, tout ce qui est contingent, tout ce qui est richesse, parce qu'échange, parce que spectacle, parce que spectacle où on ne voit pas tout, où l'on ne peut pas tout connaître, tout cela a disparu. Du mouvement de la connaissance, il ne reste plus que l'acte, l'acte seul, fou à force d'être lucide, l'acte qui n'est plus qu'un moteur dont l'énergie n'est plus freinée. La communication est la vérité vivante de tout ce que nous sommes. Le monde, la réalité, les pensées, les mots sont des transferts. Que cesse l'échange, que s'arrête le commerce avec l'« externe », et voici l'abomination et l'impuissance. Si cet acte fou existe, s'il n'est pas une imagination ou un rêve déformé par le langage, il se peut que ce soit l'acte ultime de la pensée humaine. Il est possible que cette apparente perversion de la conscience soit l'aboutissement fatal de l'esprit. Qu'au bout de l'effort de présence dans le monde, il y ait ce mur infranchissable et incompréhensible. Oui, il se peut que toute pensée soit ainsi orientée vers sa propre extermination dans l'absolu de la pensée, et que l'échange ne soit réalisable qu'en deçà des limites mêmes de la pensée. Les abîmes de la raison alors n'existent plus. L'abstrait n'est plus le champ infini des possibles, et l'imaginaire n'est plus une ivresse qui s'enivre d'elle-même. Il se peut que tout soit *raisonnable*, parce qu'appartenant à un ordre fini, sans possibilité de fuite. Tragique grandeur de la pensée, qui culmine peut-être sur cette perfection qui est aussi sa mort. Ce destin est-il vrai à tous les moments de l'acte de la réflexion ? Y a-t-il, même dans les formes les plus sommaires de la conscience, cette marche vers l'absolu, vers le néant ?

Y a-t-il dans tout homme qui pense un *homme mort* ?

Dans le domaine de la conscience, l'acte parfait est donc possible. Il existe, il est vrai, cet acte qui cesse enfin d'être un intermédiaire, qui cesse d'être un pont, pour devenir complètement lui-même, pour vivre en toute indépendance. Détaché de toute cause et de tout effet. Ce temps mort, ce point suprême de l'intelligence humaine est infini à l'intérieur de ses limites. Si on ne peut le dépasser, c'est qu'il ne se résout à rien, c'est qu'il est ouvert indéfiniment. Il est en quelque sorte arrêté sur lui-même, et il se perpétue sans frein, nourri de sa propre substance, élevé d'un seul coup au sommet, pur, hors du temps, hors de l'espace, de la matière, du langage même. Celui qui voit n'est pas libre ; il ne fait que relier deux points de l'univers, il puise, et de ce fait, il use, il détériore. La conscience de quelque chose n'est pas différente d'une fonction organique. Son phénomène est celui de l'assimilation, et sa pureté et sa lucidité sont éphémères, parce qu'en directe relation avec l'univers de l'impur et de l'indéterminé.

Mais celui qui ne voit pas, mais qui est dans l'œil ? Celui-là est un vertige vivant. Sa prise de connaissance n'est plus en vue de la communication : elle s'opère pour elle-même, elle se détache. Elle est le mur. Est-ce désespérant ? Est-ce une erreur, un vice de fonctionnement ? La limite, la mort, le néant sont les propriétés de ce qu'il y a de plus qu'humain dans l'homme. C'est le paroxysme de la raison. Au-delà, il n'y a plus rien. Il n'y a plus d'intelligence. Etrange limite que celle-ci, que l'on peut définir avec ces mots : la pensée de l'homme est incluse dans sa propre pensée. L'absolu de la pensée est de penser la pensée. Etrange limite, et étrange absolu, puisqu'il est un reflet. La muraille définitive de la conscience est un miroir qui renvoie vers l'intérieur.

Le cercle est donc fermé. Le labyrinthe a pour enclos son propre centre. Entre la limite d'arrivée et le point de départ, il n'y a, si l'on veut, que cette différence : l'une est conséquente de l'autre. Tout ramène vers l'intérieur, tout est tourné vers son centre. Le mouvement est facile à affoler. L'équilibre est facile à détruire. Celui qui est conscient à l'extrême retrouve soudain l'univers de l'opaque. La lucidité n'est durable que lorsqu'elle est altérée, dénaturée. Si rien ne vient s'opposer à sa marche, si rien ne vient rabattre dans la boue du réel, l'esprit intelligent et clair s'immobilise bientôt, à bout de course. Il ne consomme plus. Il ne livre plus. Il ne s'élève plus. Il culmine dans le ciel libre et vide de l'univers sans objet, du théâtre sans spectacle.

C'est dans cet instant de folie consciente que cesse sans doute l'ancienne opposition du *quelque chose* et du *rien*. Ce *quelque chose* n'avait de vie, de pouvoir, que dans sa propre relation à la fois avec les autres et avec son expression négative, son *rien* en quelque sorte. Mais dès l'instant où cesse cette relativité, cette mobilité, le *quelque chose* éclate pour ainsi dire à cause de son excès de substance. Il cesse d'être *quelque chose* pour devenir *toute chose*; mais entre cette *chose* totale et l'immense néant où il n'y a *rien*, quelle est la différence ? Où est la vérité de son existence, où est son mensonge ? Où est son affirmation, où est sa négation ? Sommet dangereux de la matière, sommet qu'il ne faut jamais envisager, car sitôt reçue, sa présence est *hors de doute*, et par conséquent hors de la vie.

En dehors de Dieu, impossible de faire la synthèse du tout et du rien. Lui seul est à la fois l'Objet et le Néant, lui seul possède ses propres limites. Lui seul recèle le mystère de ce qui est plus que conscient, de ce qui est plus qu'être, de ce qui est arraché au terrible relief de la réalité et qui est placé dans la liberté d'être selon sa propre nature.

Voilà ce qui est refusé à l'homme. Voilà l'intensité de la présence de l'homme sur la scène familière. Ceux qui, par l'extase, par la joie, ou par la folie, ont cru atteindre le domaine insupportable du divin, se sont trompés sur leur aventure. Ce qu'ils ont connu, c'est la frontière. Ce qu'ils ont vécu, c'est l'arrêt, l'abominable et délicieux arrêt de la conscience réalisée dans la conscience.

Les possibilités de l'homme sont infinies. Mais son impossibilité, sa grande et fatale impossibilité, elle, est unique.

Tout ce qui est connaissable au monde humain, l'homme le connaîtra, ou le reconnaîtra. Mais son impuissance, il n'en saura jamais vraiment la mesure, ni la situation. Et c'est peut-être après tout la morale de l'impossible qu'il faut maintenant accepter, afin de rejeter toutes les autres : non par orgueil, non par lâcheté, mais pour aller dans le même sens que celui qui lui est proposé. Pour ne plus retarder la marche. Pour être ajusté.

Tout ce qui est conçu, senti, expérimenté, imaginé, pensé, deviné, est *réel*. ET IL N'Y A RIEN D'AUTRE QUE LA RÉALITÉ. Le monde n'est pas le monde. La matière n'est pas la matière. L'espace, l'infini, les microcosmes, les structures, les lois biologiques ne sont pas extérieurs. Tout ce qui existe est humain.

Le miroir

  Le soir, lorsque la chambre baigne dans sa lueur malsaine et un peu triste venue sans heurts de l'ampoule électrique, lorsque au-dehors se met à régner la nuit, le silence, les bruits dans le silence, lorsque tout paraît décliner, nager avec peine, et en même temps vibrer sourdement de danger et de haine, lorsque les objets suent la mort, parfument la mort, se fardent avec la mort, je suis pris par une inquiétude que rien ne peut raisonner. L'autre est là, je le sens, l'autre me guette par toutes les fenêtres et par toutes les fentes ouvertes sur ma chambre. Il s'est déguisé. Il a placé ses yeux partout, dans les angles du plafond, dans les replis des tentures et des rideaux, dans le bouton de verre de la porte, dans le thermomètre pendu au mur, dans les fins gribouillis de la tapisserie, à l'intérieur du bois des chaises, partout, partout où il peut m'épier et me transpercer. Il s'est installé là, comme chaque soir, avec la nuit, et je n'y peux rien. Il s'est glissé à l'intérieur des morceaux de fer ou de plastique, dans les nœuds du verre, dans les poussières ; il s'est déguisé en mouche, en cafard, ou en ver rongeur, et il tend ses antennes tremblantes vers moi, il tend ses mandibules, ses pattes aux crochets velus, il me regarde depuis le fond de l'ombre avec ses petits yeux brillants et fixes. Pour me tromper, je parle, je fais du bruit, je travaille ; mais je ne peux pas oublier sa présence. Je suis devenu petit à petit une espèce de victime. Alors je veux lutter, je veux le combattre, et pour cela, je le regarde dans tous les objets. Je le provoque. Je vais droit aux bouches du noir, et je les défie. Les démons, les puissances du mal et de l'inconnu, les spectres qui veulent m'effacer du monde, j'essaie de les terrasser avec ma vie. Je me sers de mon corps, de mes yeux, de mes pieds, de mes mains musclées pour affronter les ennemis invisibles. Je ne fais plus semblant de les ignorer. Je leur montre que je sais qu'ils sont là, autour de moi, et que je sais qui ils sont. Je les fixe du regard, à travers les lucarnes des objets qui les abritent. Je les brave. Je leur parle même, je leur donne leurs vrais noms : « Toi, la mort, toi, démon, Satan, fantôme, esprit qui erres, esprit de la nuit et du mal, toi, oui, toi, je te connais ! Tu ne peux rien contre moi. Tu ne peux pas me tuer. Tu ne peux rien du tout. Montre-toi, essaie seulement de te montrer. Apparais. Essaie donc de lutter avec moi, puisque c'est ça que tu veux ! Mais tu ne peux pas ! Tu n'existes pas. Tu n'es qu'une invention, une sornette des hommes. Je ne te crains pas. Tu ne peux pas me faire mourir. Tu ne peux pas me faire mourir. » Je prononce tous les noms qu'il ne faut jamais prononcer, je les défie tous, avec mon corps, mes yeux, ma pensée. Je place le poignard sur la table, bien en vue, et j'attends que vienne la main qui s'en saisisse et le dirige vers ma gorge. Je blasphème tous les dieux et tous les démons, je provoque, l'ordre du bien et l'ordre du mal, et je sais que jamais ils n'oseront s'attaquer à ma vie ! Eux sont de l'autre côté de la cloison, dans le monde des morts. Leur pouvoir est gonflé de haine, parce qu'ils n'appartiendront jamais plus au règne des vivants.

Mais je dois les surveiller sans cesse, ne jamais cesser d'être présent. Il faut que je regarde intensément toutes les failles par lesquelles ils pourraient couler à l'intérieur de la réalité. Toutes les fenêtres glauques, tous les orifices ombreux, tous les reflets, toutes les vitres liquides tremblent et vibrent sous leur pesée, comme prêts à se rompre à chaque instant.

Et je tourne la face des miroirs contre les murs, je cache les parois de verre ou de tulle, je ferme les livres ouverts, j'éclaire violemment les recoins obscurs. C'est par là qu'ils me voient, et c'est par là que je peux les voir. Dans le puits plat du miroir il y a le règne de l'intelligence adverse. La réalité, la réalité reproduite n'est plus la même. Elle est, par son dédoublement, devenue dangereuse et funeste. Elle s'est creusée, elle s'est chargée de symboles. Ce qui était dur ici, le bois, le métal ou la pierre, s'est comme vidé là-bas ; les objets sont des cavernes.

La parodie est démoniaque. L'univers singé montre ses sarcasmes et ses crocs. Il jette son cri de perroquet, son cri rauque, stupide, méchant, et c'est comme s'il n'y avait jamais rien eu de vrai et de doux sur la terre. Miroirs, domaines illimités de l'enfer, non pas lieux ignobles de la mort, mais présences du mal dans la vie. Petites lucarnes ouvertes sur rien, réfléchissant le néant du mensonge. Lacs ternes.

Hublots d'où monte la peur, le soir, dans cette chambre, dans le bain chaud et maladif de la lueur de l'ampoule électrique. Image du monde associé à la conscience, du spectacle qui s'est fait tout à coup spectateur et qui vous regarde. Est-ce la peur de soi, la peur de ce regard qui revient ainsi brusquement comme une arme vers celui qui l'a lancée ? Est-ce la peur de se reconnaître ? D'être dévisagé par l'autre qui avait dévisagé avec soi ? Est-ce le vertige d'un vide, ou l'atroce agression d'un trop, d'un *comble de soi* qui n'est plus supportable ?

La conscience peut être trop humaine. La conscience peut être cet abîme qu'est le soi, cet abîme qui sort de l'homme et le désagrège, et détruit son spectacle, son œuvre. La conscience peut être cette énergie qui se perd à jamais. L'acide dévore la glande qui l'a sécrété. Miroir, image même de l'agression contre soi, du suicide obligatoire. Tout ce que je porte de secrètement criminel, de bestial, de violent, tout ce poignard, tout ce rasoir étranger et familier s'arrache alors de mon contrôle, et revient droit vers moi, vise ma gorge, fait couler impitoyablement mon sang. Les démons hagards sont là, mais ils sont *ce que j'ai été*. L'odieux, l'abominable me guette, avec ces yeux qui ont été les miens. L'autre, c'est moi, c'est moi. Dans cette autre nature qui m'apparaît au fond du miroir, règne cet homme qui appartient déjà à la mort, cet homme que je connais comme mon père et comme mon fils, et qui en veut à ma vie.

Ce qu'il faudrait, c'est briser une fois pour toutes ces fenêtres du mal ; cacher, briser, souiller les miroirs, embuer les reflets du verre et du tain, et rester dans le spectacle sans témoin. Mais peut-on briser un miroir ? N'est-ce pas évident qu'ils sont indestructibles ? Qu'ils sont là, partout, autour de moi ? Les objets sont des miroirs. Les livres sont des miroirs. Les corps des autres, les yeux des autres sont des miroirs. Ma propre main est un miroir. Partout où se porte mon regard, quand vient en moi cette hantise du double, je ne vois que moi qui me regarde. Les démons de ma conscience retournée habitent le monde entier. Leur domaine est le visible, le senti, l'audible. Chaque parcelle du monde est alors face à moi, et ricane. Et je ne peux pas échapper aux quolibets.

J'ai beau voiler les miroirs, j'ai beau fermer les livres et cacher les dessins, j'ai beau anéantir les photographies et les signes familiers de ma présence, je suis toujours là. Quelle vengeance est-ce que je poursuis ainsi contre moi-même ? Quelle ancienne rancune, quelle guerre millénaire est-ce que je me livre, en m'exhibant et en me persécutant de la sorte ?

Qu'y a-t-il dans ces livres imprimés qui me poursuit sans merci ? La pensée, l'indécente pensée jaillit de tout et me cerne. Ces ennemis abstraits, ces ennemis qui se cachent sous les mots sont invincibles. Car pour lutter contre eux, en vérité, je n'ai qu'eux. Quand je m'abandonne à mes propres coups, qui pourrait me sauver ? Qui pourrait me divertir, ou me cacher, puisque dans cette chambre dépouillée, dure, réelle, dans ce monde-ci, il n'y a rien d'autre que moi ? Les hommes et les femmes sont moi, les animaux sont moi, les objets sont moi, ce que je vois et ce que j'entends, ce que je touche, ce sont donc mes yeux, ma voix, et ma peau. Plus que cela, même : je ne vois que ce que je vois, je n'entends que ce que j'entends, je ne touche que ce que touche ma peau. Moi a disparu. Et moi est partout. Je suis à la fois au centre et alentour, et ma connaissance ne s'achève que sur ma connaissance. Ma réalité, mon angoisse, mon triomphe sont de ne pas sentir d'autre que ce qui m'est possible. Voilà pourquoi la conscience m'a rejeté hors de moi, et m'a forcé à être ce que je ne suis pas. Elle m'a conduit dans la fissure. Elle a fait le monde à mon image, et mon image à l'image du monde.

Mort, qui m'as conçu et porté, je suis déjà presque revenu en toi. J'avais oublié l'ivresse de la grandeur de ton règne, j'avais oublié ce que j'avais appris de toi et gardé dans ma vie. Ton domaine est au-delà des domaines, en toi les limites fondent et se rencontrent. Tout ce qu'il y a de clair, d'absolu, de beau, tout ce qu'il y a de *surhumain* sur terre, c'est de toi que cela vient. Toutes les fuites et toutes les impossibilités de fuir. Tous les abîmes sereins et tous les gouffres où s'engloutissent les esprits, les océans, tous les infinis purs et joyeux, les grandes passions du départ qui n'est plus un rêve mais qui se réalise, tous les arrachements au féroce petit drame, aux sentiments mesquins, aux mots dérisoires et souffreteux ; tout cela est toi, mort immanente et jamais assouvie, appétit de néant jamais rassasié, jamais écœuré. Ton vide est si grand, et ce temps si petit ! Comment se pourrait-il que ce fût ici la vérité, ici où rien ne persévère, ici où rien ne s'étend, ici où rien ne plane, quand là-bas, en toi, s'ouvre le suaire si vaste et si puissant ? Quand le vide est à ce point chargé, il n'est plus le vide ! Face aux deux étendues éternelles, qui n'ont jamais vraiment été, le fourmillement et le scintillement de la vie, de ma vie est sans importance. Ce qui compte, c'est ce désert immuable et immatériel, ce sont ces millions et ces millions de siècles et d'espaces qui ont été avant, et qui seront après. Ce qui est long, ce qui est insoutenablement long, c'est cette colossale voûte du vide et du noir, cette coupole qui pèse, qui engloutit, qui absout et éternise. Ce vide est ma vraie demeure, ce noir est mon univers réel. Ce temps du temps aboli ne passera pas, et cette existence de ce qui n'existe pas ne se ruinera jamais.

Mort qui es mon règne, mon seul règne, mort, silence qui es ma voix, ma seule voix, aveugles qui êtes mes yeux, mes seuls yeux, éparpillement dans la matière qui es ma seule unité, doute qui es ma seule foi, absence qui es ma présence, mort, qui es ma présence.

C'est vers toi, vers eux, que je viens. Depuis des siècles et des siècles sans siècles, depuis des jours sans un seul jour, je n'ai pas cessé d'être avec toi. A

L'infiniment moyen

travers la lumière blessante et les plaisirs douloureux, à travers la pluie de dards et les caresses éphémères, j'ai commencé mon retour. J'ai préparé la suite de ma vie. J'ai cherché le glissement vers l'éternité connue, et j'ai rêvé qu'on ne m'avait jamais odieusement réveillé un jour, en me jetant dans mon paquet de chair et d'os au milieu de la brève folie du sensible.

Et pourtant, plus que l'infini ou l'idée d'un principe suprême, ce qui est incompréhensible à l'homme : l'idée du RIEN, l'absence.

Notre monde est là ; notre matière est là ; notre corps, nos ongles, nos cheveux, notre peau, nos yeux, nos mains sont là ; notre esprit s'alimente de ces présences, il est le résultat de cette chair. Rien de ce que nous imaginons, rien de ce que nous pensons n'échappe à l'étreinte de cette chair. Comment croire que tout cela, qui était brut, violent, comment croire que tout cela qui était, a pu et pourra ne pas être ? Lorsque la mort nous aura dissous, comment pourrions-nous ne pas ressusciter ? Comment ne pas se refaire, incessamment, selon le rythme de l'échange ? Lois éternelles, âme, résurrection des corps, continuité de la vie, progrès, permanence de l'esprit, tout cela ne serait-il que mensonge ? N'y a-t-il rien d'autre que ce qui est, sans rien qui annonce ou qui prolonge ? Avant le temps, avant la matière, avant ce que je sais vrai parce que je l'ai vécu, n'y avait-il donc RIEN ? Comment cela est-il possible ? Eternité, éternité de l'être, peut-être est-ce en dehors de la vie et de la mort que son règne est institué. La matière sans infini, sans éternité, mais aussi sans mesures et sans histoire, la matière est étendue de toutes parts, elle remplit tout. Elle n'a pas de limites, parce qu'elle n'a pas d'illimité. Etre, ce n'est donc pas être vivant. La vie, la mort sont des modalités sans importance, comme végétal ou minéral. La vie et la mort sont des formes qu'adopte la matière, parmi tant d'autres. Quel est donc le principe fondamental de cette matière ? Est-ce le mouvement ? Mais comment découvrir cette loi qui ne serait même plus une loi, mais une réalité ? Comment inventer la seule chose qu'on ne puisse récuser, le seul principe qui soit dans le monde et qui n'en découle pas ?

Silence, rien, immobilité, voici donc les mots de l'impossible. Voici peut-être les seuls abîmes qui n'existent pas pour l'homme. Tout bouge. Tout est. Tout bruit. Il ne peut pas y avoir de calme, comme il ne peut pas y avoir *rien*. Tout est présent, et ne disparaît pas. Tout change, tout se compose, tout vit et meurt, mais c'est en restant *pareil*. Ce qui est opposé à tout sans l'être vraiment, ce qui plutôt se rejette en arrière et n'est pas réductible, n'est pas modifiable, reste pur, constant, magique, c'est la force de ce qui est.

C'est ici que se trouve le plus grand espoir des hommes, vraisemblablement : c'est ici que peut commencer leur transfiguration, leur extase matérielle : jamais rien ne disparaîtra. Que ce soit dans la vie, dans la mort, que ce soit dans le plus grand des univers fuyant dans l'espace, ou que ce soit dans le plus petit de ces royaumes, dans la présence presque abstraite des énergies premières, il y aura, il y a toujours eu, il y a quelque chose. QUELQUE CHOSE.

Mais c'est aussi le désespoir. La souffrance vaine de ce qu'on n'a pas connu, de ce qu'on ne connaîtra jamais. Le vivant et le mort peuvent se comprendre, et s'aimer. Mais ce qui est en dehors, ce qui est en tout, ce qui est évident, ce domaine intangible de l'être, on ne peut le comprendre. La dureté, l'inconstance, on peut la haïr. On peut envisager cela, on peut toucher cela ; ce qu'est le cendrier, le papier, l'air, le soleil, l'eau, la vitre, on peut le savoir ; car cela porte en soi les signes familiers et tendres de la vie et de la mort, du bien et du mal, de l'homme enfin. Cela se rattache à la société. L'homme n'y est pas étranger. Il est un voisin, il peut connaître, ou reconnaître. La matière vue par le vivant porte toutes les joies et toutes les calamités. L'homme peut se suffire d'elle, comme d'une habitation tranquille, il peut y discerner des limites, des lois, des rythmes. Il peut être calme et faire l'inventaire. Ou bien il peut se révolter, et blasphémer. Cela reste sont domaine. Cela est bien son monde.

Mais l'odieux ! Mais l'ignoble, l'atroce intuition de l'univers où plus rien de ce qui est l'homme n'existe ! Vision à chasser, à ensevelir, à frapper de coups pour l'oublier à jamais ! Et *on n'oublie pas* ! Ce vertige de l'inexprimable, de l'insensible, ce vertige du monde terrible de la matière en vrac, de la matière étant, d'où sont exclus les visages aimés de la vie et de la mort. Ce monde où le néant n'est pas possible ! Ce monde qui est le fondement même de toute la réalité, ce monde est concret, il est ici. Je le touche. J'y suis. J'en fais partie, moi qui dans ma folie me croyais mortel, moi qui en voulant mourir voulais me consacrer dieu dans ma dernière chance, dans ma pauvre dernière chance de m'affirmer comme unique MOMENT. Moi qui avais choisi l'orgueil humble et désespéré d'habiter un endroit qui n'avait pas toujours été. Dans ce vide que j'imaginais, je puisais la force d'exister. Dans l'espoir qu'un jour il n'y aurait plus rien, je trouvais le courage de vivre. En opposant à moi-même ma mort, je croyais triompher. Je voulais créer, avoir été créé, créer ma création. Je voulais, en étant détruit dans ma mort, détruire tout ce qui m'avait entouré et que j'avais conçu. J'étais le dieu du néant, celui qui inaugurait dans le vide, celui qui enlevait au monde.

Mais la mort ne m'arrachait pas à ce qui était. Ce qui était, était au-delà de la vie et de la mort, indestructiblement. Ce qui était, avait été, serait. Voilà ce que je me cachais en refusant le domaine immense de la matière. J'avais voulu la mort horrible, parce que je ne pouvais pas concevoir l'universalité du règne de l'horrible. J'avais pensé à la mort comme à une fin, parce que je ne pouvais supporter que le monde dure sans moi. Mais la mort n'est pas cet arrêt ; elle est un passage, un moyen. La vie n'est pas ce règne ; elle est un passage, un moyen. Tout est existence. Tout est présence, absolue présence qui emploie tous les modes, qui montre tous les masques. Le dépouillement des mystères ne découvre pas le vide, comme l'arrachement du visage de chair n'ouvre pas la porte au non.

Sourire, sourire impitoyable et inconcevable de la réalité. Voici que maintenant je te vois étalé, élargi, et que jamais tu ne t'effaces. Sourire de statue dont la vérité n'en finit plus d'être la vérité. Le vieux rêve de l'immortalité, qui peut-être nous trompa, mentait moins que l'autre rêve de la mort. Ayant conçu la vie qui ne finit point, et puis ayant conçu la vie qui s'achève, il nous reste à imaginer ce que la raison refuse et que la réalité montre. La dure, si dure présence de tout ce qui emplit et comble, d'un bord à l'autre. La présence gonflée que rien ne viendra résoudre, la tension longue que rien ne brisera, tout cela que je ne peux pas connaître, que je ne peux pas dire, tout cela qui m'est refusé parce qu'il m'a toujours été donné, et qui fait que le monde, dans sa matière, est à jamais et sans mystère, COMPLET.

Un livre, à quoi ça sert ?
A écrire. Ça sert à écrire, à lire, à dessiner.
A écrire ce qui est écrit, à lire ce qui est écrit.
A dessiner des animaux, des arbres, des poissons, des cendriers, des livres, des hommes, des enfants.
A dessiner tout ce qu'on voit.
A compter aussi, à mettre des chiffres.
A raconter des histoires, l'histoire du hibou, l'histoire de la montagne creuse et de la forêt avec les loups.
A faire le ciel, à faire le soleil. A faire une chemise.
A faire un pot de fleurs, et une cigarette.
On dessine. On colorie.
On dessine les maisons.
On dessine les salamandres et les escargots.
On peut les faire à l'endroit, et puis à l'envers.
On peut les faire avec des craies, avec des pinceaux.
Avec des allumettes aussi.
Avec de la paille.
Avec des feuilles.
Avec des cheveux.
Avec de l'herbe. Avec des morceaux de bois.

L'infiniment moyen

On peut coller, on peut découper avec des ciseaux.
Un livre, ça peut être une boîte.
Ça sert à se rappeler, aussi.
A gribouiller.
A cacher les choses, pour que les autres ne les trouvent pas.
Ça sert à envoyer des lettres aussi. A mettre les lettres et les cartes quand le facteur les a apportées.
A coller des photos.
Un livre, ça sert à lire le journal.
On écrit les lettres, les O, les A, les Z, les W.
On écrit ZORRO, CHAT, ISABELLE.
Ça sert à courir dans le jardin.
Un livre, ça sert à mettre ce qu'on a rêvé cette nuit.
Quand on s'est bien amusé avec, on n'a plus qu'à le jeter à la poubelle.

Et tous ces noms, et tous ces noms, El Diaz de Bertoncello, Veisse, A. Breton, Ponce de Leon, Jacquin, Alexander Flick, John James, M. Raysse, Michel Grillo, Nicolas Wheeler, George & Dona Brecht, Maggi, N. Sarraute, D. Johnson, Judith, Susini, Henri Giordan, M. Pomero, Philip Janetta, Pietropaoli, Oldenbourg, A. Pieyre de Mandiargues, G. Lambrichs, Mattarasso, Jonas Liutkius, Y. Le Clézio, Moretti, Mario Mercier, Dr Lombard, Candélas, Dr Visqui, Bergue, Morisset, J.-L. Paoli, W. Gombrowicz, E. Lalou, Fourchotte, Galerie Cavalero, Fatier, Gabrielle Jousset, J. Piquemal, Dr Jean Mercier, J.-L. Godard, Levanti, Kerneïss, Vladimir Erkmakoff, Saluzzo, François Dufrêne, Pommier, A. Jouffroy, Paul Harrisson, Max Ernst, Malaval, Edward Amadouny, Michaux, Maurice Lemaître, Lanfranchi, Doug Tappin, Signora Mencarini, Wœlffel, Sapia, Mille, Mistress ffrench, Dr de Alberti, Arman Fernandez, Levamis, André Riquier, B. Fontaine, Ray Johnson, Mike Rollins, Mike Rosenberg, Lepage, Flynt, George Schön, Ted Joans, Miniconi, A. Duchamp, G. Bovis, Peta Horselea, Acola, Alocco,

Auger, Priking, Love, Butor, O. Duran, La Monte Young, Petroff, Franquin, Alex Lauro, Jackson Maclow, John Warren, Metcalfe, Noël Coutisson, Diane Matthews, J. D. Salinger, R. Isner, John Cage, Biga, Irene Kendall, F. Bossoutrot, Moïra, Jacno, Clara Leroux, J. Onimus, Shelly Manne, Kerouac, Mingus, Y. Rivière, Bonifassi, Morana, P. Garland, Alata, Claude Massat, T. Monk, Natalini, Anya, Perrotino, J.-L. Gaudin, Kanters, Polanski, Clark, Dreyfus, Pontremoli, Edouard David, Ravel de l'Argentière, Vautier Ben, J. Brosse, Robert Guneau, Tonnelli, Carrère, Dr Sireix, Malausséna, Yoshiro Mochizuki, Gaetan Picon, Mondoloni, Marcel A. Ruff, Portanièri, Brauberger, Queneau, Sri Aurobindo, Konrad Tchuchenko, Albertini, Hoizai & Tadei, M. Kohler, Niel, Hergé, Centrico, J. Rostand, A. Tatarkiewicz, J. C. Scantanburlo, Muddy Waters, Teissère, Cappa, Costa, Milani, J. P. Gianetti, Andrée Miot, Johnny Small, J.-P. Sartre, A. Dunan, Barnaud, M. de Mortemart, Marie-Josèphe, Jimmie Skinner, Claudius Véran, Miko Posza, Lorenzini, Shlomit Niker, Ruth, S. Beckett, Séranon, Adillon, Mohamed Séguila, Adillon, Le Nours, Hott Ben Amar, Ortoli, P. Klossowski, R. Bova, Larmat, J. Javry, J. Piatier, N. de Staël, Scoffier, Crane, Aragon, Jules Blanc, Ernest, Ionesco, Ballatore, Dousky, Mac Laglan, Benazeraf, Flammarion, Talon, M. Nadeau, Leca, Heisenberg, Paul de Castro, J. Mathey, J.-P. Sériès, Onesti, René Guénon, Miguel Queridos, M.-F. Vilain, Ezra Pound, Maria Michalowicz, Dinah Willis, Camous, P.-P. Bracco, et tous les autres, et tous ceux qui ne sont pas sur cette liste, et qui, par aide, hostilité, ou indifférence, ont écrit ceci en même temps que moi.

Faut-il coordonner tous ces mots, toutes ces pensées, tous ces actes ? Faut-il diriger ? Donner l'Esprit ?
Cette rue telle qu'elle s'est révélée à moi, comme un spectacle quotidien, aux couleurs ternes et aux couleurs vives, aux bruits communs, connus, reconnus, et qui pourtant s'échappaient, ce morceau de rue triste et doux, cet archétype assemblant ses volumes, ses lignes, diffusant ses mouvements incessants au milieu de ses bornes immobiles, cette rue aussi m'a montré son corps homogène, où je n'avais rien à retrancher, rien à ajouter, son corps global présenté pour toujours devant mes sens dans son impossibilité de création ou de mutilation. Que pouvais-je faire ? Où était mon action dans le monde, à quoi servait donc mon être ? J'avais à demeurer là, j'avais à sentir, à écouter, à interpréter, à imaginer, peut-être. Mais je ne pouvais pas faire un drame humain de ce qui m'était offert si profondément pris dans son propre drame, dans le drame de sa nature de rue.
A droite, l'immeuble aux murs décrépis peint en blanc sale. A gauche, la villa rouge encastrée dans son jardin vert. Entre les deux rangées d'habitations, la rue descendait en s'incurvant un peu, et disparaissait au bout d'une centaine de mètres en formant une sorte de carrefour. Un peu avant, une

boulangerie. Encore un peu avant, une fontaine qui fuyait. Les voitures étaient rangées le long du trottoir, et la chaussée était gondolée, grisâtre, mille fois écorchée et rapiécée. L'odeur d'un feu de feuilles pourries flottait indescriptiblement. De temps à autre, une voiture passait dans la rue, avec son vacarme de moteur. Venus on ne savait d'où, les éclats confus d'un poste de télévision se répercutaient dans le silence, glissaient, se mélangeaient, tonitruaient en sourdine. Tout cela était présent, avec violence, avec hargne, tout cela cognait et étincelait avec tant de vérité et de réalité que c'en était voisin de la démence. Et, en même temps, sans qu'il fût possible de déterminer comment cela se produisait, la réalité se quittait, s'abandonnait, flottait pour ainsi dire détachée de sa base, la doublait comme une ombre, la niait comme un songe.

Dans la rue, et aussi dans son double, les formes humaines passaient. Des femmes, des femmes épaisses vêtues de manteaux de laine, la tête couverte de foulard, marchaient sur le sol de ciment et de goudron en cognant très fort les talons pointus de leurs chaussures. Des femmes passaient, ainsi, en poussant des landaus, ou bien en portant des sacs à provision gonflés de légumes. Des enfants leur donnaient la main. Des enfants couraient le long des murs, en se bousculant, en criant. Deux fillettes, l'une de treize ans, l'autre de six ou sept ans environ, avancèrent sur le trottoir de gauche ; à un moment, la fillette de treize ans donna une bourrade à la fillette de sept ans qui faillit tomber. Celle-ci continua sa marche plus vite, en se plaçant devant l'autre, et en tournant la tête de temps à autre afin de prévenir de nouveaux coups.

Un peu plus tard, un homme vêtu d'habits de travail passait, portant une échelle sur son épaule.

Puis deux femmes d'un certain âge, l'une aux cheveux teints en roux, l'autre coiffée d'un chapeau de feutre verdâtre. Leurs paroles résonnaient dans la rue étroite, mais c'était comme si elles n'avaient rien dit. Parlant de maladies, de coût de la vie, d'enfants, de maris, d'appareils de chauffage.

Les enfants, parlant de gansters, de voitures, d'avions.

Les hommes mûrs, parlant d'argent, de travail, de voitures, de femmes.

Les vieilles femmes en deuil, parlant de morts.

C'étaient des mouvements passants, de simples mouvements passants mis en rapport, et séparés les uns des autres par l'étendue du vide. Ils glissaient, tous, obscurs, chacun dans sa voie autonome, sans jamais se rencontrer. Ils étaient venus de l'indéterminé, et ils allaient vers l'indéterminé. Ç'aurait aussi bien pu être la mort, pour eux, en cet instant, dans cette rue. Ces mouvements auraient aussi bien pu être absents, ces paroles auraient aussi bien pu ne jamais avoir été prononcées. Il n'y avait aucune fatalité, aucune nécessité dans leur présence ; la nécessité qui faisait qu'ils étaient eux-mêmes était incluse dans leur propre existence. Cette femme vêtue d'un imperméable gris, cet homme coiffé avec une raie dans ses cheveux, cet enfant qui détalait le long du trottoir vivaient dans l'évidence, seulement dans l'évidence.

Est-ce qu'ils étaient conscients ? Est-ce que le monde pouvait être réduit à l'un d'entre eux ? Non, tout se produisait, donnait naissance à son signe, à un certain moment, sans que rien ne pût apporter sa *preuve*. Cet ensemble était cohérent, juste, raisonnable, cet ensemble n'était pas absurde, et sa vie se déroulait bien loin de l'esprit des hommes. Ce lieu du présent, du présent intouchable, était sa propre connaissance, sa propre preuve.

Ces hommes, ces enfants, ces femmes, et aussi ces chiens, ces insectes, ces herbes, ces murailles, ces molécules d'air et d'eau, pourquoi avoir essayé de les maîtriser ? Ces individus séparés, autonomes, dépendants et indépendants, distincts les uns des autres par la forme même de leurs existences, et pourtant se ressemblant, pareils à autant de gouttes d'eau qui en même temps sont et ne sont pas, est-ce qu'il fallait vraiment leur donner une âme commune ? Est-ce qu'il fallait rassembler en un faisceau leurs habitudes et leurs idées, est-ce qu'il fallait les unir contre les morts par le lien de la vie ?

N'était-ce pas alors tromper, tromper pour aimer, tromper pour comprendre ?

Cette rue, comme les autres rues, comme les autres lieux du présent, m'a échappé. J'y étais, et dans le même temps, je n'y étais pas. J'avais mes racines dans la réalité, dans l'espace et le temps ressentis, mais je ne pouvais plus m'étendre. Le spectacle, aux apparences de vérité, m'a fait connaître sa nature plate et sans intelligence. Acceptant tous les signes, reconnaissant ici tous les sens, j'ai vu qu'ils n'étaient ni rythmiques ni contradictoires. Ni harmonieux. Ni efficaces. Ni beaux ni laids. Ni vastes ni resserrés. Ni terribles. Ni humains. Ni délicats. Ni joyeux.

Le langage s'est évanoui du monde. En quittant, il a défait le réseau des destins et des perspectives. Les oppositions et les définitions ont cessé d'un seul coup, comme cela, sans que je le veuille particulièrement. Et il n'est plus rien resté dans et autour de moi, avec le temps qui multipliait ses mouvements divers, que le spectacle de cette rue étroite, aux automobiles arrêtées ou en marche, aux hommes, aux femmes et aux enfants qui parlaient et pensaient, aux chiens qui aboyaient, aux oiseaux qui volaient dans l'air, aux vieux murs couverts de croûtes de peinture, de cette rue qui n'avait pas à être comprise, de cette parcelle dure et sûre où il se passait tant de choses indispensables, sans importance, là, sur cette drôle de terre en boule qui roulait toute seule dans l'espace noir.

L'étendue inimaginable de la réalité, de la réalité aux points de repère tranchants, je veux la voir. Je veux toucher tout ce qui peut être touché. Goûter tout ce qui peut être goûté. Sentir tout ce qui se sent. Voir, entendre, recevoir en moi par tous les orifices, toutes les ondes qui partent du monde et le font spectacle. Je veux, à travers ces lucarnes et ces fentes, laisser entrer la création déformée, puis la récompenser à l'image de ce qui n'est pas homme. Je veux extirper de moi ce chancre douloureux du tragique, du pur et de l'impur, du proche et du

L'infiniment moyen

lointain, du vivant et du mort. Je ne veux plus être l'homme seul au centre du monde ; l'homme abominable pour qui tout fut fait, et par qui tout se fait. Cet homme qui a créé ses dieux puis les a maudits, cet homme qui s'est enivré de son mystère, qui a voulu savoir ce qu'on ne peut pas savoir.

Il a oublié la nécessaire humilité du non-tragique. Il a oublié cette joie qui n'est pas une arme contre le malheur, mais qui est sa propre force de vie. Il a oublié que son artifice cesse d'être grand quand il n'est plus un artifice. Que son intelligence, que le prisme de sa sensibilité ne sauraient être sa vérité que s'il les accepte comme mensonges. C'est quand la terre est humaine qu'elle est le moins anthropomorphe. C'est quand il *se* trompe sur la réalité avec les esclaves asservissants du langage que l'homme est le plus proche de la platitude, de l'exactitude, du malheur initial qui découle de la grande évidence environnante.

Des rues comme celle-là, il y en a des centaines, des milliers peut-être ; il y a partout, dans chaque coin du monde, une rue qui attend de donner sa douce et minutieuse illumination. A Pékin, à Xhieng-mai, à Toronto, à Madrid, à Clermont-Ferrand, à Bourg-la-Reine, à Londres, à Dantzig, à Marseille, à Nîmes, à Tunis, à Casablanca, à Ogeja, à Amsterdam, à Dublin, à Moscou, à Albenga, à Port-Louis, à Brazzaville.

A Salt Lake City	A Lausanne	A Saint-Etienne
A Tijuana	A Zanzibar	A Baltimore
A Montevideo	A Autun	A Bombay

A Vladivostok
A Tien-tsin
A Genève
A Parme
A Abakaliki
A Calcutta
A Sainte-Marine
A Munich
A Helsinki
A Buda-Pest
A Port-Saïd
A Çumra
A Kaconge
A Brome
A Berlin
Limoges
A Saint-Girons
A Sioux City
A Paris
A Berne
A Antibes
A Bangkok
A Monaco
A Tintagel
A Stolp
A Dundee
A Velizh

A Rzhev

A Brighton
A Saint-Hélier
A Dallas
A Hiroshima
A Houston
A Manille
A Nassau
A Pérouse
A Arcachon
A Bali
A Tombouctou
A Vanves
A Hot Springs

A Milly
A Mexico
A Hanoï

A Ninive

A Caltanissetta

A Bucarest
A Graz
A El Ousseukr
A Yecla
A Santa Fe
A Santa Fe
A Santa Fe

A Tyilsk
A Palerme
A Niš
A Durban
A Ajaccio
A Petrovsk
A Santa Cruz
A Cayenne
A Jérusalem
A Cherokee
A Oaxaca
A Tomsk
A Stromboli
A Panama
A Malmö
A Werfen
A Lisbonne
A Belem
A Gibraltar
A Melbourne
A Concepcion
A Naples
A Leixoes

Ces rues goudronnées, poussiéreuses, avec les trottoirs en terre ou en ciment, avec les bouches d'égout et les fontaines, avec les platanes et les palmiers, avec les poubelles vides ou bien pleines, toutes ces rues de toutes ces villes, au soleil, à l'ombre, sous la pluie, dans les nuages de sable venus du désert, ou bien dans la tourmente stridente de neige et de grêle, ces rues arpentées par les femmes, les enfants, les hommes, les voitures, les chiens, les chats et les rats. Toutes ces rues réelles où je ne cesse pas de marcher, ces jungles dures et froides, rutilantes, mornes, où le temps laisse ses dépôts de scories et d'excréments, toutes ces rues où je ne cesse pas de me promener dans mon aventure. En elles est la civilisation, et ce qui n'est pas la civilisation. En elles est la réunion des individus, la foule assemblée que je regarde et qui me regarde. Là, il n'y a pas de douceur. Il n'y a pas de malentendus ni de mensonges. Il n'y a pas de principes, pas de systèmes. On m'a arraché de ma chambre, et on m'a donné à croire en ce qui n'a pas de forme. Avec ces rues on m'a fait comme les autres hommes, et les hommes commes les autres choses. Chaque angle, chaque pouce de sol usé et sali m'a dit ainsi que je ne suis pas moi, mais que je ne suis rien d'autre que moi. M'a dit que je n'avais pas, que je n'ai pas eu, que je n'aurai jamais d'importance. Que ce qui est fait vient de l'inconnu aux multiples faces, aux multiples forces, et que je ne connaîtrai que ce qui, s'étant livré, s'est trahi.

Les surfaces des murs portent les signatures des civilisations. Les papiers gras, les boîtes de conserve rouillées, les écorces gravées des arbres gardent les cicatrices des mots qui ont animé les hommes. Ces mots étranges, insignifiants, ces noms et verbes qui ont été déposés là et qui ont duré plus longtemps que leurs sens :

JACKIE   o a s   VIVE
         O A S
                 A BAS LES SOVIETS

Le temps a accordé à ces paysages des idées qu'ils n'avaient jamais vraiment portées. Cette civilisation n'est pas une idée ; elle n'est pas une âme collective. Elle est un climat qui baigne toute chose, et à quoi toute chose participe. Le vieux métal rongé, le béton jauni d'urine, le journal déchiré qui trempe dans la boue du ruisseau, les marques des talons aiguilles des femmes, la vitrine lavée à grande eau, tout cela a servi la civilisation. Cela a formé un bloc compact, indissoluble, cela a montré son dessin précis et momentané, cela a été l'*âme*. Les hommes ont vécu dans ce domaine, ils se sont nourris de cette matière, ils ont bu cette eau, ils ont respiré cet air chargé de fumées. Ils ont connu cet automne, ils ont nagé dans cette mer. Ils ont vu ces nuages, ce soleil, ce ciel. C'est par cela qu'ils ont été.

Masse humaine, masse humaine indissociable et puissante, comme un flot, comme une large coulée de lave aux miroitements éteints, elle avance, elle glisse sur la surface de la terre, elle est ELLE.

Jamais rien ne pourra se détacher. Mais jamais rien ne donnera la clé de cette union. C'est parce qu'elle ne peut pas se défaire que cette marée mouvante n'a pas de nom possible.

Si loin qu'on aille dans l'imaginable, on ne peut résoudre cette association dure et matérielle. Aucune idée ne peut séparer, et aucune idée ne peut unir. C'est le courant indéterminé, le courant mobile, diffus, démesuré, de cette chaleur humaine. Non pas des frères. Non pas des êtres à aimer, ou à servir. Mais des hommes de ma race, de mon espèce, des animaux répandus dans le monde, et qui ont mes mains, ma face, mes entrailles, mes nerfs, et qui voient le même soleil que moi.

Soleil des Grecs, et lune des Perses. Les siècles peuvent s'épuiser, le passé et l'avenir ouvrir béantes leurs fosses mortelles. L'infini des idées peut tracer sa route désespérante. Il y a toujours ceci, cette terre, cette boule de boue qui pivote dans l'espace, ce spectacle qui se fait dans toutes les vies séparées, et qui est toujours le même.

Quand le rideau se lève, c'est toujours sur le même décor. Et l'homme qui regarde, si sa manière de regarder change, c'est toujours le même homme. Continuité de l'espèce, miraculeuse avancée dans le temps et dans l'espace, qui ne sert à rien ! Le corps géant immatériel continue à se diviser, à se perpétuer ainsi, car ce n'est pas pour conquérir. Ce n'est pas pour prouver une idée, ni pour obéir au hasard. C'est pour *ce qui n'a pas de nom*. Vie vibrante, vie dont la durée terrible jamais ne se fatigue, vie peut-être issue de rien, peut-être allant vers rien, vie parallèle à la mort, je suis en toi maintenant, et je t'aime ; mais tu m'abandonneras un jour, sans que j'aie pu savoir pourquoi ou comment. Vie qui ne serait rien si tu ne pouvais te renouveler toi-même.

Image de Dieu.
Image de Dieu.
Dieu vivant, car, comme lui, ou étant lui, tu as pu te créer de tes propres mains. Tu as pu devancer les abîmes du néant qui guette. Vibration terrible, et vaine, et insatiable, courant d'un corps à l'autre, d'une forme à l'autre. Tu obliges aux métamorphoses. Tu exiges la douleur. Et quand vient la mort, ce n'est pas ta mort, mais seulement l'abandon du haillon qu'un jour, par caprice, tu empruntas.

Ce regard qu'on a commencé un jour à porter sur tous les événements de la vie, ce regard qui est devenu soi, a ouvert une porte qui ne se fermera plus jamais. Lentement, doucement, sans le vouloir, presque sans le savoir, l'on a mis en marche cette machine infernale, et l'on ne se doutait pas qu'on était attaché à cette machine. Maintenant elle ne peut plus s'arrêter. Elle ne peut que tourner plus vite, ivre de sa propre rotation, toujours plus vite, plus vite, plus vite... L'esprit a commencé son vertige d'analyse et de séparation, chaque nouvelle précision servant à affûter la prochaine. Maintenant le moteur est emballé, et on ne peut plus revenir à l'immobilité ou à la nuit. Plus besoin de forcer l'esprit ; c'est lui qui entraîne à présent, c'est lui qui suscite. Il est avide d'absorber le monde entier, de se nourrir de toutes les actions ; tout ce qu'il perçoit, il l'est. C'est lui le maître, puisque ce qu'on montre sert à ce qu'on cache, et ce qu'on cache à ce qu'on montre ; et il le *sait*. Dans son immense recul glacé, il se joint à ce qui ne devait pas être lui. Dans sa lucidité, dans sa clarté, cet esprit a conquis toutes les épaisseurs et toutes les nuits.

Et lorsque l'esprit est devenu cette machine, lorsque l'esprit est devenu ce corps vivant, créant incessamment la matière venue de l'informe extérieur, on ne peut plus oublier. On ne peut plus revenir en arrière. Pour retrouver une vérité qui ne soit pas individuelle, il est trop tard, beaucoup trop tard ; c'est ainsi, et il n'y a rien à faire : on est devenu son propre soleil.

Le regard est le signe essentiel de la vie. Il n'y a de vie au monde que dans ce qui participe ou est soumis à cet exercice de dissection. Ici la communication humaine est réduite à sa plus simple expression, et en même temps poussée au paroxysme : geste fatal et superbement autonome de prise de possession. L'homme défait pour refaire selon sa loi. Il détruit pour reconstruire, il détache et sépare pour réunir, il rejette pour prendre tous les univers joints en gerbe et offerts à sa consommation. Son acte d'épuisement du monde n'est pas un acte d'amour, ni un acte de foi. C'est un acte qui ne sert que l'acte, une nourriture dévorée non pour nourrir, mais pour qu'il y ait un repas. Cette ivresse qui s'enivre d'elle-même n'a pas de fin ; elle n'a pas d'origine ; elle n'a pas de cours. Elle est absolument, comme rien d'autre de vivant et de réel n'a jamais pu être. Dire de l'esprit livrant ce travail qu'il est la *conscience*, c'est l'amoindrir. Cet acte est plus que la conscience ; cet acte est la vertu même de la pensée et de l'émotion, cet acte est le suprême niveau de l'intelligence et de la sensibilité. C'est l'union dans le domaine mental de toutes les modalités vivantes, c'est la vraie lutte contre la matière symbole de néant. C'est l'insatiable combat (sans victoire ; il n'y a pas de paix ; il ne peut pas y avoir de paix) que la pensée livre à la non-pensée. L'univers informe, immatérialisé, immotivé, arythmé gît sans cesse, et sans cesse l'esprit en action le modèle, le crée, l'oriente, le transforme en musique. L'hydre ignoble de la matière glauque est mille fois assassinée, mais elle renaît de ses dépouilles. Chaque seconde tuée prend le nom que l'esprit lui donne. Pour cela même, il ne peut s'arrêter. Il ne peut s'apaiser. Il faut que cette voix au-delà des mots prononce sans relâche les noms de ses ennemis ; il faut que cette voix tragique nomme les acteurs qu'elle a imaginés pour jouer les rôles du drame nécessaire : les bien et mal, les loin, les ailleurs, les douloureux et joyeux, les vie et mort, les amour et haine. Sans s'arrêter, sans faillir, il faut que ce dur regard voie le monde exhibé. Que cet œil impitoyable cherche dans la nuit les visions du jour blessant, dans l'amour la haine, et dans la vie la mort.

Couteaux, femmes, étoffes glissantes, vie des arbres et des feuilles, crocs, ongles, dards empoisonnés, coraux, scorpions, lames du feu et de l'eau. Tous, partout, qui n'existez pas, existez ! Je le veux, et les autres qui sont en moi le veulent aussi. Je veux sentir vos armes et vos caresses, et je veux savoir que je les sens, car c'est ainsi que je sais que je suis vivant. Créer des systèmes, créer des malheurs, créer des paraboles, jouer la musique divine avec les bruits qui n'existent pas, c'est pour être mieux vivant, c'est pour être debout sur le plateau boueux.

Tout ce qui vit a son système. Les plantes, les bactéries, les animaux ont leur système. Etre vivant, ce n'est pas être identique. Etre vivant, c'est déjà croire.

Ironie terrible, sarcasme de l'infini qui me nargue. Mais j'aime cette impuissante présence, car elle est l'exaltation de ce que j'ai donné, de ce que les hommes ont donné. Le regard brûle et fait mal, mais j'aime le regard. J'aime ce triomphe présomptueux de vaincu, parce que c'est un triomphe à ma mesure ; parce que c'est un combat de révolte, une guérilla perdue d'avance, et que cette lutte n'a aucune utilité en dehors de ce lieu du monde.

Dieu, éternel, mort, absurde, infini, amour, destin, liberté, art, extase, beauté, bien ou mal : maintenant je sais bien ce que vous voulez dire ; vous voulez dire : rocher, froid, faim, peur, blessure, sang, coït, vieillesse, fièvre, ciel, mer, terre ou nuages ; vous voulez dire : bracelet-montre, yaourt, pain, chemise, journal, cinéma, cigarette, argent, télévision, femme blonde, carie dentaire, cancer du sein, poêle à mazout. C'est de la réalité que vous êtes nées, figures de mystère, et c'est vers la réalité que vous retournez quand on vous interroge. Vous êtes sorties de ce monde brutal et incohérent pour donner les mensonges et les vérités du langage.

J'ai voulu la douleur. J'ai voulu la douleur et la joie pour pouvoir accepter le sommeil. J'ai voulu le mal pour avoir le bien, et le bien pour qu'il y ait le mal. J'ai voulu la haine pour aimer, et l'amour pour haïr. Tous les dieux, toutes les éternités qui m'épuisent, c'est moi qui les ai voulues, pour pouvoir me vouloir dans le temps et dans l'espace. Et j'ai voulu la mort, pour pouvoir oser être né.

Timidité	Complexe d'infériorité
Peur de rougir	Tendance à la paresse
Inquiétudes	Personnalité déficiente
Angoisses	Manque de charme
Douleurs	Gaucherie
Malaises	Caractère hésitant
Tristesse	Confusion
Désespoir	Propension à la malchance
Abattement	Fatalité
Nervosité	Superstition
Fatigue	Mésentente conjugale
Mélancolie	Cauchemars
Insomnie	Echecs professionnels
Soucis	Appréhension
Souffrance	Manies
Déséquilibre	Irritabilité
Insociabilité	Indifférence sentimentale
Mémoire défaillante	Faiblesses
Emotivité	Manque d'ambition
Résignation	Surmenage

Pour décrire un peu de cette folie précise
Pour entrevoir, ne fût-ce que 1/10 000 000ᵉ de seconde
le grand vide sourd où bouillonnent les parcelles
Pour être plongé au plus profond du monde
et voir cette maison terrible de la matière en feu

Pour connaître le secret des secrets
la figure simple et inintelligible qui trace ses sarabandes
de soufre,

Pour voir le jeu initial
se soulever, lancer ses dés

Pour observer de mes yeux
ce que les yeux n'ont pas le droit de voir
et pour sentir sur ma peau
ce que ma peau n'aura jamais le droit de vivre

Pour tout cela, pour ce centre génial
ce cœur qui sursaute dans la glaire de l'œuf cru
Pour ces ahans,
Pour ces soubresauts aux vitesses innommables,
Pour les rayonnements, les chutes, les fissions,
Pour les réactions en chaîne, pour les transferts,

Pour : ISOTOPE

Pour : neutrinos neutrinos neutrinos
& spin − 1/2

Pour voir enfin en dure lumière
plus dure que la douleur de vivre
sur le tableau noir se graver les signes
de l'histoire inimaginable du monde
je voudrais bien mourir une fois
et puis renaître
SACHANT.

Langueur, majesté du vaste empire sans couleur et sans forme, abandon, glissade silencieuse et sereine, destinée ! Destinée, masque funèbre qui caches le monde. Je t'arrache, je te déchire avec mes mains pour voir cette chair inconnue. Et plus j'arrache, plus tu es là, moule de carton aux yeux troués, à la bouche peinte de putain tragique ! J'avance mes bras, j'avance mon corps, et jamais je ne trouve de chair ! Rien n'a fui. Mais devant l'abîme de l'esprit tendu comme une langue, l'univers s'est fondu. Rien ne s'arrêtera donc ? Rien ne voudra reconnaître sa fin ?

Mais j'ai déjà oublié le désespoir. Ce vide et cet infini ne sont pas épouvantables, mais ivres ! Ils obsèdent, ils s'infiltrent dans les veines, ils colorient mes pensées.

Je vogue dans ce gouffre intact et pur. Je suis pris dans les rouages, moi aussi. Je suis mort, vivant, mort, vivant, mort, vivant, des millions de fois mort et vivant. La matière dont je suis fait joue son ballet sans raison. Et la terre, et la viande, et les arbres, et l'eau et l'air, le fer, la houille, le pétrole, la lave, le marbre. Ils jouent. Ils combinent leurs forces. Aucun pour soi. Aucun pour l'autre. Tous pour tous. Et les soleils en boule, et les planètes, et les galaxies sont prises aussi dans le règne, et jouent, jouent, sans trêve, sans esprit. Les choses sont par milliers. On ne peut trouver une seule place vide. Intelligence, stupide intelligence qui ne peux me faire comprendre cela. Histoire, temps reculé, plis de l'espace, vibrations, forces d'attraction, cohésion, mouvement indifférent, tous, tous dans le même sac aveugle ! Tous enfermés, ficelés, bâillonnés, sens arrachés, glandes sectionnées, désossés, épilés, castrés, écorchés vifs. C'est le ballet farouche qui bouge de toutes parts. C'est le déferlement, la rage, l'abominable ivre et fou accord de vos voix. Et sur la terre, moi qui suis, et qui ne suis rien, qu'est-ce que j'ai à dire encore ? Pourquoi serais-je inquiet ? Ils dansent ? Alors, pourquoi est-ce que je ne danserais pas, moi aussi ? Je serai fou comme ils le sont, vibrant, vivant, brûlant comme eux. Je mourrai aussi comme eux, j'en suis capable. Homme, toi, arrache donc ton maquillage grimaçant, toi, clown, fais-nous rire un peu. Maintenant, c'est le moment du délire.

Tôt ou tard, celui qui se cherche ressent la tentation sociale. Il lui apparaît que ces tergiversations, ces prises de conscience, ces doutes et ces crises sont vains, irrémédiables ; il lui semble qu'il y a des problèmes plus importants dans le monde, des problèmes dont la solution immédiate dépend de lui. L'individu se révèle un jour à lui dans tout ce qu'il a de méprisable, de stérile. Il lui faut soudain, pour s'en sortir, une action. Une action qui le dépasse en quelque sorte et donne enfin un sens à sa vie. Le doute n'est pas seulement égoïste, il est inconfortable. L'engagement dans la société est le premier remède que cherche celui qui a tant souffert de son isolement et de son inutilité. C'est la destitution des responsabilités individuelles par l'intégration dans un univers collectif dont il n'est qu'une parcelle, insignifiante, assujettie, et dont les fins le dépassent. Enfin, il est un outil. Il est une cellule. Il va pouvoir servir, il va pouvoir croire. L'au-delà, qu'il soit métaphysique ou qu'il soit social, ramène l'homme dans cette situation d'affiliation qui est une sécurité. Etre seul, être libre, et ne pouvoir rien, ne savoir rien, ce ne pouvait pas être le bonheur. Ce ne pouvait être que le plus étroit, le plus continu des malheurs. La grande raison des servitudes idéologiques est là : elles ne sont pas une accession, mais une position de repli, un abandon de soi-même à la masse humaine. La générosité de sentiments à la base des engagements est souvent à double face : généreux dans les idées, et mesquin envers soi-même.

La majeure partie de ces engagements humanistes sont des leurres ; celui qui y cède ne le fait pas vraiment pour les autres ; il le fait pour ne plus être soi, pour renoncer au vertige de l'individu. Il n'a plus la force de livrer le combat seul ; rompant devant l'ennemi qu'il a découvert en lui-même, il se renie tout entier, et adhère à l'anonymat des fois collectives. Peut-être cherche-t-il dans cette participation un remède immédiat à la mort, au néant ; mais c'est un remède de mensonge, un remède de pacotille et d'illusion. Il ne fait que farder le mal, au lieu de le détruire. En renonçant à son individualité, à sa lucidité, l'homme renonce à ce qu'il y avait de noble et de tragique dans sa condition. L'homme est celui qui veut devenir dieu ; il n'y a pas de compromis ; s'il renonce à cette folie, il renonce aussi à sa liberté. L'oubli n'est pas vraiment possible. Si l'oubli a pu ensevelir les doutes, s'il a pu noyer cette âme, c'est qu'elle n'avait jamais vraiment connu le drame. Elle était restée en deçà du tragique, sans atteindre l'état de la *lucidité mécanique*.

Quand tout est apparu blanc et noir, quand

toutes les forces du bien et du mal ont été découvertes menant leur terrible lutte simultanée, il n'est plus possible d'effacer ce spectacle. Abandonner sa vérité en cet instant, ce serait s'abandonner soi-même, se perdre à jamais, quitter sa langue, et sa vie. Renoncer à la contradiction n'est pas possible, car ce serait renoncer à vivre. Ce drame, lorsqu'il a commencé, ne peut que s'achever : par la mort. Voilà pourquoi il est important de savoir se vivre soi-même ; il faut être préparé à toutes les lâchetés, à toutes les illusions, afin de ne pas les prendre pour des générosités ou pour des vérités.

Celui qui a su s'accepter comme tragique, celui qui a su être le héros de sa vie, a des chances de comprendre le monde. Il s'est fait homme, et la société peut naître en lui. Il n'a repoussé aucune réalité, si désespérante fût-elle, car tout ce qui venait à lui, il l'a senti comme étant une partie de lui. Les idées sont vivantes ; tout ce qui est dans l'esprit doit être en accord avec la matière. On ne plie pas le monde aux exigences de la pensée ; c'est le domaine du vécu qui détermine l'expression du langage et des idées.

Etre un individu, faire et laisser faire cet individu, c'est peut-être là le vrai chemin vers les autres. Ce chemin n'aboutit jamais. Il est seulement une marche parallèle, dans l'ignorance et dans le doute, avec pour unique secours l'indémontrable fraternité de cette exactitude. Chacun a sa vie et doit la conduire comme une œuvre. Chaque vie doit s'achever et se résoudre, indépendante, et dépendante de tous, jusqu'à l'ultime fermeture qui l'accomplit et lui donne un *sens*. Le *soi* n'est vraiment atteint que lorsqu'il se défait au dernier jour. L'œuvre s'est faite, l'œuvre a été faite, mais sans autre fin que celle-ci ; c'est le sens qu'il faut donner à ce destin qui n'en est pas un, le sens d'un travail dont l'objet premier est de travailler. Les utilités, les finalités, les perspectives extra-humaines sont des trompe-l'œil. L'homme n'a pas d'autre destin que d'être homme ; son destin est *privé*.

Il dispose de lui-même, dans toute sa liberté et dans tout son esclavage, pour rien, pour rien d'autre que pour lui-même. Gratuité. Obligation. Maîtrise, maîtrise totale dans sa prison. Avant lui, après lui, le néant, sans doute. Mais dans sa vie, le cours grandissant et somptueux de la connaissance, de la souffrance, de la joie, de la vie.

Chaque fois qu'il renonce, par lâcheté, ou par générosité apparente, à une souffrance ou à une joie sous le prétexte qu'elle est inutile au reste de l'humanité, il renonce à ce qui, en le faisant homme, pourrait le rapprocher des autres hommes. Chaque fois qu'il renonce à la gratuité, parce qu'il l'appelle désespoir, c'est à sa pure liberté qu'il renonce. Et ce qu'il nomme souffrance, sans qu'il le sache vraiment, était déjà la joie. Car dans l'univers nu de la lucidité, où agit l'esprit, la souffrance habite dans la joie, et la joie dans la souffrance, sans possibilité de les désunir.

Le bonheur n'existe pas ; c'est la première évidence. Mais c'est un autre bonheur qu'il faut peut-être savoir chercher, un bonheur de l'exactitude et de la conscience. S'il vient, en tout cas, c'est quand la vie a terminé son ouvrage. C'est quand la vie, par instants, ou bien jamais, ou bien dans une continuelle ardeur de la conscience, a cessé de lutter contre le monde et se couche sur lui ; c'est quand la vie est devenue mûre, cohérente et longue, chant profond qu'on cesse d'entendre ou de chanter avec sa gorge, mais qu'on joue soi-même, avec son corps, son esprit, et le corps et l'esprit de la matière voisine.

Alors il est bien possible que l'individu qui était sourd et aveugle laisse entrer en lui une force nouvelle, une force nouvelle qu'il avait pour ainsi dire toujours connue. Et que dans cette force, il y ait l'esprit des autres hommes, l'esprit des autres vies, l'unique onde du monde. Cela se peut. Etant accompli, étant la somme de tous les malheurs et de tous les espoirs, cette vie pourra n'être plus recluse. A force d'être soi, à force d'être soi dans le drame étroit, il se peut que cet homme dépasse tout à coup le seuil de sa prison et vive dans le monde entier. Ayant vu avec ses yeux, il verra avec les yeux des autres, et avec les yeux des objets. Ayant connu sa demeure, angle par angle, il reconnaîtra la demeure plus vaste et il vivra avec les millions de vies. Par le singulier, il touchera peut-être à l'universel. Mais il le touchera réellement, dans ce monde, dans sa forme, dans ce temps manifestés. Ainsi celui qui aura été jusqu'à lui dans sa plus petite parcelle, celui qui l'aura aimé complètement, le retrouvera et le reconnaîtra tout entier et pour toujours.

Infini, infiniment réel.

Infiniment dur. Infiniment présent.

Infiniment jouissable et malléable, infiniment cassable, infiniment mouvementé.

Dur et lourd, vibrant, déterminé.

Infiniment durable. Immobile comme le roc. Fuyant comme l'air.

Glissant comme l'eau.

Infiniment œuf.

Pulsation de moteur dans les couloirs rouges, début qui débute, fin qui finit.

Infiniment arbre, cellule, reptile, méduse.

Infiniment mouche.

Infini infiniment pensé, infiniment joué.

Vérité née de la terre, et revenue vers la terre.

Infiniment tranquille, calme, posé sur son socle de montagne.

L'espace est mort, l'espace est vivant, et ce qui était créé a créé.

Ce qui était su était dans le monde.

Maintenant, c'est là, précis et sans cause.

Le monde s'est échappé comme une proie fuyant, le monde a quitté sa ressemblance.

Il est pur, nu, et sa matière brûle et gèle immensément.

Univers, univers, surface striée d'un ongle !

Les mots sont abolis, et tous les papiers sont devenus blancs.

La réalité de la matière, vue selon ses mensonges par les yeux d'un singe.

Vue par les yeux des poulpes.

Vue par les yeux des herbes et des sauterelles.

Par les anémones de mer. Par les holothuries.

Par les blattes.
Par les feuilles des géraniums.
Par les amibes.
Par rien.
La réalité vue par rien.

Etendue vers le haut, glissant dans le gouffre obscur, frémissante de rayons, parcourue de boules d'énergie, éclatante de chaleur.

Et plus bas, plus près, le point de la limite !

Eternel, éternel et infini, impossible et inimaginable, irréel, réalités qui sont marquées dans le signe de la matière.

Ce qui est mort, est. Ce qui est vivant, ce qui est animé ou immobile, est.

Et ce qui n'est pas, est encore.

LE SILENCE

Quand je serai mort, ces objets qui m'ont connu cesseront de me haïr. Quand ma vie en moi sera éteinte, quand j'éparpillerai enfin cette unité qui m'avait été donnée, alors le tourbillon changera de centre, et le monde retournera à son existence. Les affrontements du oui et du non, les tumultes, les rapides mouvements, les oppressions n'auront plus cours. Quand s'arrêtera le courant glacé et brûlant du regard, quand cessera de parler cette voix cachée qui simultanément affirmait et niait, quand tout ce vacarme hideux et douloureux se sera tu, le monde refermera simplement cette blessure, et étendra sa couche de nouvelle peau douce et calme. Il ne restera plus rien, pas une cicatrice, pas un souvenir pour me porter au-delà de ce que j'aurai été. Je ne voyagerai pas. Je ne continuerai pas à lacérer le tissu du réel, et l'impulsion de ma conscience sera oubliée d'un seul coup, comme si elle n'avait été qu'un couinement ridicule. La nappe dense et noire retombera d'un seul coup, et je ne le saurai même pas. Je ne suis pas fait pour vaincre. Je ne suis que le fil mince qui s'embrase sous le courant trop fort pour lui et qui se brûle en voulant éclairer les arêtes des choses. Et quand ce fil sera rompu, et que l'aveugle reprendra le monde, chaque objet continuera d'être ce qu'il avait été, sans que rien de mon regard ait pu le créer. Au-delà des années et des siècles, au-delà des distances réelles, au-delà de moi, ni avant, ni après, ni cause ni effet, mais jamais plus cet homme. J'ai déjà disparu dans mon impuissance. J'ai déjà renoncé dans mon inimaginable. Je suis déjà soustrait, arraché, promis au vide. Je suis déjà mort, oui, mort des millions de fois à chaque geste que je faisais pour être vivant.

Quand je serai mort, quand se seront retirées de moi les raisons qui me portaient avec le souffle, quand mon esprit disparu aura réintégré l'immense journée où tout est égal, quand je serai redevenu petit et que mon corps se sera confondu avec la place qu'il avait occupée dans le monde, alors les vieilles contradictions, les doutes, les rythmes s'évanouiront d'eux-mêmes comme des illusions. Cet instant magique que je ne vivrai même pas aura lieu. Ce ne sera pas un passage. Ce ne sera pas une métamorphose, ni une trahison. Ce sera simplement effectué, sans heurt, sans que rien du monde bascule ou se détériore, comme un voile léger qu'on enlève, comme une goutte d'eau qui sèche sur la surface de pierre inchangée, comme une sorte d'ombre projetée qui s'efface quand s'arrête le flux lumineux qui l'avait rendue réelle. Ce que j'avais cru être la différence fondamentale entre moi et le monde, cette séparation qui avait été mon drame, tout cela fondra, se dissoudra facilement sans laisser de trace. Sans laisser de souffrance. L'étendue matérielle hors de l'exprimable redeviendra comme elle n'avait jamais vraiment cessé de l'être. Plane, nette, indéfiniment offerte et inaliénable. La trouble atmosphère, les jeux optiques, les fluctuations, les cycles et les lois auront toujours cours mais ils n'ouvriront plus la connaissance, ma connaissance. Comme cela avait été des milliards et des milliards d'années, de siècles ou de jours avant moi, cela continuera pour les milliards et les milliards de siècles, d'années ou de jours après moi. Tout ce que j'avais connu, senti, aimé, déterminé et dont je m'étais un peu cru le maître restera alors que je ne serai plus. Mon royaume sera plus long que mon règne, et ma science plus profonde que mon savoir. Je quitterai donc, sans avoir rien possédé. Je partirai sans pouvoir rien voler et emporter avec moi, par vengeance, dans mon néant. Ma mort me dépouillera, et je ne pourrai même pas retenir un haillon. Comme j'étais venu, vide, je retournerai, vide. La plaie de ma vie n'aura été que ma propre blessure, et la souffrance, les cris, le bonheur, non pas mes biens, mais ce que j'avais été obligé de donner au monde dans ma vie.

Le langage, les sentiments, les idées, tout ce que j'avais reçu des autres mais que j'avais accepté comme mien, et qui m'avait aidé à vivre, tout cela n'était donc qu'illusion ? Tout cela n'était-il que chimère ? C'étaient les étincelles de ma vie d'homme dans le monde, et tout cela pourra disparaître sans difficulté.

Quand je cesserai d'un seul coup d'être le centre

du monde, la vérité inconnue reprendra son visage. Quand mes yeux seront fermés, ils ne verront pas le paysage divinement, magnifiquement réel apparaître. Quand mon cœur aura cessé de sursauter, ma gorge de se contracter, mes poumons de s'emplir d'air, quand mon sang arrêtera son va-et-vient le long de mon corps et commencera à s'épaissir, à sécher contre les parois des artères et des veines, quand ma peau ne sentira plus le dur, ni le doux, ni le froid, ni le chaud, mais se fera fine et craquante et crèvera comme le papier d'une cigarette pour laisser glisser les entrailles mortes ; quand mes ongles tomberont, et quand la terre entrera dans mes orbites et emplira mon crâne ; quand mes os se détacheront les uns des autres et s'écraseront en poudre comme la pierre ; quand l'eau, le feu, les grains de sable, les oxydes, les racines des arbustes et les vers et les larves auront tout épuisé, tout rongé, tout écrasé sous leur poids ; quand les générations des autres hommes, les guerres, les civilisations auront ainsi passé à la surface, respirant le même air que moi, buvant la même eau, et nourries des parcelles de mon corps, est-ce qu'il y aura encore quelque chose de ténu, de palpitant, d'infime, même plus une douleur ni une joie, mais un fantôme, un souvenir confus et lointain qui me donnera une âme ?

Et quand ces générations elles-mêmes auront passé, quand les derniers hommes auront disparu, quand la terre et le soleil auront été engloutis, se seront confondus avec le vide, restera-t-il quelque chose de moi dans la plus petite partie d'un atome ?

Y aura-t-il seulement une poussière flottant dans l'espace absolu qui portera encore le signe que j'ai vécu et que j'ai pensé à ces choses éternelles ?

Maintenant, le soleil de ma conscience brûle avec ferveur. La lumière de mon regard est éblouissante, insupportable. Mais plus tard ? Quand ce soleil aura succombé, quand ce regard se sera fermé sur le monde, qu'y aura-t-il ? Je suis celui que je suis, avec ardeur, avec joie ; comment croire que ce brasier, que ce volcan violent et douloureux pourra s'éteindre ? C'est que ce soleil ne brûlait pas dans le monde ; ce feu n'était pas inscrit dans l'ordre des choses ; il était en moi, dans mon chaos, et c'était, fatalement, incompréhensiblement, MON SECRET.

Au-delà du langage, au-delà de la conscience, au-delà de tout ce qui était forme et vivait, était l'étendue de la matière totale, de la matière brute, livrée sans but à elle-même. Au-delà de moi, par-delà le prisme de ma vérité individuelle, il y avait ce monde qui ne veut pas s'exprimer. Tant que je vivrai, tant que je verrai, je ne pourrai pas connaître. Tout ce que je sentirai ne sera pas faux, ne sera pas illusoire, mais ne sera pas. J'aurai beau vouloir retourner vers la mère, elle ne me recevra pas. Elle ne voudra pas de moi vivant. Elle ne m'acceptera que lorsque je ne serai plus rien. C'est sa loi.

Il faut que j'attende ce moment. Il faut que je fasse de cet instant mon espoir. Lorsque mon être se dissoudra, lorsque mon unité précaire explosera, je commencerai enfin à pénétrer la nature impénétrable. Tout ce que je n'avais pas su, tout ce que je n'avais pas imaginé, tout ce que je ne pouvais seulement concevoir, me sera donné, ainsi, sans intermédiaire, en dehors de l'intelligence. Lorsque je cesserai d'être un, je deviendrai un, et lorsque je ne pourrai plus savoir, je baignerai dans l'immense, l'ineffable océan de la connaissance.

Comme la mort est le parachèvement de la vie, ce qui lui donne forme et valeur, ce qui ferme sa boucle, de même le silence est l'aboutissement suprême du langage et de la conscience. Tout ce que l'on dit ou écrit, tout ce que l'on sait, c'est pour cela, pour cela vraiment : *le silence.*

Pour atteindre enfin le domaine où ne règnent plus la lumière et l'ombre, pour atteindre le lieu magique de ce qui est révélé sans fin, et sans pouvoir ; l'homme lutte pour arracher, pour étreindre ; il lutte donc pour être arraché et étreint. Il ne le sait pas, ou bien ne veut pas le savoir. Car il n'a pas d'autres moyens pour s'oublier que de se connaître, et puisqu'il ne peut pas entendre la voix inhumaine qui est derrière chaque chose, la voix qui donne la clé du mystère de la création, il dénomme et rend humain pour mieux oublier. Mais l'issue reste semblable : s'il a tant crié, c'est pour se taire, s'il s'est tant battu, c'est pour être en paix.

Cela est normal ; ce n'est pas contradictoire. Tant de paroles pour finir dans le silence, ce n'était pas un vain jeu. La vie avait formé son espèce de cloque, elle avait fait émerger le morceau de matière au-dessus des autres. Lui, ce qu'il voulait, profondément, intensément, instinctivement presque, c'était réintégrer l'ensemble. Détruire cette différence. Il ne voulait pas de cette solitude, il ne voulait pas de ce pouvoir incomplet. Il ne voulait pas vraiment de cette liberté. Alors pour se défendre, pour lutter, et soutenu dans son futile combat par les mouvements de son existence, il a injurié, il a blasphémé, il a maudit le monde brutal. Il a renié sa naissance, il a voulu se délivrer de sa mort. Il a voulu que ce soit cet instant qui fût l'instant de la vérité, il a voulu que ce soit cette seconde qui fût l'éternité, cette miette de conscience et de science qui fût le pouvoir et le savoir. Il a voulu que ce soit ici le temps, ici l'espace, ici la réalité, et non pas là-bas dans l'étendue proche et lointaine de la matière débarrassée de l'homme. Puisqu'il ne pouvait pas connaître ni aimer cet infini, il a voulu l'oublier. Il a créé d'autres règnes, où devaient persévérer sa vie et les œuvres de son langage. Il n'a pas accepté que son regard puisse s'éteindre un jour, et il a voulu prolonger ce regard au-delà de l'horizon établi. Mais en faisant cela, en s'enivrant ainsi de son désespoir, jusqu'à l'espoir même, c'était la mort qu'il voulait retrouver. En parlant avec sa langue, il voulait être muet. En dardant son regard, il voulait être aveugle. En écoutant avidement, il voulait être sourd. En marchant, il voulait être paralysé. En sentant avec sa peau et ses viscères, il voulait être sans nerfs et sans chaleur.

La mort n'est plus haïssable. Ce vide, cette éternelle nuit qui entoure la vie et l'opprime, ne doit plus faire souffrir. Ce n'est pas un gouffre ; ce n'est pas une bouche qui veut gober et détruire. La mort est là, quotidiennement exposée. Elle est ce que les yeux ne peuvent pas voir, ce que le corps ne peut pas sentir, ce que l'esprit ne peut pas comprendre. Elle est ce qui, dans le monde, n'est pas moi, ce qui dans le monde est monde, pur et simple monde qui agit et porte ; ces lumières, ces actions, ces espaces réels ne peuvent s'abolir ; tout est fait pour durer, pour durer au-delà de moi, au-delà de mon temps et de mon aire. Cette paix qui viendra n'est pas ensevelissement ; cette réalité n'est pas extinction de la réalité. Tout ce qui doit mourir, tout ce qui doit disparaître, est en moi, en moi seulement.

Celui que je suis, celui que je devais être n'avait donc pas d'importance. Il n'était qu'un moment parmi d'autres. En réalité, depuis longtemps, depuis toujours, il appartenait à l'immensité de ce qui était.

Il n'y avait pas de contradiction, pas d'amertume à ressentir ni de honte ni de haine. Il n'y avait pas de salut, pas de consolation. Ce que j'avais reçu, au plus profond de moi-même, ce don miraculeux que je ne pouvais pas juger, c'était ce mouvement de l'infinité à l'infinité. Sans le vouloir, sans choisir, j'avais été tiré du chaos, et je devais retourner au chaos. Percevoir, connaître, désirer étaient des actions passagères. Ils étaient les points de repère dans le petit drame de mon existence.

Ce qui est étendu, ce qui est puissant et qui résout, c'était cet état de ni triomphe ni défaite, cet état d'identité. Etre cette poussière, être ce caillou, cette parcelle, et savoir intimement que tout ce qui est vrai est dans l'imperceptible, dans l'inconnaissable, dans l'indéchiffrable.

J'ai touché le monde de la mort ; j'ai vu de mes yeux, et j'ai reconnu ce monde qui a cours : les angles, les reliefs, les couleurs, les taches de lumière, l'horizon, le soleil, les nuages, les animaux vivants, les arbres, le feu. Tout cela je l'ai vu ; j'ai cru que c'était vivant, que cela n'avait d'autre forme que celle que proposaient mes sens. Mais cela avait d'autres formes, et d'autres vies.

J'ai vu le monde gigantesque de ce point de la terre. De mon balcon, j'ai regardé ce qui m'encerclait, comme si j'en avais été le centre et la signification. Puis, comme cela paraissait infini, j'ai cru que l'on pouvait donner une idée de ces choses, une idée dégagée de la matière et qui ne soit pas uniquement humaine. Mais c'était faux : maintenant je sais que je n'ai jamais quitté mon corps et mon âme d'homme. Pire, je sais que je n'ai jamais quitté ce siècle, ni ce pays. Plus je voulais sortir de moi et me répandre dans le monde, plus je m'enfermais dans la double prison de mon individu et de mes habitudes. Quand je voulais voir avec les yeux des crabes, c'était avec mes yeux. Quand je voulais sentir avec les fibres du chêne, ou avec les feuilles de l'eucalyptus, c'était encore avec mes nerfs et avec mes cellules. Quand je me croyais le plus loin dans l'espace fou, j'étais ici, seul, enchaîné par ma raison, et dépourvu de fiction. En voyageant, je restais sur place, et en imaginant, je ne faisais que me créer sans cesse. En parlant d'autres langages, en écrivant d'autres signes, c'étaient mes mots, mes mots, toujours mes mots que j'énumérais.

Et je ne pouvais pas ne pas me tromper. Car,

restant dans mon esprit, jugeant avec mon esprit, distrait par mon esprit, je ne pouvais pas arriver ailleurs que dans mon esprit. En voulant lutter contre le temps, contre l'espace, contre la matière, c'était contre moi que je luttais, et c'était par moi-même que j'étais vaincu. En opposant comme je le faisais ma mort à ma vie, j'augmentais la séparation et le mal. Je m'éloignais de la seule paix, de la seule vérité, qui n'était pas dans le drame mais dans l'union.

Comprendre, toujours vouloir comprendre, orgueil démesuré, insensé, invivable ; comment pourrais-je comprendre ? Je n'ai rien pour m'appuyer. Ce que je comprendrai, ce ne sera pas le monde ni même moi dans le monde. Ce sera un reflet, une image fugace et mobile de ce qui m'est apparu, et dont je ne suis même pas sûr. Je pourrai à la rigueur utiliser, adapter certaines lois aux lois humaines. Fabriquer des outils. Me servir de ce qui est offert. Mais je ne comprendrai rien, je ne connaîtrai rien. Jamais ne s'ouvrira le secret de l'enchaînement des éléments. Je ne pourrai jamais rien tenir pour certain, pour établi durablement. Car tout ce que j'approcherai sera soumis au principe d'écoulement de mon esprit. Et surtout, je ne pourrai jamais rien créer. Ce que je pense, ce que pense l'homme ne m'appartient pas. Cela n'est que néant par rapport à la colossale possession du règne étendu, où, dans la vie et dans la mort, se manifeste la puissance incoercible de ce qui est.

Par les mots les plus forts, par les chiffres, par

les idées les plus subtiles, je ne demeurerai pas. Je ne transformerai pas. Par le plus grand des pouvoirs sur la matière, par le désir le plus violent, je ne régnerai pas. Je ne survivrai pas. Par la science, par les arts, par la technique, je ne triompherai ni du passé ni de l'avenir, et je ne dominerai même pas le présent.

Et puisqu'il faut le dire ainsi : l'homme n'est pas né pour durer. Un jour, qui viendra assurément, l'univers sera vide de lui. Ses civilisations et ses conquêtes auront péri avec lui. Ses croyances, ses doutes et ses inventions auront disparu, et il ne restera rien de lui. Bien d'autres choses naîtront, puis mourront. D'autres formes de vie apparaîtront, d'autres idées auront cours. Puis seront réintégrées dans la communauté de l'existence amorphe. Mais l'univers sera toujours là, mais il y aura toujours quelque chose. Aussi loin dans le temps et dans l'espace que l'on puisse concevoir, il y aura encore la présence de la matière, de la matière totale qui ne s'efface pas.

Et pourquoi chercher dans le lointain la réalisation de l'infini et de l'éternel ? L'infini, l'éternel sont ici, présents devant nous. Sous nos pas, sous nos yeux, contre notre peau. Nous le sentons, le goûtons, le touchons à chaque seconde. Cette table est infinie, cette table est éternité. Ce briquet de métal est infini, éternel. Ce cendrier de verre est infini. Ce parquet est infini. Cette tache jaune du soleil, à trois heures moins cinq, est éternelle. Cette main, ce papier, cette encre bleu-noir qui trace ces traits, ce bruit d'insecte qui ronge quand la plume accroche le long de l'écriture, sont infiniment et éternellement eux-mêmes.

Tout change de place, tout bouge, s'interpénètre, se modifie. Mais tout existe, tout est évident. Si la mort, c'est cesser d'être un homme, tout ce spectacle du monde est le spectacle de la mort. De la mort réelle, présente, efficace, de la mort ineffable, dure, précise, de la mort irréprochable, irréductible, indétachable. De la mort qui est la vision des millions, des infinis millions d'yeux qui regardent, plus notre regard qui ne les voit pas.

Si la mort est le déchaînement, la libération de ces liens d'unité précaire qui me retenaient homme contre le monde, elle n'est pas une destruction ; elle est le retour vers le total empire de ce qui n'a jamais été déchu, parce qu'il n'a jamais eu besoin d'être créé. Là-bas, *et ce n'est pas loin*, c'est seulement séparé de moi par le mince voile de ma conscience, là-bas, les yeux n'ont plus de pouvoir. Les yeux n'ont plus rien à voir. Les oreilles du langage n'ont plus rien à entendre, plus rien à interpréter. Les mots sont retournés dans leurs gangues, et ils ne veulent plus s'échapper. Ils ne sont plus libres, et plus esclaves, car ils ne servent plus à rien d'autre qu'à eux-mêmes ; ils sont collés aux choses. Ils ont retrouvé, au bout de la course de l'intelligence, le doux silence d'où ils étaient sortis. Tout ce qui était issu du silence pour moi, pour me faire connaître, pour me tromper, pour m'attacher, est revenu vers soi et s'est calmé.

Là-bas, tous les rythmes sont présents, mais ils ne construisent plus aucune mélodie ; ils sont de

Le silence

nouveau en contact avec la matière, puissants comme la matière. Tout dépend de tout ; rien n'est autonome. Mais aussi, rien ne disparaît. Le temps, le temps actif qui modèle et use, le temps réel n'est plus un gouffre : dans la mort, il n'y a pas de mort. On évolue, on ne s'abîme plus.

Et dans ce lieu, qui n'est pas un lieu, mais une présence universelle, plus rien ne monte et plus rien ne descend. Plus rien ne surgit, plus rien ne saille douloureusement vers l'absolu. Plus rien n'est autre chose que soi-même, plus rien ne veut se quitter pour céder au vertige de l'expansion. Les trombes de l'au-delà qui puisaient dans le chaos et voulaient l'épuiser sont rompues. Les gouffres de l'infiniment grand, de l'infiniment aimable, ont clos leurs infectes blessures. Car ces gouffres, ces trombes étaient des catastrophes humaines. Ici, qui est là-bas, on ne va pas de la forme à l'universel, mais de la forme à encore de la forme. Cette matière décisive et précise ne s'abandonne pas. On ne peut la résoudre, on ne peut la comprendre. On ne peut la considérer dans son détail, car elle ne peut être dissociée, et on ne peut la considérer dans son ensemble car elle n'a pas de communauté, pas d'union, pas de système.

Un n'est pas. Plusieurs ne sont pas. Celui-ci n'est pas. Et ceux-là ne sont pas. Il n'y a ni partie ni tout. Il n'y a ni juxtaposition, ni comparaison, ni composition. Il n'y a pas de mesures. Et ce qui est ne peut être extérieur : c'est un champ clos, fermé sans limites, dont il n'est pas imaginable de sortir pour juger.

Et les chutes ne durent pas plus longtemps que l'homme. Dans le temps d'un au-delà de la vie, dans le temps de la mort présente, voici que cessent les abandons et les désespoirs. Ce qui autrefois semblait mû par les fatalités internes, ce qui se dégradait, s'usait doucement, inexorablement, puis était consommé par la mort, tout cela qui nous entraînait dans son ignoble descente, vers le mal, vers le néant, cette aspiration à l'inexpiable, cet ABSENT, a triomphé de nous. Tout ce que nous emportions dans le courant tragique de nos vies en train de s'éteindre, tout ce que nous aurions voulu faire mourir avec notre mort a survécu. Car nous seuls, en nous exprimant, nous étions faits mortels. En criant avec nos mots, en criant avec nos idées, en criant avec nos yeux et nos sens exaspérés, pour nous soulever au-dessus de la marée de la mort, nous n'avons rien vaincu. En jetant nos paroles vaines, nous voulions crever le rideau de l'éternel silence. Mais le silence nous avait déjà repris, et l'instant de cette ivresse joyeuse était le comble de notre échec. C'est cela que nous avons toujours su au fond de nous-mêmes, cela, que nous appelions pourriture et deuil, qui était incessamment inscrit au centre même de nos mots. Chaque globe isolé et fusant, chaque parcelle arrachée à la poussière, chaque bulle miraculeusement née pour, semblait-il, faire éclater le chaos de la matière, portait le signe de sa propre résorption dans le silence. Chaque fois que nous disions « terre », « allumette », « voiture », « femme », « chevreuil », « plaine », « riz », « destin » ou « reptile », nous disions, sans pouvoir l'empêcher, non pas leurs contraires, mais notre mort, notre mort, notre mort. Chaque fois que nous disions flèche, cela voulait dire par-dessus tout, immobilité. Chaque fois que nous disions quelque chose, cela voulait dire toutes choses, ou bien *ceci*, ou bien rien.

Dans tout ce que nous exprimions s'exprimait le silence. Le silence au cœur, le silence suprême qui annihilait les distances, qui faisait entrer dans l'ordre, qui donnait à l'imparfait, à l'incomplet, comme un résultat, sa magnifique substance de totalité.

Chaque fois que nous voulions nous libérer en mutilant le monde, chaque fois que nous voulions détruire l'harmonie du chaos, arracher les bribes, faire saigner, meurtrir, tuer peut-être, les armes des mots apportaient avec elles la vengeance de ce qui est concis et réel. Et dans ce qui voulait exterminer l'œuvre, l'œuvre était présente, étalant son exquis achèvement.

Chaque fois que, hommes, nous avons voulu agripper une parcelle d'infini, une miette de vérité, en disant pour exorciser l'issue fatale : « Je vis, je vis », il y avait dans notre propre gorge, et utilisant nos propres mots, une autre voix silencieuse qui recouvrait nos paroles : « Tu es mort, tu es déjà mort. » Cette voix qui venait du spectacle environnant et aussi de nous-mêmes ne nous condamnait pas ; elle ne nous tirait pas au néant ; elle savait ce qu'il faut savoir, ce qui est la profondeur de toute science.

En écrivant, aussi : en écrivant pour accomplir cette destinée cachée, en écrivant pour couvrir le temps, pour couvrir l'espace, pour couvrir tout ce qui existe avec les signes délicats et puissants. En écrivant ces lignes denses et minutieuses, ces poèmes jaillis intacts de la mémoire, en écrivant à nouveau ce que les autres, ce que nous-mêmes avions mille fois écrit. Ces lignes voulaient étendre sur le monde entier le drame d'être humain. Elles voulaient recopier matériellement le présent, elles voulaient rendre tangible l'intouchable. Elles voulaient que tout ce qui existe soit arraché dans l'instant de son existence au présent qui s'enfuit, et le dénommer à jamais. Cette main qui écrivait voulait accumuler les mots comme des coups, pour voiler la face de la vérité, pour dissimuler l'abîme de joie et de malheur, cette main qui avançait seule sur le bord de la table, crispée sur le corps en matière plastique du crayon à bille, savait-elle vraiment ce qu'elle faisait ? Quand elle sculptait ainsi la forme de la pensée, quand elle métamorphosait la pensée en acte, et progressait en rampant le long du tortillon invisible qui sous son passage se colorait, savait-elle qu'elle avançait vers la mort, qu'elle s'était donné la mort pour guide ?

Main écrivant, pareille à un animal laissant avec application sa piste d'excréments noirs, main qui pensait tout à coup, qui était la main de la pensée ! Les mots avaient pris leurs corps, ils existaient sous la forme de minces filets déconnectés, odorants, violents, grotesques, précis. Où avaient-ils pris ce drame ? Quelle force était en eux, quelle passion systématique, quelle raison, vertu, haine ? On ne s'échappait pas de leurs griffes, et chaque seconde qu'ils avaient marquée de leurs signes enlacés était une seconde du temps qu'on ne peut pas renier. La pensée brute et fluctuante, l'océan nauséeux de la pensée qui monte et descend s'était immobilisé là. Là, avait pris son visage. Montrait sa parure, ou son squelette. Comme un paon aux plumes déployées, la pensée avait rendu son désir visible. L'aventure de la conscience était incarnée. On ne pouvait rien soustraire, rien oublier. Toute la tragédie était présente, offerte dans son impitoyable cours; l'exposition des événements, la montée, l'angoisse, le nœud inextricable qui se forme et se serre; puis, la marche vers le destin, vers la sortie fatale seule ouverte. Et la nuit ultime.

Et ces lignes, sans qu'on l'ait voulu, sans qu'on ait pu vraiment le prévoir, avaient accompli du commencement à la fin l'œuvre du silence. Ces livres, ces livres épais et lourds, tout chargés de puissance humaine, de vie, d'amour, ces livres étaient des *livres en blanc*. Ces livres étaient aussi les livres qui n'avaient pas été écrits. Car chaque mot, chaque signe écrasé par la presse sur le papier vierge avait marqué simultanément sa figure de bruit et sa figure de silence. Il régnait au-delà de ces pages, à l'intérieur de ces pages, une étendue infinie et paisible, un calme effrayant qui submergeaient le cri et le rendaient presque inaudible. Comme un bruit perçu dans la nuit compacte et qui doucement, inévitablement se fond dans le silence, à mesure que l'on quitte le lieu qui l'a fait naître. Comme la rumeur qui rentre en elle-même et disparaît tandis que le wagon lancé sur ses rails fuit et repousse. Comme un bruit à la limite du sommeil, tandis que s'épanouit lentement autour de lui la marée de ce qu'on n'entend plus. Comme un bruit que dévore un autre bruit, comme un bruit qui devient tranquillement silence ; cette pensée concrète était faite pour se résorber. Ces signes hargneux et fixes s'amenuisaient en eux-mêmes, s'estompaient, s'évanouissaient. Ces mots écrits, rythmés, alternés, ces mots du drame défaisaient leur drame et retournaient vers l'insignifiant. Ces mots retournaient vers la mort, se décrochant un à un, et retombaient dans le monde d'où ils avaient été issus, et pour lequel ils avaient vraiment été faits.

Cette création n'était pas une création. Cette vie n'était pas une vie. Ce langage n'était pas un langage. Ils n'avaient rien possédé, rien porté, rien conçu.

Comme ces dessins aussi, comme ces peintures aux couleurs débordantes, aux alliances subtiles qui tenaient du miracle. Ce que la réalité avait fourni avait été transporté là, sur le plan horizontal, fixant l'émotion mobile pour une manière d'éternité. Mais la réalité n'avait pas été oubliée, ni vaincue. Ces traits fins marqués à l'encre noire sur la surface blanche du papier n'avaient pas, dans leur essai de représentation, dominé le monde. Ces volumes sculptés dans la terre friable n'avaient pas réussi à être *suffisants*. Le désir de l'homme était de créer, de s'approprier les éléments pour refaire selon sa loi. Mais ce désir avait été trompé. Car au-delà des couleurs et des formes, la matière régnait, indivisible, inscrutablement belle et énigmatique, sans offrir de prise à l'homme. L'art n'avait pas été sauvé. Il n'avait pas permis de s'enfuir. Ces tableaux étaient colorés, riches, inquiétants, mais ils étaient aussi des *tableaux en blanc*. Plus fort qu'eux, plus subtil qu'eux, plus inquiétant qu'eux, il y avait le tableau qui n'avait pas été fait. Dans la force humaine qui les avait construits, était invisiblement présente la force inhumaine qui les ramenait au chaos et à la mort. Et par-delà leur expression, il y avait cette virginité, ce plan général et secret de ce qui est plat, étendu, sans caractère.

Pareillement, la musique n'avait pas réussi à créer des rythmes éternels. Ce moment de passion et de foi, lorsque ses accents l'avaient pour ainsi dire soulevée, était en réalité tout entier tourné vers le divin silence. Ce moment de chair et d'âme était le grand moment de la réalité multiple, où il n'y a plus aucune chair ni aucune âme. Cette musique si belle, si pure, où toute la science humaine semblait livrée, cette musique se niait, s'effaçait, rentrait dans la surdité. Cette musique fermait sa courbe de vie, et chaque note fugitive retombait dans l'anonyme. Cela n'avait pas été en vain, non. Mais cela avait quand même été gratuit, l'exposition la plus dramatique de la gratuité de l'homme.

Car le silence était gonflé de cette musique, et d'autres musiques. Le silence n'était pas vide. Il n'était pas une absence, mais la présence illimitée de tous les rythmes, de tous les accords, de toutes les mélodies. La mort n'était pas le néant, mais l'union réelle de tout ce qui était vivant, de tout ce qui était existant, non plus pour l'expression, mais pour le silence, non plus pour l'homme, mais pour tous, non plus pour tous mais pour soi, non plus pour soi, mais dans l'univers.

Cela, c'était l'évidence. L'évidence.

Il n'y avait pas à la nier, ni à la désirer. Elle était là. Elle était là, en tout, dure et lumineuse, dans ce bois, dans cette vitre, dans cet arbre, dans cette pierre, dans ce flacon de parfum *Quadrille* de Balenciaga, dans ce verre d'eau couvert d'une pellicule de poussière, dans cette automobile noire aux reflets bleus, dans ce paquet de cigarettes, dans les cris des perroquets et les aboiements des chiens. Dans l'électricité, dans l'air, dans les vapeurs de soufre. Dans le volcan, dans les taches du soleil, dans les crevasses vermoulues au fond de la mer. Dans le noyau des cellules, et dans les infusoires. Dans le soleil tout seul dans le ciel noir. Partout où durait ce qui existait, partout où s'usait le monde, sans fin.

On parlait pour se taire.

On écrivait ce qu'on n'écrivait pas.

On faisait pour ne pas faire, on créait pour ne pas créer.

On peignait l'absent, le mystérieux absent terriblement présent.

L'objectif de la caméra n'était pas un œil humain. Il voyait tout ce qui peut être vu, et dans la chambre noire le monde avait projeté son image entière. Il n'y avait pas de choix offert. Ce qui était, l'était inépuisablement. Le choix venait plus tard, mais c'était une apparence, une incapacité de l'homme à concevoir. Et pourtant dans les éléments de son choix, tout était présent, tout était sous-jacent. Ainsi ce choix, de l'art, de la pensée, ou de la morale, n'était-il qu'une façon incomplète de voir et de sentir l'ensemble de la réalité. Ce choix se niait à la seconde précise où il était envisagé, car il comportait en lui-même le pouvoir de tout ce qui est présent et de tout ce qui est ensemble, sans mesure humaine. La réalité globale était plus durable que ce choix.

La grande relativité humaine n'était donc même pas réelle pour l'humain. Car ce qui vivait sans limites, avait toujours surpassé les architectures humaines. Dans cette vision de la partie vibrait l'entière vision, l'indescriptible totalité. Les sens étaient touchés par ce qui dépassait les sens. Chaque objet, chaque objet apparemment choisi et précisé était démesurément grandi par les millions de sensations, les milliards de hasards, les myriades de points de vue et de références. Ce qui parlait aux sens, ce qui était sélectionné par les nerfs, par la peau, par l'esprit aussi, ne s'exprimait pas en son seul nom ; mais exprimait autant dans ce qui n'était pas exprimé, et racontait l'histoire sans fin et sans mesure de la matérialité retrouvée.

L'homme n'avait que les faibles instruments de ses sens pour reconstituer l'univers. Il pouvait être trompé. Il pouvait se tromper, et préférer le mensonge. Il pouvait douter de chaque point de repère, et perdre le contact avec la réalité. Mais au-dedans de lui, la conscience le maintenait vigilant, et lui montrait que, même dans l'illusion, il pouvait triompher de l'illusoire. C'était en lui, comme un regard interne, comme un désir incompréhensible de retrouver l'autre, de retrouver l'autre qui était mort. Un souffle aérien l'attirait vers le domaine du silence, et lui faisait reconnaître le champ si vaste du monde d'où il était sorti et vers lequel il s'acheminait. C'était la force qu'il avait de savoir ou de deviner qu'il n'était peut-être qu'un passage, simplement, et sans avenir, un passage vers le même lieu qui l'avait vu naître.

Retour espéré vers le ventre de la mère, vers l'oubli, vers le roc si calme et si pur. Il avait connu sa condition. Mais il ne l'avait connue que parce qu'elle était pétrie de néant, et que déjà il s'en détachait. Il avait senti le mystère de ce qui était au-dehors, de ce qui était toujours au-dehors et qu'il ne pouvait jamais faire entrer en lui. Il avait eu le pressentiment que ce n'était donc pas le monde qui devait venir en lui, mais lui qui devait retourner un jour vers le monde. Son destin n'était pas un destin d'homme, son paradis n'était pas un paradis d'homme ; cet au-delà qu'il avait tant souhaité, il le savait depuis le premier jour, c'était *ici*. Les produits de sa vie, son langage, sa morale, sa religion, son art, sa science, son amour, tout cela revenait lentement, inexorablement, vers le domaine de la terre. Tout cela prenait sa forme, petit à petit, dans la poussière et dans la rouille, dans le feu, l'air et l'eau, et s'inscrivait en signes palpables. Les pensées s'enfouissaient dans la terre avec les corps, et pourrissaient doucement dans le champ de la mort. On ne vivait pas, on n'avait jamais vécu détaché de son corps. Tout appartenait à la matière, et rien de la matière ne pouvait être dépossédé.

C'était ainsi. La seule grande idée de l'homme, c'était de comprendre qu'on pouvait ne pas être un homme.

Crépuscule, crépuscule vivant qui plane sur la terre, drapant le spectacle de ses ailes aux membranes rougeâtres ! La terre si dure, les ongles de la terre, les arêtes des arbres, les toits de tôle ou de ciment, les montagnes, la mer, tout cela qui était si lourd et si âpre, qui refusait de céder, de s'oublier, tout cela a été lavé d'un seul coup par un seul ciel vaporeux ! Tout a fondu, tout a glissé derrière ce rideau fragile, si mince qu'il semble ne pas exister, et pourtant si chargé de puissance ! Tout s'est évaporé ; tout s'est transformé en bandes de fumée, et flotte, à l'abandon, dans l'espace de l'air. Le paysage a été simplement vaincu, comme ça, par la présence de pourpre et de gris. Les silhouettes terrestres sont toujours là, c'est vrai, mais comme vidées de leur substance. Devenues légères, elles paraissent trembler sur leurs bases, prêtes à se détacher et à s'envoler comme des bulles. Le soleil a disparu, et la nuit n'est pas encore venue. Instant béni, miracle qu'on n'osait plus espérer, mais qui tout à coup se produit sous vos yeux, merveille déployée comme une idée, comme un portrait intérieur, vision qui n'a pas de nom, car elle appartient plus à l'invisible qu'au monde.

La nature baigne dans l'immense volonté de déclin. La nature est trouée, creusée comme une caverne, elle va basculer. Ce moment est le moment de la limite ; mais la limite est plus vraie et plus durable que ce qui a été avant, ou ce qui sera après. Ce glissement, cette évaporation sont plus vrais que la dureté du jour. Les bruits se sont tus. Les couleurs et les lignes se sont enfuies. Les odeurs, les goûts, les sensations étranges se sont longuement retirées, et ces signes qui restent sont plus vrais et plus durables que leur signification. L'inexprimable a enfin pris un corps, le rêve est devenu précis, léger, délicat. Sur ce paysage dégagé, comme libéré de la pesanteur, les doutes sont les formes qui affirment. Ce qu'on ne possède pas, ce qu'on ne possède jamais, est là, tendu ; le drame sans drame, le langage sans paroles, la vision de l'imaginaire, presque l'abstrait.

Le crépuscule magique nage éternellement, fume éternellement. Chaque couleur, chaque dessin se sont doucement récusés, jusqu'à cette couleur suprême, et ce dessin absolu qui sont la somme de toutes les couleurs et de tous les dessins exposés. Le règne du vide s'est installé en transparence, et la ville, les arbres, les montagnes, les plages, flottent à l'abandon, dépouillés de toute nécessité. En disparaissant, le soleil a ôté sa vision fanatique ; son projecteur s'est éteint, et le choix n'est plus un ordre. Tout ce qui est là baigne dans son propre spectacle indéterminé, et pourtant formel. Ces pierres sont toujours des pierres. Ces toits aigus sont toujours pareils. Les collines, la mer, les rues sont toujours ce qu'elles sont. Mais ce qui a disparu, c'est ce qui les rendait vindicatives. Cette atroce

Le silence

lumière jaune, puissance de l'unique, puissance du mensonge, a enfin laissé le monde. A présent, en cet instant d'infinie jouissance, d'accomplissement, de paix, la réalité vaque sans horreur et sans relief. Tout est loin, et puis près. Tout est magnifiquement profond, magnifiquement pénétrable. Le sol diaphane cesse de repousser, et le ciel abaissé sur la terre n'écrase plus. La mer ne noie plus. Les rocs ne griffent plus. Les arbres ne sont plus mortels, les villes ne sont plus mortelles, et même les hommes, chose étrange, n'ont plus de venin. L'aventure s'est soudain reposée, interrompant sa marche maudite vers l'avenir et vers la mort. Le temps ne s'est pas arrêté, non, mais il ne ronge plus, il ne veut plus détruire. Il se contente d'inscrire ses petits signes, ses petites croix sur l'universel gribouillage, travaillant à petites touches sur le grand tableau insignifiant. Pareil aux fines nervures de la feuille, le dessin de l'espace multiplie ses ramures, mais c'est enfin pour rien. C'est pour remplir, naturellement, pour changer de place des signaux déjà existants, ou pour en créer de nouveaux : c'est pour jouer.

La vieillesse, l'incomparable vieillesse est étendue de toutes parts. C'est elle qui gonfle le monde, qui le nourrit, qui le fait naître sans trêve. Vieillesse de l'air rougi n'en finissant plus de se répandre sur l'horizon. Vieillesse des maisons aux murs poussiéreux, légers et faciles comme la cendre. Vieillesse de la mer au corps lumineux étiré comme une longue limace. Vieillesse de la terre arable, qui croule calmement sur elle-même. Vieillesse des graines éclatées, indicible vieillesse de la jeune herbe qui pousse et crève la croûte du sol. Vieillesse du feu, vieillesse du ciel et des étoiles, vieillesse de l'homme, de la femme, des enfants. Vieillesse ancestrale, léguée depuis des siècles, et qui jamais ne termine sa mort. Vieillesse du monde couché sous la douce pluie rouge et grise, quand le soleil a disparu depuis si longtemps, quand la nuit ne peut pas venir, vieillesse mémorable, vieillesse qui recouvre tout, qui germe dans l'œuf et bat au centre du cœur, vieillesse du temps et de l'espace unis en elle, longuement vautrés dans leur propre crépuscule violet, et n'en finissant plus de perdre le souffle. Vieillesse du monde qui est la paix, l'impossible agonie.

Crépuscule vivant, c'était une image plus que terrestre. C'était une image que mes yeux et mon esprit ne pouvaient saisir tout entière, mais que j'avais pourtant reconnue. C'était une image d'au-delà de l'homme, et d'au-delà de la terre, qui déployait ainsi son théâtre. Le ciel, le ciel immense et vide était descendu sur cette région, et l'avait soumise. Venue du plus noir de l'espace, la trombe glaciale et muette s'était rattachée au nombril de la terre, et l'avait unie à la matrice originelle. Et dans ce couloir invisible passait l'aliment de l'éternité, la substance de l'infiniment réel. Le paysage de cette terre, de ma terre à moi, le paysage de ces quelques kilomètres de matière connue et sensible était nourri de ce suc extraordinaire. Avec lui, sans pouvoir le voir vraiment, mais le vivant, l'homme que j'étais retrouvait son appartenance. Il n'était plus seul. Il n'était plus indigne. Il n'avait plus de désespoir ni de haine, mais il était agi par la joie parfaite de cette perfusion. Avec le monde, avec la ville et les arbres, avec les morceaux de pierre ou de métal, avec les nuages, les fumées, les bandes maritimes et les cristaux souterrains, avec les insectes et les poissons, avec les molécules, il était enfermé dans le gigantesque utérus, il baignait dans le même sang, il palpitait dans la même chaleur arc-boutée, il était devenu, comme tout le reste, le même fœtus fils du ventre éternel qui l'avait conçu.

Quand je serai mort, mon regard, infinie tension de moi vers moi, sera perdu. Ma communication cessera de parler pour s'éloigner ou pour rejoindre. Elle parlera d'elle-même ; d'elle-même, enfin. Le jeu finira. Les faces brisées des miroirs redeviendront le signe cohérent de la vérité, car le reflet, prisonnier des murailles qui le réfléchissaient, aura terminé sa course folle. Il reviendra vers ce qui était sa raison, il se confondra avec tout cela. Toutes les limites tendent à se défaire, tout ce qui est dit, créé, pensé, est en route vers son inexprimable dessein.

Il n'y a que la mort qui puisse compléter l'œuvre. Il n'y a que le silence, et la cécité qui puissent donner un sens aux paroles et aux visions. Cela, je l'ai toujours su, toujours connu. En sortant de mon âme, en quittant ma patrie et ma peau, je retourne à l'âme commune, à la patrie étendue, à ma peau faite de toutes les peaux. C'est cette immensité qui vivait dans ma vie, et me faisait homme. Ce qui était marqué en moi, marqué dans chacune de mes cellules, dans chacun de mes actes, dans chacune de mes pensées, c'était l'idée de ces retrouvailles. Il n'y avait pas d'autre sens. Il n'y avait pas d'autre espoir. En opposant à la plénitude des jouissances l'idée du néant, j'étais dans l'erreur ; le néant n'existait pas. Il n'était pas possible. En allant vers le silence et vers la mort, je n'allais pas vers le néant. J'allais vers ce qui est plus plein que moi, vers ce qui est plus loin et plus long que moi, vers ce qui est océan quand je n'étais que goutte.

Mort, accomplissement. Ce qui scelle l'œuvre, ce qui la signe et la rend elle-même. Mort que j'attends, que j'espère. Mort qui ne rend pas absurdes les gestes de la vie, mais qui les maîtrise et les achève. Mort, en guise de fatalité. En guise de temps, en guise d'espace. Illimité à quoi tout est relatif, nuit du jour et jour de la nuit ; mort, non pas ennemi, non pas poison, mais absolu de la vie. Celui qui se battait contre ton règne, c'était pour que ton règne arrive. Celui qui luttait, était en toi, déjà en toi. Il ne le savait pas, mais tout ce qu'il faisait en mode éphémère, en mode vivant, c'était pour qu'un jour il n'y ait plus rien qui soit fait ou qui reste à faire. Tout ce qu'il avait marqué de son rythme artificiel devait donc, au-delà de lui, s'ouvrir et s'étendre sur l'organisation rigoureuse du chaos.

Cette vie, cet instant de joie et de haine, n'avait pas été sa vraie demeure. Elle ne lui avait servi à rien, à rien d'autre qu'à reconnaître le monde intelligent. Cette vie n'avait pas compris. Cette unité n'était qu'une illusion. Cette individualité n'était pas la vérité. Cette pensée ne pouvait pas entreprendre l'œuvre de réconciliation. Tout cela était gratuit, magnifiquement gratuit. Mais le signe qui créait et qui ordonnait, mais la voix qui voulait qu'on obéisse, la main qui traçait l'invisible plan était en dehors de la vie. Ce commandement supérieur venait de l'autre côté des barrières de la nuit, et on ne pouvait pas le saisir. Ce commandement était totalement présent dans le monde, dans ce monde lointain qui était *sous nos pieds*. On ne pouvait pas l'entendre. On ne pouvait qu'être en lui, ou selon lui. Quand on n'était plus dans sa voix, dans sa main ou dans son signe, c'est qu'on travaillait sous ses ordres; et quand on avait terminé ce travail, c'est qu'on était redevenu sa voix, son signe, sa main.

Cette mort n'est pas étrangère. Cette mort n'est pas l'engloutissement dans le gouffre inconnu, dans le gouffre du vide. Moi, moi qui étais vivant, je l'habitais sans le savoir. J'étais au milieu d'elle, debout sur elle, flottant sur elle, respirant en elle. Je la connaissais ainsi, avec ma vie, à chaque seconde, sans me douter que c'était elle. Je la voyais de mes yeux. Je la touchais de ma peau, de mes nerfs, je la respirais avec l'air, je la buvais avec l'eau. Je la fabriquais dans chacun de mes gestes, et chacune de mes pensées était une pensée pour la mort. Etrange contradiction qui avait rendu le temps odieux et cruel. Etrange promiscuité. Comment pouvais-je déterminer ce qui était si proche et en même temps si éloigné de moi? En vivant, j'avais rendu le monde vivant. Avec mon corps, j'avais donné son âme à l'univers. En déformant ainsi selon mon désir secret, je ne me trompais pas, je n'étais pas le jouet d'une illusion, mais je pensais incomplètement. Car le cycle n'était pas achevé. Le grand mouvement qui m'avait arraché au chaos n'avait pas terminé sa course. Et je ne pensais pas au retour qui se préparait, qui me ramènerait au silence.

Mes mots et mes idées n'étaient pas terminés. Il leur manquait ce qui a cessé d'être exprimé. La mesure d'éternité, la mesure d'absolu, ils ne pouvaient la prendre que plus tard, avec la fin de ma vie.

C'est là, défini. Tout ce que je ne peux pas exprimer, ni même concevoir, parce que c'est encore trop tôt. Tout cela qui est négation, négation puissante et pleine, négation sereine, tout cela est là. C'est la part silencieuse de ce que je suis, c'est la part morte de mon être vivant. Impossible à dire complètement. Impossible à comprendre jusqu'au bout. Cet espace blanc, cette identité sont dans ma distance d'aujourd'hui. Le monde qui m'entoure et me supporte, le monde qu'on appelle la réalité, me révèle dans la jouissance ce qui n'appartient déjà plus aux sens. Les surfaces dures, ou tendres, le chaud, le froid, le sucré, le doux, l'âcre, les parfums subtils et vibrants, les couleurs, bleu, vert, rouge, jaune, ocre, noir et gris, blanc éblouissant, mauve, terne ou brillant, et puis les lignes, les courbes, les structures, le relief précis, creusé, translucide ; les rythmes de l'angoisse, les stries du malheur, la joie, le désir, le vide ; tout ce qui bouge ; tout ce qui est fixe ; tout ce qui me montre son visage semblable au mien, ce visage que je connais sans connaître, et dont j'ai fixé les limites avec mes mots inépuisables, toute cette matière vivante attend cet instant pour pouvoir refermer sa porte. Cela est inscrit. Cela est la fin. Ce monde qui porte mon nom est aussi celui qui efface mon nom. Chaque chose est ainsi tournée vers moi et me montre sa face illimitée, sa face apaisée. Dans cette violence et dans ce combat, comme un véritable spectre, comme l'image fantomatique du père qui est peut-être, qui aurait pu être, qui n'aurait jamais dû m'abandonner, je vois partout la paix et la sérénité.

Chaque acte que j'accomplis, chaque sensation qui vibre en moi et marque l'imperceptible déclic du temps, sont là pour me dire : il faut que tu disparaisses pour que s'accomplisse l'œuvre qui a commencé. Il faut que tu meures pour que cet instant de vie se résorbe, se dissolve dans le reste du monde. Pour qu'il n'y ait plus rien de différent, plus rien de solitaire.

C'est là, comme le regard glacé d'une autre conscience, d'une conscience dont je ne suis plus le seul objet, mais qui embrasse dans sa vision l'entière étendue du spectacle de la réalité. C'est ce regard, dépouillé, nu, presque abstrait tant il est chargé de violence, ce regard à la fois lui-même et multiple, ce regard hors de toute personne et n'agissant plus pour le compte de l'intelligence, mais pour le monde, ce regard comme un rite, ne liant plus, mais uni, accouplé avec l'univers. J'ai quitté. J'ai quitté le lieu des apparences, et me voici happé par la matière. Glace. Glace. Banquise monumentale de la lumière et de l'énergie. Gel des soubresauts de la vie. Comme un grand froid d'au-delà de la terre, la puissance de la matière a paralysé tout ce qui tentait de fuir. L'eau s'est prise en bloc calme et hermétique, l'air s'est fait métal irréductible, le feu a immobilisé à jamais ses lames nues, et il ne brûle plus : il est brûlé. Et partout, tout ce qui existe s'est frappé de son identité magique, donnant une fois pour toutes son terrible et long spectacle de vie pétrifiée.

Ce que l'on ne connaît pas, ce qu'on ne doit jamais voir ni aimer, a plus d'importance que ce que nos pensées et nos actes ont mis au jour. Cette nuit est plus claire que notre lumière, ce vide plus dense et plus réel que notre présence. Ils sont là, unis, de l'autre côté de ma vie, et m'attendent. J'irai vers eux, non pas en descendant, non pas en m'écroulant, mais en devenant moi-même. J'irai vers la fixité pour être plus que ma vie, plus que mes mouvements. Je serai comblé. Chaque instant de ma réalité humaine est tourné vers cette réalité qui environne. Ce que je croyais imparfait, en voulant lui prêter une finalité à ma mesure, était pourtant extraordinairement complet. Chaque objet avait son allure, son monde. Il était déjà perdu dans le vertige de la création, à la fois né et mort, et il n'était pas contradictoire. Ma vie n'avait donc servi qu'à cela : à me faire connaître le mode éphémère de ce qui était constant. Les mystères n'étaient pas à résoudre. Les évolutions, les transferts n'étaient pas à achever. Je ne pouvais pas leur donner une fin. Je ne pouvais pas les surprendre tels qu'ils sont, puisque je les détachais en les choisissant. Je ne pouvais qu'espérer en eux ; les désirer unis et indissolubles ; les imaginer dans leur nature, dans l'inaliénable beauté de leur existence.

Le monde se termine sur le monde. Ce qui a été blanc retourne au blanc. Ce qui a été silencieux revient au silence. Seule ma vie, ma vie que je ne connais pas, avait l'apparence d'une flèche ; elle semblait tendre vers quelque chose, elle paraissait un accomplissement ; mais en dehors d'elle, et cela se passait au même moment, le monde NE BOUGEAIT PAS. Il était, il est, il sera le chaos. Pour celui qui n'est pas encore né, le néant est maintenant. Pour celui qui est mort depuis mille ans, le néant est maintenant. Pour celui qui est de l'autre côté de l'espace, l'infini est ici. Quand oserais-je dire que la vie est cet instant et ce lieu, quand pour des millions et des millions d'êtres cet instant et ce lieu sont la mort ? Comment oserais-je fonder un système sur l'homme, sur la civilisation, sur la terre, quand je sais qu'ils ne sont rien en regard de tous les temps et de tous les espaces ? L'homme n'a rien à dire. Il n'a pas le droit de parler au nom de l'univers. Il n'a pas le droit d'envisager une solution qui ne soit pas opportuniste. Il n'a pas le droit de résoudre les énigmes, car rien de ce qu'il fait ou pense ne durera. Il ne faut plus qu'il cherche à lutter. Il ne faut plus qu'il cherche à conquérir. Il ne survivra pas. C'est le vide qui l'appellera, qui le comblera. C'est le vide qui lui permettra de rejoindre la matière et de se confondre avec elle. Quand ses mots seront devenus des mots inaudibles, quand sa pensée sera devenue un grain de poussière, une particule aérienne, un minuscule gribouillis encastré dans le monde, quand son individualité aura été prise par les glaces, il habitera toujours. Il sera encore là.

La mort viendra, mais elle ne changera pas grand-chose. Car ce monde-ci n'est pas celui des apparences. Il existe. Il n'est pas un masque ni un oripeau. Il n'est pas un symbole. Il n'est pas une manifestation. *Il est son âme.* Et il n'y a rien d'autre que sa substance. Rien de plus réel que le réel. Ce que l'homme ne sentait pas, ce qu'il croyait infernal n'était qu'une forme, une forme de plus fondue dans l'immensité informe. Tout est manifesté, multiplement manifesté. Le passé et le futur sont tangibles dans la matière. L'infini, l'éternel sont là. L'indicible, l'inouï sont étalés. Tel est le visage de la mort. Telle est la vie, les vies réelles de la mort. Quand nous nous croyions éloignés, nous étions tout proches. Nous palpions, nous ressentions, nous goûtions sans cesse, jour après jour, seconde après seconde, ce que nous pensions séparé de nous. Entre l'infini et nous, il n'y avait donc, sans que nous nous en doutions, que la simple barrière de notre peau.

Que cette bulle de vie était donc fragile ! Comme il était dérisoire, et faible, ce sac clos dans lequel nous étions enfermés ! Un rien pouvait le faire éclater. Une écharde un peu plus dure que les autres, un choc un peu plus violent, et cette mince pellicule aurait crevé, laissant filtrer sur le monde la substance libérée. Cet individu n'était rien. Cet assemblage régulier, prévu, que la force de la vie réussissait à maintenir ensemble, était plus fragile qu'une bulle. Car au cœur de ses lois, il y avait la grande loi supérieure qui voulait qu'il éclate et se répande dans le monde. Car, dans son vol aérien, il y avait tout le temps le poids invincible qui le ramenait à la terre, qui l'attirait vers le gouffre plat, et usait ses forces pour qu'il tombe et s'écrase. Par-dessus tout, au-delà de son temps et de son lieu, il y avait comme le souvenir de cette demeure plus vaste qu'il n'avait jamais vraiment quittée. Cette vie d'homme n'était qu'un grotesque saut de puce. Bientôt, l'animal retrouverait le sol qui lui ressemblait.

Pour vaincre, j'ai voulu des événements qu'ils ne soient pas des hommes. J'ai voulu imaginer les différences éternelles, et faire de ma vie un symbole solitaire qui se perdrait dans la mort. J'ai voulu être là, et eux, ici. J'ai voulu ces étrangers. Frères, frères odieux de la terre, de l'eau, du feu, je vous ai étranglés les uns après les autres. J'ai lutté contre vous à coups de poignard, j'ai brûlé vos corps et j'ai éparpillé vos cendres pour qu'on ne vous retrouve plus jamais. Je vous ai étouffés sous les oreillers, je vous ai noyés dans des sacs. J'ai commis ces crimes chaque jour, avec volupté, car, dans la folie de vivre, je ne pouvais supporter que vous fussiez des témoins à mon image. Je ne pouvais supporter de partager ma face avec vous, mon âme avec vous, mon histoire avec vous. Des millions de fois, j'ai renié vos noms ; des millions de fois, j'ai brisé ces miroirs que vous tendiez vers moi de tous côtés.

Mais vous viviez toujours. Objets, animaux, hommes, j'avais beau vous tordre le cou, vous étiez toujours présents, et vous aviez toujours la même face que moi. Partout où je portais le regard, c'était la foule de mes semblables qui me regardait, sans ironie, sans méchanceté. Mes pensées et mon regard se réverbéraient sur vous sans fin, et j'étais doucement englouti dans l'immense communication avec moi-même.

Mais je me trompais dans mon orgueil. Ce n'était pas vous qui m'aviez volé mon visage, c'était moi qui avais pris le vôtre. Je portais gravé ce masque éternel, ce masque dont chaque détail vous appartenait. Je portais ce nom qui était votre nom particulier, à chacun, et je pensais avec votre pensée. Comme l'acteur sur la scène, je répétais en y croyant les mots que vous aviez écrits, je jouais le rôle que vous m'aviez attribué. J'étais la sécrétion de cette matière, sa sueur, le regard de cette matière, le corps de ce corps général. Rien de vous n'était en moi, mais tout de moi était en vous.

J'ai porté, sans m'en douter, ce visage qui n'était pas le mien. Je l'ai porté dérisoirement, ce visage de personne, ce masque blanc qui reflétait les grimaces des autres. Ce visage nul, maintenant je le sais, était le vrai visage de la mort. Sur lui on aurait pu lire sans difficulté, si seulement on avait su lire, la carte de la mort. Derrière les signes de l'homme étaient inscrits tous les signes de ce qui n'était pas homme, de ce qui n'avait jamais été homme.

Car ce n'était pas eux, ce règne étendu, ces tables couvertes d'objets opaques ou scintillants, ces oiseaux jaunes enfermés dans leurs cages, ces glissements marins, ces pans de montagne plissés comme de vieilles peaux, non, ce n'était pas eux qui me ressemblaient. Mais c'était moi qui étais pareil à eux, animal, pierre, arbre, eau ou air, leur semblable par le corps et par l'esprit. Et, plus loin qu'eux, plus vaste qu'eux, c'était moi qui étais semblable à personne. Ressemblance indéfiniment approfondie, elle n'aboutissait pas au choix d'un visage ; j'allais à travers les forêts de visages, m'unissant à chacun d'eux puis le traversant tour à tour, prenant chacun de ces noms, chacune de ces natures, puis les oubliant, simple marche vers le cœur, vers le centre infini, pour rejoindre ce qui n'a jamais fini d'être rejoint.

Voilà. Le souffle de la mort est plus long et plus puissant que le souffle de la vie. C'était l'inspiration qui gonfle sans cesse, qui continue de gonfler, qui emplit toujours davantage. La substance de cette matière indéfinissable entrait, entrait. Elle écartait mes barrières, subtile, impérieuse, elle s'installait, elle se dissolvait magnifiquement, elle explosait et se répandait de son expansion durable à travers mon corps qui n'était plus un corps. Elle effectuait son rite de création, elle m'enfantait de façon ininterrompue, et j'étais en elle ; j'étais maîtrisé par mon propre souffle, j'étais respiré par mes propres poumons ; j'étais dévoré par ma bouche, j'étais bu par ma gorge, digéré par mes entrailles ; j'étais vu, écouté, senti par tous mes sens aux aguets sortis de moi pour me livrer la guerre.

En devenant ceci, en me faisant précis et sûr, je revenais vers le règne où rien ne doit disparaître. Après ma vie, après cet instant de fuite et de folie, après tous ces mouvements incomplets, après tous ces mots imparfaits, il fallait que je quitte. C'était cela que je sentais quand je voulais, par l'exil, me détacher des biens habituels. C'était cela que je désirais quand je voulais me dépouiller de ma forme humaine. Cela ne pouvait être rien d'autre. M'élever, ou descendre, est-ce que cela avait encore un sens ? Partir pour où ? M'élever, vers quel absolu ? Me laisser glisser dans quel gouffre, me laisser boire par quel entonnoir ? Les puits n'ont pas de fond. Il n'y a ni haut ni bas. Les abîmes ne sont pas creusés, et jamais ne s'entrouvre le dur vêtement de la réalité pour laisser apparaître le trou béant du vide où l'on plonge et l'on se défait. La vérité était impitoyable ; elle n'avait pas de repos, elle ne pouvait pas donner la paix par l'oubli. Aucune mort n'était totale. Dans ce monde, il n'y avait pas moyen de disparaître. Il n'y avait pas moyen de détruire l'existence. Pas moyen de trouver le néant. C'était le commandement inflexible de la matière, le commandement terrible et grandiose, qui disait à toutes choses, soyez, SOYEZ. Ordre abominable et délectable, ordre de haine et d'amour, ordre de beauté et d'horreur qui ne venait de nulle part et ne pouvait être compris. C'était là, marqué pour l'éternité, dans chaque miette de l'univers. C'était là, au-delà de tout, parfaitement identifié à ce qui était, complètement invisible parce que complètement visible, c'était évident, vrai, *c'était ainsi.*

C'était, confondu avec les grains de pierre, confondu avec les molécules de l'eau et de l'air, avec l'éther, avec le sel et le soufre, avec l'or et le charbon. C'était la grande passion de l'existence. La furie bien douce et bien hargneuse, la rage pour tous, le plus grand, le plus réel, le seul drame.

Quand je serai mort, je n'aurai rien quitté. Quand j'aurai rendu mon souffle au froid, quand j'aurai rendu ma chair à la terre, quand j'aurai restitué mon âme au monde, je n'aurai rien quitté. Je ne serai pas parti. Je ne serai pas en paix. J'aurai cessé de le savoir, mais au fond rien n'aura changé. Je serai toujours vivant, moi, éparpillé dans le monde sans horizon, je serai toujours, ici, ou là, dans le combat de la vie.

Quand je serai mort, j'habiterai toujours ce lieu. Les soubresauts de ma pensée auront disparu, et pourtant je serai toujours pensant, avec les autres, dans les autres.

Monde de la mort, je ne le savais pas, mais tu étais plus vivant que moi. Tu me guettais dans les arbres et dans le ciel, tu m'épiais sans cesse du fond des objets. Ton corps allongé, immobile, froid ou chaud, était sous mes pieds. Je marchais sur toi. Je me nourrissais de toi, je jouissais de toi. Partout étaient tes yeux. Partout étaient tes mains, et ta chair. Partout tu parlais. Je ne pouvais pas t'échapper. Rien ne pouvait t'échapper. A la seconde même où je me croyais le plus loin de toi, homme seul de son espèce, c'était à toi que j'appartenais. A la seconde où, par la violence ou par l'amour, je croyais t'avoir vaincu, c'était quand même toi que je désirais, toi l'objet de mes pensées.

Quand j'aurai été brisé par les éléments, quand, usé, épuisé, j'aurai crevé le sac de mon autonomie, alors aura lieu le mouvement suave et serein de l'osmose. Je m'étalerai. Comme une eau répandue aux ramures courantes, je commencerai à recouvrir la terre réelle. Je commencerai à reconnaître le lieu de ma vie. Je serai dévoré et bu, ainsi, au sein de la matière, jusqu'à ce que je ne sois plus qu'un morceau d'elle. Je serai sans mystère. Aplati, mélangé, imprimé tout entier. Ma forme ne sera plus forme. Mon corps ne sera plus corps. Mensonge délayé, mensonge appliqué et éteint. Mensonge devenu tout à coup, comme ça, un morceau de la VÉRITÉ.

Le destin n'était plus séparé de ce qui était vivant. L'étrange retour vers le silence et vers la stupidité se cachait dans le masque. La vie incluse, la vie au tréfonds était marquée dans ces traits façonnés, et l'on ne pouvait l'en séparer. Le visage de cette femme fardée, aux sourcils arqués et peints en noir, au nez aigu, aux lèvres rouges, aux paupières chargées de poudre verte, aux joues plâtrées, aux cheveux jaunes et roux répandus en torsades innombrables, aux cils épais collés par le rimmel, ce visage faux était vivant. Dans chacun de ces postiches habitait une vérité irrécusable. Ce visage était porté en haut de son cou, paré pour la vie, composé, ridicule à force de gravité. Dans la nuit, devant le luxe des glaces aux reflets d'acier, il était habillé pour la conquête de la mort. Les lèvres s'écartaient légèrement, révélant la rangée de dents blanches et laissant filtrer l'haleine mentholée. Les franges des cils battaient, livrant passage brièvement au diamant du regard. Sur les iris troubles, les reflets entraient et sortaient continûment, et la sclérotique éblouissante brillait, vaguement bleutée. Cette femme fugitive et réelle, cette femme de la vérité et du mensonge était offerte, pareille à l'effigie d'une pièce de monnaie. Ses pensées, ses sentiments, son destin étaient donc enfermés en elle, rentrés, muets, indéchiffrables. Il aurait fallu, pour percer son mystère, la dévêtir entièrement : arracher ses habits, un à un, arracher ses faux cils et ses faux cheveux, effacer ses fards, éparpiller ses épingles, déchirer ses fermetures Eclair, démolir ses élastiques, ses boutons-pression. Il aurait fallu amonceler autour d'elle tous ces lambeaux colorés et criards, remettre les accessoires dans les boîtes de carton, essuyer les fards avec des morceaux de coton imbibés d'alcool, éventer les parfums, défaire l'architecture des cheveux, poncer le vernis à ongles couleur nacre, casser les hauts talons, brûler, détruire tout ce qui était pendu à elle. Mais cela n'avait pas de fin ; il aurait fallu arracher sa peau aussi, racler sa chair, découper, émincer, dépouiller sans arrêt. Car ce qui était faux faisait partie d'elle-même. Tout cela qui avait été fabriqué par la main des hommes était son corps, son corps vivant, illimité. Ces couleurs peintes, ces gaines, ces corsets, ces soutiens-gorge, ces gangues de nylon et de matière plastique aux baleines dures faisaient partie du drame. Il n'y avait plus vraiment de vérité ni d'artifice. Dans la statue au regard mécanique, dans la statue de cette femme vêtue, il y avait l'esprit infini. C'était la mort qui avait mis sa parure de vie, et qui s'exposait glorieusement. Le masque habile avait été préparé par amour, par haine, pour les hommes, et aussi pour soi. Mais il ne mentait pas ; il n'était pas futile ; il était tout entier lui-même, sans raison, sans faiblesse. Le jeu était devenu la seule nature.

Sur la face pâle, mobile, et en même temps figée, on pouvait voir l'œuvre de la mort déjà commencée. Dans chacun de ces gestes, dans chacun de ces trucages, on pouvait voir ce qui n'était plus vivant, ce qui était retourné au chaos. La nature copiée, la nature altérée était encore une nature. Elle ne s'échappait pas. Elle n'échappait pas à la mort. Sur le corps tout entier vibrant et vrai, la lumière des néons, la nuit, les reflets, la chaleur des lampes et des projecteurs tombaient et enveloppaient. Sur le corps habituel, sur le corps en forme d'outil, la vanité et la gratuité étaient visibles, et c'était le signe de la plus grande beauté.

On ne pouvait pas dévêtir. On ne pouvait pas nier. La vertu du réel était confondue avec l'artifice. La vertu habitait son propre décor. Il n'y avait pas à rejoindre : l'imitation de la vie était surgie de la vie, c'était la vie. Ce jeu était lui aussi pour gagner la suprême réalité et le suprême oubli.

Les objets de verre ou de celluloïd, les lunettes noires, les parfums, les perruques, les fards, les habits serrés sur les formes du corps étaient comme les organes de cette femme. Sur les petits flacons de vernis, on avait écrit des noms comiques et tendres, et c'était aussi ces noms-là qu'elle portait avec le sien :

>Formidable
>Rouge éclatant
>Samarcande
>Enivrant
>Pimpinella
>Agrigente
>Tutti Frutti
>Pinko Pinko
>Pili Pili
>Vinca
>Rose Impertinent
>Vahine
>Pique Un Fard
>Singapour
>Fleur de Pommier
>Lilliput
>Perle d'Orient
>Mexico
>Noix de Coco
>Kythnos
>Samos
>Kalimnos
>Lindos

Tout cet univers en mouvement tournait autour de son centre invisible, tellement uni à lui qu'on n'aurait pu dire qui, en fin de compte, était la femme. Et cet univers voyageait doucement vers le silence, vers le vide. Il voyageait sans bouger. Car chacune de ses étapes n'était pas une métamorphose, mais l'apparition de plus en plus évidente de ce qui avait toujours été.

Peau élastique, peau nourrie de pommades et de crèmes, usée par les fins tissus de soie ou de nylon, peau fabriquée par les repas, les boissons, peau des appartements et des plages, peau des copulations et des crimes. Peau de la jeunesse, de la maturité, de la vieillesse. Peau des sofas, des lumières dures du soleil, des lumières dures du néon. Peau des cigarettes, des briquets en or, des voitures. Peau des maternités, des avortements. Peau de la culture. Peau du cinéma, de la poésie, des disques de jazz. Peau de la morale. Peau de Dieu. Peau des parasols verdâtres, des limonades, du plaisir. Peau des allumettes coloriées en vert, en blanc, en jaune, en bleu, en rouge, en noir. Peau de la souffrance. De la guerre. Des malheurs. Peau de l'urine, de la sueur, des acides. Peau des métaux froids, des granites, des calcaires, du tartre. Peau de l'air filtrant, de l'air profond, et peau du vide glacé. Peau gigantesque, enveloppe immensément tendue qui prend tout dans son sac, qui donne à tout sa ressemblance. Cette femme avait débordé autour d'elle, elle avait rompu la digue de son avare autonomie, et peu à peu, avait gagné le monde. S'était approprié l'espace. J'appartenais, moi aussi, à ce visage éternel, à ce nez fin, à ces pommettes hautes, à ces yeux chargés de lumière, à cette bouche, à ces membres, à ces seins, à ces poumons, à ces glandes en paquet et à ce sang qui coulait dans les tuyaux. J'obéissais à cette voix, cette voix était la mienne. Cet esprit était mon esprit, cette autonomie mon autonomie. Cette peau, ce tissu si vaste dont je n'étais qu'une parcelle me continuait au-delà de moi-même, et si je n'étais plus personne vraiment, c'est que plus personne n'était hors de moi.

Cela, c'était ce qui persévérait dans la mort. Ce qui, dans le présent, n'était pas refusé, ni même caché, mais qui ne pouvait se révéler que lorsque je cesserais enfin de vouloir le comprendre.

La femme au visage peint que j'avais crue étrangère, la figure de cire blanche et rouge, la statue immobile, était partout autour de moi, me soumettant. Le futur lui appartenait. Elle n'était pas loin, elle n'était pas distante. Elle et moi étions ensemble, unis par le sang et par la matière, unis simplement, au sein de ce qui est arrivé, PAR CE QUI VA VENIR.

Et maintenant, puisque je n'ai plus besoin de mourir pour être mort, je veux arrêter la haine des mots. Cet espace que je touche, cet espace dont je me nourris, ce temps que je ne comprends pas, mais qui me comprend, je veux cesser de les chercher en termes abominables. Le langage, après m'avoir porté au faîte de moi-même, me reconduit vers l'inexprimable, vers le bonheur peut-être. Je suis déjà là, dans le monde de la totale présence, de l'éternelle soumission. Je n'ai plus à demander, ni à croire. Je n'ai plus à vouloir forcer l'obstacle, à vouloir tuer, violer, pour posséder. Cet instant de soumission était prévu depuis le premier jour.

Depuis le premier objet, il fallait que cette vision se résorbe. Il fallait que le signe rentre en lui-même, cessant de singer. Que la longue phrase douloureusement architecturée défasse son réseau et s'évapore. Elle a fondu, ainsi, parce que son organisation était toute faite d'anéantissement. Comme moi, et avant moi, il fallait que cette phrase s'unisse par tous ses points à la matière silencieuse dont elle était issue. Elle avait été mon âme, elle m'avait fait rencontrer le monde, elle m'avait rendu vivant, et maintenant, il fallait que cette âme périclite dans ce qui était plus grand qu'elle, il fallait que ce monde vu s'étale et s'applique au monde plus puissant qu'elle avait voulu exprimer.

Tout ce qui avait été si dur, si jouissable, toutes ces ivresses du langage en train de faire jouer son opéra sur la scène, toutes ces vies si denses et si belles n'avaient pas réussi à cacher la vérité. Le temps qui passe avait offert son mouvement narcotique, mais en vain. Les dards des mots n'étaient pas assez forts pour survivre. Ils n'avaient pas écorché ; ils n'avaient pas permis d'oublier ; leurs blessures s'étaient refermées presque tout de suite. Les hommes s'étaient agités ; ils avaient construit leurs temples et leurs villes, ils avaient fabriqué les machines exaltantes. Ils avaient lutté, souffert, aimé. Ils avaient ri. Ils avaient maudit. Ils avaient prié. Mais ce n'était pas suffisant. Ils n'avaient pas réussi à oublier ce qui était leur vrai destin, ils n'avaient pas réussi à couvrir le silence de la fin. En eux, en moi, n'avait jamais cessé de résonner la grande voix qui recouvre tout, la voix étrange et familière qui rappelle à l'ordre ses créatures. Au sein de leurs actes, au plus touffu de leur vie, les hommes avaient été ainsi dominés. Quand ils marchaient, quand ils parlaient ou pensaient, quand ils souffraient dans leur peau, quand ils voulaient désespérément comprendre, faire reculer l'issue fatale, quand l'amour les avait trompés pour que la race survive, quand les ventres chargés avaient laissé mûrir la semence qui délivre de la mort, quand ils avaient fait tout cela, et bien d'autres choses encore, ils ne l'avaient pas fait sans savoir. Ils l'avaient fait avec la connaissance intérieure de la mort. Ils l'avaient fait en sachant au fond d'eux-mêmes qu'ils ne faisaient rien, que c'était inutile, perdu d'avance, voué au chaos. Et sachant cela, ne pouvant l'oublier, leurs vies n'avaient pas été simples ; leurs vies avaient été tragiques. Ils combattaient, ils blasphémaient, ils voulaient tuer, mais au fond d'eux-mêmes, il y avait déjà l'idée de cette paix cruelle, et ils goûtaient déjà à l'étendue du monde reposé.

C'était cette vérité qu'il y avait eu, depuis le début, et qui avait dirigé tous leurs actes. Ce blanc, ce silence, cette négation qui ne niait pas, mais qui entourait de toutes parts. C'était elle qui avait fait apparaître la vanité au centre de toutes choses, et qui avait rendu à la gratuité absolue tout ce qui aurait pu être libre. Mais ce n'était pas odieux. Ce ne pouvait pas être odieux. C'était irremplaçable, c'était la nature même de tout ce qui avait été. C'était le paradis enfermé dans chaque morceau de l'enfer, l'éternité au centre de chaque bribe de temps éphémère. Les hommes avaient eu beau le haïr, ce silence était leur seule foi, leur espoir. Car s'il n'y avait pas eu ce lieu de retour, cette vie n'aurait pas été possible. Cette mort était plus que nécessaire, elle était évidente, accomplie, presque divine. Cette fin était ce qui leur avait permis de participer au temps, d'être heureux en vie.

Même, cette idée de la mort était ce qu'il y avait eu de plus aigu dans la jouissance; ce qu'il y avait eu de plus dur dans le dur, de plus chaud dans le chaud, de plus volatil dans l'air, de plus feu dans le feu et eau dans l'eau. Cette mort était ce qui avait été sûr, précis, tangible. Cette mort était la femme, l'homme. Cette mort avait été la grande pureté de ce qui est.

Ce désir avait été secret, et pourtant tous l'avaient connu. Pas un instant, ils n'avaient douté de cette fin. Tout ce qu'ils avaient vécu, construit, aimé, ils l'avaient fait face à la mort. Et l'accomplissement avait fait de leurs vies des aventures. Elle avait fabriqué le destin. Au cœur de tout, ils avaient aperçu cette marque tragique et émouvante. Dans tout ce qui avait été doux et bon, ils avaient deviné l'ennemi; tout ce qu'ils avaient aimé, ils l'avaient aussi haï, parce qu'ils y avaient vu l'arme du crime.

Et pourtant, l'ennemi n'était pas hostile. Les armes n'étaient pas criminelles. Car par-dessus tout, ils savaient qu'ils devaient revenir, et se soumettre. Cet ennemi, ou cet ami, quelle importance ? Aimer, haïr, ce n'était pas la réalité. Ce n'était pas durable. Plus loin que ces blessures ou ces plaisirs, plus loin que la vie, il y avait ce retour incomparable dans le monde. Plus loin que le malheur ou le bonheur, il y avait cette joie sans limite, cette paix et cette guerre à jamais emmêlées, cette énigme étalée qui n'était plus déchiffrable, parce qu'enfin, on en faisait partie.

Cette mort avait été comme un regard supérieur venu de nulle part, une intelligence étrangère à l'intelligence, qui ne voulait pas comprendre, qui ne voulait pas percer le monde, mais seulement le retrouver. Il y avait toujours eu cette place froide en moi, cette étrange zone de silence et de vide. C'était comme un souvenir, comme le souvenir de millions et de millions d'années de chaos qui restait vivant en moi dans chaque pensée et dans chaque désir. C'était la partie obscure de la lumière, la partie d'ombre et de gel au centre de mon noyau. C'était ce qu'il y avait écrit entre les lignes, ce qu'on ne pouvait pas lire, mais deviner dans le spectacle de l'univers. Gigantesque absence qui gonflait le monde, l'idée de la mort, le jeu de la mort, la chair et les os de la mort. Ce regard suprême m'était venu avec la conscience, il était plus qu'humain ; ce troisième œil avait été ouvert sur mon front, et il pouvait voir mieux que les autres ; cette autre oreille, cet autre nez, cette autre bouche, oui, tout cet autre corps vivait en même temps que moi, pareil à moi telle une ombre, mais différent, tel un cadavre. C'était cette conscience qui régnait en moi, qui me donnait mon existence. Ce regard infini était durci dans ma forme, et sous la lumière froide et calme de ce projecteur surgissaient les aspérités de ma vie. Ce regard me portait au-delà de mes sens, au-delà de mes illusions ; il était le réel en moi, le moi en moi. Il s'appliquait sur ma connaissance, soleil dans cette nuit, et il faisait que *je savais*. Grâce à lui, j'étais rattaché au chaos, et je ne perdais pas de vue le vide. C'est lui qui était vraiment mon âme, car il me donnait d'un seul coup la solution, alors que je ne savais pas encore où était le problème.

En moi, à tout moment, il y avait l'homme mort. La pensée retournée à la matière, le corps refroidi et glissant dans les couches de la terre, le nom défait, les actes déliés, les mots réduits au silence. Homme qui as détruit à chaque fois que je faisais, homme qui as effacé à chaque fois que j'écrivais, tu ne m'as jamais quitté. Fidèlement, tu as rempli ton office, et tu m'as donné l'idée de l'absolu. C'est toi qui m'as fait connaître ce sol de mort, c'est toi qui as rendu grave chaque minute de ma vie. C'est toi que j'ai reconnu dans les autres hommes, dans les visages pareils, aux yeux et aux bouches pareils. C'est toi qui m'as montré les animaux, les plantes, les rochers, les gaz où l'infini est prêt et attend. C'est toi qui as été l'esprit de mon esprit, le corps de mon corps, la vie de ma vie. Comme un dieu que j'aurais porté en moi, tu m'as nommé créature dans le monde froid et immobile. Tu as été mon père dans la vie, mon père mort vers qui je dois un jour revenir. Celui qui est resté séparé, mais avec qui je serai confondu.

Celui de moi qui est demeuré dans la mort ne veut pas que je vive. Il me demande, à chaque acte que j'accomplis, que je revienne, que je revienne... C'est cette voix, sa voix sans paroles, toute silencieuse, que j'entends dans mes mots, et qui me dit : « Il faut quitter... Il faut partir... Laisse donc tout ceci, viens ! » C'est lui qui veut que je voyage, qui veut que j'abandonne. Il y a, en dehors de moi, ce vide intolérable qu'il faut que je comble. Cette nuit doit venir, je le sens, cette nuit veut enfin naître. Comment suis-je encore vivant ? Comment ai-je pu résister à cet appel ? Dans la carapace de mon corps, tout mon esprit est tourné vers le gouffre et cherche à disparaître. Comme une eau contenue, il veut se répandre, il veut s'étaler et se fondre dans le monde. Il n'y a pas moyen d'oublier cela. Chaque mot, chaque geste commis me tire vers le règne sublime et répugnant, me rapproche de la fin. Ainsi, peu à peu, tandis que s'agite ma vie, j'ai commencé à partir. J'ai commencé à glisser le long de mes rails, lentement, doucement, et je ne m'arrêterai plus. En marche vers les cendriers et les tables, en marche, descendant vers les plaques de fonte, vers les trottoirs de ciment, vers les arbustes et les cailloux poussiéreux, en route vers le grouillement des molécules indestructibles, je m'enfonce dans le sol, je disparais, je disparais, je quitte... Sans le savoir, sans lutter, puisque je le veux, j'ai commencé le long voyage de retour vers le gel et le silence, vers la matière multiple, calme et terrible ; sans le comprendre, mais en étant sûr que je le fais, j'ai commencé le long voyage religieux qui ne se terminera sans doute jamais.

L'EXTASE MATÉRIELLE	9
L'INFINIMENT MOYEN	33
Paysage	61
Le factice	86
Écrire	105
L'avenir	141
Assassinat d'une mouche	154
Le piège	165
Conscience	215
Le miroir	220
LE SILENCE	263

DU MÊME AUTEUR

Aux Éditions Gallimard

LE PROCÈS-VERBAL.
LA FIÈVRE.
LE DÉLUGE.
L'EXTASE MATÉRIELLE
TERRA AMATA.
LE LIVRE DES FUITES.
LA GUERRE.
LES GÉANTS.
VOYAGES DE L'AUTRE CÔTÉ.
LES PROPHÉTIES DU CHILAM BALAM.
MONDO ET AUTRES HISTOIRES.
L'INCONNU SUR LA TERRE.
DÉSERT.
TROIS VILLES SAINTES.
LA RONDE ET AUTRES FAITS DIVERS.
RELATION DE MICHOACAN.
LE CHERCHEUR D'OR.
VOYAGE À RODRIGUES, *journal*.
LE RÊVE MEXICAIN OU LA PENSÉE INTERROMPUE.
PRINTEMPS ET AUTRES SAISONS.
ONITSHA.

ÉTOILE ERRANTE.

PAWANA.

Dans la collection Folio Junior

LULLABY. *Illustrations de Georges Lemoine (n° 140).*

CELUI QUI N'AVAIT JAMAIS VU LA MER *suivi de* LA MONTAGNE DU DIEU VIVANT. *Illustrations de Georges Lemoine (n° 232).*

VILLA AURORE *suivi de* ORLAMONDE. *Illustrations de Georges Lemoine (n° 302).*

LA GRANDE VIE *suivi de* PEUPLE DU CIEL. *Illustrations de Georges Lemoine (n° 554).*

Dans la collection Enfantimages (et Folio Cadet n° 49)

VOYAGE AU PAYS DES ARBRES. *Illustrations d'Henri Galeron.*

Dans la collection Albums Jeunesse

BALAABILOU. *Illustrations de Georges Lemoine.*

PEUPLE DU CIEL. *Illustrations de Georges Lemoine.*

DANS LA COLLECTION FOLIO/ESSAIS

125 Bertrand Russell : *Science et religion.*
126 Sigmund Freud : *Nouvelles conférences d'introduction à la psychanalyse.*
127 Paul Claudel : *L'œil écoute.*
128 Mircea Eliade : *Mythes, rêves et mystères.*
130 Gandhi : *Tous les hommes sont frères.*
131 Georges Mounin : *Avez-vous lu Char ?*
132 Paul Gauguin : *Oviri (Écrits d'un sauvage).*
133 Emmanuel Kant : *Critique de la raison pratique.*
134 Emmanuel Kant : *Critique de la faculté de juger.*
135 Jean-Jacques Rousseau : *Essai sur l'origine des langues (où il est parlé de la mélodie et de l'imitation musicale).*
136 Jean Paulhan : *La peinture cubiste.*
137 Friedrich Nietzsche : *L'Antéchrist* suivi de *Ecce Homo.*
138 Gilles Cohen-Tannoudji et Michel Spiro : *La matière-espace-temps (La logique des particules élémentaires).*
139 Marcel Roncayolo : *La ville et ses territoires.*
140 Friedrich Nietzsche : *La philosophie à l'époque tragique des Grecs* suivi de *Sur l'avenir de nos établissements d'enseignements.*
141 Simone Weil : *L'enracinement (Prélude à une déclaration des devoirs envers l'être humain).*
142 John Stuart Mill : *De la liberté.*
143 Jacques Réda : *L'improviste (Une lecture du jazz).*
144 Hegel : *Leçons sur l'histoire de la philosophie I.*
145 Emmanuel Kant : *Critique de la raison pure.*

146 Michel de Certeau : *L'invention du quotidien 1. Arts de faire.*
147 Jean Paulhan : *Les fleurs de Tarbes ou la Terreur dans les lettres.*
148 Georges Bataille : *La littérature et le mal.*
149 Edward Sapir : *Linguistique.*
150 Alain : *Éléments de philosophie.*
151 Hegel : *Leçons sur l'histoire de la philosophie II.*
152 Collectif : *Les écoles présocratiques* (Édition établie par Jean-Paul Dumont).
153 D. H. Kahnweiler : *Juan Gris : Sa vie, son œuvre, ses écrits.*
154 André Pichot : *La naissance de la science (1. Mésopotamie, Égypte).*
155 André Pichot : *La naissance de la science (2. Grèce présocratique).*
156 Julia Kristeva : *Étrangers à nous-mêmes.*
157 Niels Bohr : *Physique atomique et connaissance humaine.*
158 Descartes : *Discours de la méthode* suivi de *La Dioptrique.*
159 Max Brod : *Franz Kafka (Souvenirs et documents).*
160 Trinh Xuan Thuan : *La mélodie secrète (Et l'homme créa l'univers).*
161 Isabelle Stengers, Judith Schlanger : *Les concepts scientifiques (Invention et pouvoir).*
162 Jean Dubuffet : *L'homme du commun à l'ouvrage.*
163 Ionesco : *Notes et contre-notes.*
164 Mircea Eliade : *La nostalgie des origines (Méthodologie et histoire des religions).*
165 Philippe Sollers : *Improvisations.*
166 Ernst Jünger : *Approches, drogues et ivresse.*
167 Severo Sarduy : *Barroco.*
168 Wassily Kandinsky : *Point et ligne sur plan.*
169 Friedrich Nietzsche : *Le cas Wagner* suivi de *Nietzsche contre Wagner.*
170 Gilles Lipovetsky : *L'empire de l'éphémère (La mode et son destin dans les sociétés modernes).*
171 Louis Hjelmslev : *Le langage.*
172 Jean Servier : *Histoire de l'utopie.*

173 Pierre Cabanne : *Le siècle de Picasso (1. La naissance du cubisme, 1881-1912)*.
174 Pierre Cabanne : *Le siècle de Picasso (2. L'époque des métamorphoses, 1912-1937)*.
175 Marguerite Yourcenar : *Le temps, ce grand sculpteur*.
176 Élie Faure : *Histoire de l'art (L'Esprit des formes I)*.
177 Élie Faure : *Histoire de l'art (L'Esprit des formes II)*.
178 J.M.G. Le Clézio : *Le rêve mexicain*.
179 Collectif : *Introduction aux sciences cognitives*.
180 Oscar Wilde : *De Profundis*.
181 Sigmund Freud : *Le délire et les rêves dans la* Gradiva *de W. Jensen* précédé de *Gradiva fantaisie pompéienne* par Wilhelm Jensen.
182 George Steiner : *Les Antigones*.
183 Baudelaire : *Critique d'art* suivi de *Critique musicale*.
184 Roger Caillois : *Les jeux et les hommes (Le masque et le vertige)*.
185 Pierre Cabanne : *Le siècle de Picasso (3. Guernica et la guerre, 1937-1955)*.
186 Pierre Cabanne : *Le siècle de Picasso (4. La gloire et la solitude, 1955-1973)*.
187 Georges Rouault : *Sur l'art et sur la vie*.
188 Michel Leiris : *Brisées*.
189 Bernard Pingaud : *Les anneaux du manège (Écriture et littérature)*.
190 Ludwig Wittgenstein : *Leçons et conversations* suivies de *Conférence sur l'Éthique*.
191 Friedrich Nietzsche : *Considérations inactuelles I et II*.
192 Jean-Paul Sartre : *Un théâtre de situations*.
193 Primo Levi : *Le métier des autres (Notes pour une redéfinition de la culture)*.
194 André Breton : *Point du jour*.
195 Paul Valéry : *Introduction à la méthode de Léonard de Vinci*.
196 Mircea Eliade : *Initiation, rites, sociétés secrètes. Naissances mystiques. Essai sur quelques types d'initiation*.
197 Alain Finkielkraut : *La mémoire vaine (Du crime contre l'humanité)*.
198 Jorge Luis Borges : *Enquêtes* suivi de Georges Charbonnier, *Entretiens avec Jorge Luis Borges*.

199 Michel Serres : *Le Tiers-Instruit.*
200 Michel Leiris : *Zébrage.*
201 Sigmund Freud : *Le mot d'esprit et sa relation à l'inconscient.*
202 Sainte-Beuve : *Pour la critique.*
203 Yves Bonnefoy : *L'improbable* et autres essais.
204 Hubert Dreyfus et Paul Rabinow : *Michel Foucault (Un parcours philosophique).*
205 Michel Foucault : *Raymond Roussel.*
206 Friedrich Nietzsche : *Considérations inactuelles III et IV.*
207 Claude Roy : *L'art à la source I (Arts premiers, arts sauvages).*
208 Claude Roy : *L'art à la source II (Arts baroques, arts classiques, arts fantastiques).*
209 Julien Benda : *Discours à la nation européenne.*
210 Alain Gheerbrant : *Orénoque-Amazone (1948-1950).*
211 Eugène Ionesco : *Journal en miettes.*
212 J.M.G. Le Clézio : *L'extase matérielle.*
213 François Gros : *Regard sur la biologie contemporaine.*
214 Paul Claudel : *Réflexions sur la poésie.*
215 Marcelin Pleynet : *Henri Matisse.*
216 Jeanne Hersch : *L'étonnement philosophique (Une histoire de la philosophie).*
217 Jean Starobinski : *Montaigne en mouvement.*
218 Sous la direction de Raymond Klibansky et David Pears : *La philosophie en Europe.*
219 Sigmund Freud : *L'homme Moïse et la religion monothéiste.*
220 Clément Rosset : *Le réel et son double.*
221 Guillaume Apollinaire : *Chroniques d'art 1902-1918.*
222 Jeanne Favret-Saada et Josée Contreras : *Corps pour corps.*
223 Jean-Paul Sartre : *Critiques littéraires (Situations, I).*
224 George Steiner : *La mort de la tragédie.*
225 Georges Banu : *L'acteur qui ne revient pas.*
226 Annie Le Brun : *Soudain un bloc d'abîme, Sade.*
227 Geneviève Rodis-Lewis : *Épicure et son école.*
228 Platon : *La République.*
229 Carlos Castaneda : *Histoires de pouvoir.*

230 Albert Memmi : *La dépendance.*
231 Charles Fourier : *Vers la liberté en amour.*
232 Charles Péguy : *Notre jeunesse.*
233 Jean-Jacques Rousseau : *Du contrat social* précédé de *Discours sur l'économie politique, Du contrat social (première version)* et suivi de *Fragments politiques.*
234 Henri Meschonnic : *Modernité Modernité.*
235 Spinoza : *L'Éthique.*
236 Marcel Proust : *Essais et articles.*
237 Jean Giraudoux : *Littérature.*
238 Michel de Certeau, Luce Girard, Pierre Mayol : *L'invention du quotidien 2. Habiter, cuisiner.*
239 Collectif : *Écrire la « parole de nuit » (La nouvelle littérature antillaise).*
240 Spinoza : *Traité de l'autorité politique.*
241 Aristote : *Histoire des animaux.*
242 Spinoza : *Traité des autorités théologique et politique.*
243 Henri Mendras : *La Seconde Révolution française 1965-1984.*
244 Karl Marx : *Philosophie.*
245 Maurice Blanchot : *De Kafka à Kafka.*
246 Mircea Eliade : *Techniques du Yoga.*
247 Raymond Queneau : *Bâtons, chiffres et lettres.*
248 Sade : *Journal inédit.*
249 Ernst Jünger : *Le mur du Temps.*
250 René Guénon : *La crise du monde moderne.*

DANS LA COLLECTION FOLIO/HISTOIRE

21 Philippe Erlanger : *Henri III.*
22 Mona Ozouf : *La fête révolutionnaire (1789-1799).*
23 Zoé Oldenbourg : *Le bûcher de Montségur (16 mars 1244).*
24 Jacques Godechot : *La prise de la Bastille (14 juillet 1789).*
25 Le Débat : *Les idées en France, 1945-1988 (Une chronologie).*
26 Robert Folz : *Le couronnement impérial de Charlemagne (25 décembre 800).*
27 Marc Bloch : *L'étrange défaite.*
28 Michel Vovelle : *Mourir autrefois.*
29 Marc Ferro : *La Grande Guerre (1914-1918).*
30 Georges Corm : *Le Proche-Orient éclaté (1956-1991).*
31 Jacques Le Goff : *La naissance du Purgatoire.*
32 Hannah Arendt : *Eichmann à Jérusalem.*
33 Jean Heffer : *La Grande Dépression (Les États-Unis en crise 1929-1933).*
34 Yves-Marie Bercé : *Croquants et nu-pieds (Les soulèvements paysans en France du XVIe au XIXe siècle).*
35 Arnaldo Momigliano : *Sagesses barbares.*
36 Robert Muchembled : *La sorcière au village.*
37 Gérard Gayot : *La franc-maçonnerie française.*
38 Raul Hilberg : *La destruction des Juifs d'Europe*, I.
39 Raul Hilberg : *La destruction des Juifs d'Europe*, II.
40 Ian Kershaw : *Qu'est-ce que le nazisme?*
41 Jean Maitron : *Ravachol et les anarchistes.*
42 Maurice Agulhon : *Les Quarante-huitards.*

43 Arlette Farge : *Vivre dans la rue à Paris au XVIIIe siècle.*
44 Norman Cohn : *Histoire d'un mythe (La « conspiration » juive et les protocoles des sages de Sion).*
45 Roland Mousnier : *L'assassinat d'Henri IV.*
46 Michael Pollack : *Vienne 1900 (Une identité blessée).*
47 Nathan Wachtel : *La vision des vaincus (Les Indiens du Pérou devant la Conquête espagnole 1530-1570).*
48 Michel Vovelle : *Idéologies et mentalités.*
49 Jean Bottéro : *Naissance de Dieu (La Bible et l'historien).*
50 Jacques Ozouf : *Nous les maîtres d'école (Autobiographies d'instituteurs de la Belle Époque).*
51 Léon Blum : *Souvenirs sur l'Affaire.*
52 Georges Duby : *L'An Mil.*
53 Jean-Louis Flandrin : *Les amours paysannes (XVIe-XIXe siècle).*
54 Bernard Lewis : *Le retour de l'Islam.*
55 Marc Ferro : *Cinéma et Histoire.*
56 Colette Beaune : *Naissance de la nation France.*
57 Présenté par Michel Foucault : *Moi, Pierre Rivière, ayant égorgé ma mère, ma sœur et mon frère.*
58 Zeev Sternhell, Mario Sznajder, Maia Ashéri : *Naissance de l'idéologie fasciste.*
59 José Cabanis : *Le Sacre de Napoléon.*

DANS LA COLLECTION FOLIO/ACTUEL

1. Alain Duhamel : *Les prétendants.*
2. Général Copel : *Vaincre la guerre (C'est possible!).*
3. Jean-Pierre Péroncel-Hugoz : *Une croix sur le Liban.*
4. Martin Ader : *Le choc informatique.*
5. Jorge Semprun : *Montand (La vie continue).*
6. Ezra F. Vogel : *Le Japon médaille d'or (Leçons pour l'Amérique et l'Europe).*
7. François Chaslin : *ILes Paris de François Mitterrand (Histoire des grands projets architecturaux).*
8. Cardinal Jean-Marie Lustiger : *Osez croire, osez vivre (Articles, conférences, sermons, interviews 1981-1984).*
9. Thierry Pfister : *La vie quotidienne à Matignon au temps de l'union de la gauche.*
10. Édouard Masurel : *L'année 1986 dans* Le Monde *(Les principaux événements en France et à l'étranger).*
11. Marcelle Padovani : *Les dernières années de la mafia.*
12. Alain Duhamel : *Le Ve Président.*
13. Édouard Masurel : *L'année 1987 dans* Le Monde *(Les principaux événements en France et à l'étranger).*
14. Anne Tristan : *Au Front.*
15. Édouard Masurel : *L'année 1988 dans* Le Monde *(Les principaux événements en France et à l'étranger).*
16. Bernard Deleplace : *Une vie de flic.*
17. Dominique Nora : *Les possédés de Wall Street.*
18. Alain Duhamel : *Les habits neufs de la politique.*
19. Édouard Masurel : *L'année 1989 dans* Le Monde *(Les principaux événements en France et à l'étranger).*
20. Edgar Morin : *Penser l'Europe.*

21 Édouard Masurel : *L'année 1990 dans* Le Monde *(Les principaux événements en France et à l'étranger).*
22 Étiemble : *Parlez-vous franglais ?*
23 Collectif : *Un contrat entre les générations (demain, les retraites).*
24 Alexandre Zinoviev : *Les confessions d'un homme en trop.*
25 Frantz Fanon : *Les damnés de la terre.*
26 Paul Bairoch : *Le Tiers-Monde dans l'impasse.*
27 Edouard Masurel : *L'année 1991 dans* Le Monde *(Les principaux événements en France et à l'étranger).*
28 Raoul Vaneigem : *Traité de savoir-vivre à l'usage des jeunes générations.*
29 Georges Corm : *Liban : les guerres de l'Europe et de l'Orient 1840-1992.*
30 Pierre Assouline : *Les nouveaux convertis (Enquête sur des chrétiens, des juifs et des musulmans pas comme les autres).*
31 Régis Debray : *Contretemps (Éloges des idéaux perdus).*
32 Brigitte Camus-Lazaro : *L'année 1992 dans* Le Monde *(Les principaux événements en France et à l'étranger).*
33 Donnet Pierre-Antoine : *Tibet mort ou vif.*
34 Laurent Cohen-Tanugi : *La métamorphose de la démocratie française.*
35 Jean-Jacques Salomon : *Le destin technologique.*
36 Brigitte Camus-Lazaro : *L'année 1993 dans* Le Monde.
37 Edwy Plenel : *La part d'ombre.*
38 Sous la direction de Jacques Testart : *Le Magasin des enfants.*
39 Alain Duhamel : *Les peurs françaises.*
40 Gilles Perrault : *Notre ami le roi.*

Impression S.E.P.C. à Saint-Amand (Cher),
le 9 mai 1994.
Dépôt légal : mai 1994.
1er dépôt légal dans la collection : décembre 1992.
Numéro d'imprimeur : 1231.

ISBN 2-07-032745-0./Imprimé en France.

68951